Johannes B. Lotz

Martin Heidegger
und Thomas von Aquin

Mensch - Zeit - Sein

Neske

Die Veröffentlichung des Werkes wurde gefördert
durch die Augustin-Bea-Stiftung in München.
Alle Rechte vorbehalten. © Verlag Günther Neske
Pfullingen 1975. Schutzumschlag von Brigitte Neske.
Gesamtherstellung: Augsburger Druckhaus, Augsburg.
ISBN 3 7885 0058 1. Printed in Germany.

Inhalt

Zeitigung der Vernunft im Verstand. Verborgenheit des Seins. Zeitigen des Verstandes in der Sinnlichkeit. Das absteigende und das aufsteigende Nichts. Das Verbergen des Zugleich in der Sinnlichkeit. Das Zugleich in der Leiblichkeit — Jetzt und Hier. Zeitigen des Seins im Tier. Zeitigen des Seins in der Pflanze und im Anorganischen. Drei Stufen im Menschen. Drei Stufen um den Menschen. Die drei Stufen und die Dimensionen der Zeit. Erschaffen als Zeitigen.

Vorwort

Die Auseinandersetzung mit dem Denken Martin Heideggers, meines ehemaligen akademischen Lehrers, die mein Leben durchzieht, erreicht in den folgenden Abhandlungen, vor allem in deren letzter, einen gewissen Höhepunkt. Auf diese umfangreiche Arbeit, die dem Band sein Gepräge gibt, bereiten drei andere kürzere Studien vor, wobei der Gang des Ganzen vom Leichteren zum Schwierigeren, vom mehr Summarischen zu der Durchführung im einzelnen gelangt. So kreisen die Untersuchungen um dieselben Fragen unter einem immer wieder anderen Gesichtswinkel, in immer wieder neuen Formulierungen, in wachsender Durchgliederung und sorgfältiger Verknüpfung der Schritte, in einem unermüdlichen Vorstoßen, das immer weiter in die Tiefe vorzudringen versucht. Vielverschlungene und manchmal auch fremdartige Wege muten dem Nachvollziehen einige Geduld zu.

Zu der *ersten Abhandlung* führte ein Referat auf der Herbsttagung 1971 der »Vereinigung Vorarlberger Akademiker«, deren Gesamtthema lautete: »Hegel-Marx-Heidegger« und die in der Nähe von Bregenz stattfand. Geklärt werden sollte die Frage, wie es um den Menschen nach Heidegger steht und worin das seiner Gefährdung Abhilfe bringende Rettende liegt. Mein Vortrag wurde in seiner damaligen Fassung gedruckt in der »Akademiker-Information« (Bregenz) 1972, Nr. 3, 1–8. Für die Veröffentlichung in diesem Band wurde das Ganze völlig neu bearbeitet und mit den nötigen Anmerkungen versehen.

Die *zweite Abhandlung* verdankt ihr Entstehen der Einladung zu dem Internationalen Kongreß, der anläßlich der 700jährigen Wiederkehr des Todestages des hl. Thomas von Aquin in Rom und Neapel veranstaltet wurde. Meinen Vortrag konnte ich in der Vollversammlung am 22. April 1974 in Neapel halten. Veröffentlicht wurde er in dem Band: Tommaso d'Aquino nel suo VII Centenario, Congresso Internazionale Roma-Napoli 17–24 aprile 1974, 303–321 (o. J., erschienen zu Anfang des Kongresses). Als Thema wurde das Sein bei Thomas von Aquin und Heidegger gewählt, wobei mit neuen Akzenten gezeigt werden sollte, daß wenigstens der Aquinate nicht ohne weiteres in die Seinsvergessenheit eingeschlossen werden kann, die nach Heidegger für das abendländische Denken kennzeichnend ist.

In der *dritten Abhandlung* geht es um »Die Frage nach dem Grund«, die ebenfalls für Heidegger von entscheidender Bedeutung ist und eng mit der ontologischen Differenz zusammengehört. Den Anstoß dazu gab der Kongreß italienischer Philosophie-Dozenten, der im Dezember 1972 in Assisi stattfand. Die entsprechenden Akten erschienen unter dem Titel »Il Problema del Fondamento« in einer Doppelnummer der Zeitschrift »Sapienza« (Napoli) 26 (1973) nn. 3/4; darin findet sich mein Vortrag mit italienischer Übersetzung 280–331. Für die Veröffentlichung im vorliegenden Band wurden die ersten Seiten neu geschrieben und die Anmerkungen beigefügt.

Mit der *vierten Abhandlung* richte ich meinen Blick auf die für Heidegger schlechthin zentrale »Zeit«, während ich mich bisher vorwiegend mit dem »Sein« und dem »Menschen« befaßt habe; in derselben Sichtweise wende ich mich Thomas von Aquin zu, um herauszuarbeiten, welche Rolle bei ihm die Zeit im Bezug auf das Sein und den Menschen spielt. Durch alle Nähe, die das Schaffen der beiden Denker miteinander verbindet, schneidet der tiefgreifende Unterschied, daß Heidegger den Horizont der Zeit nicht überschreitet, der Aquinate hingegen die Zeit als »partizipierte Ewigkeit« enthüllt. Meine Abhandlung entstand zunächst als Beitrag zu dem Symposion, das die Katholische Akademie in München anläßlich des 700jährigen Todestages des hl. Thomas von Aquin Mitte Februar 1974 veranstaltete. Bei der Arbeit wuchs der anfänglich geplante Vortrag in das umfassendere Ganze hinein, das hier geboten wird; dasselbe wurde bereits in mehreren Fortsetzungen von der Zeitschrift der Università Gregoriana in Rom »Gregorianum« veröffentlicht: 55 (1974) 239–272 und 495–540; 56 (1975) 45–87; der letzte Teil folgt noch im selben Jahrgang.

Der Anhang ist als Beitrag zu einem Sammelband von Selbstdarstellungen europäischer Philosophen im Jahre 1972 entstanden; er soll in Brasilien auf portugiesisch erscheinen und ein ebensolches Werk von brasilianischen Philosophen ergänzen; Herausgeber: Stanislavs Ladusāns. Hier wird die ursprüngliche Fassung, vermehrt um einen Nachtrag, geboten.

Möge die Vereinigung der bislang verstreuten und nur im Ausland veröffentlichten, daher nicht ganz leicht zugänglichen Studien in dem vorliegenden Band dabei mithelfen, in dieser weithin vom Sein abgewandten Zeit dem alles tragenden und für alles grund-legenden Sein Gehör zu verschaffen. Solches Achten auf das Geheimnis erscheint den vom Seienden Besessenen als das Überflüssige, ist aber in Wahrheit das schlechthin Notwendige oder die Not Wendende.

München, im September 1975   J. L.

Erste Abhandlung
Wie steht es nach Martin Heidegger um den Menschen?

Martin Heidegger hat als Philosoph des 20. Jahrhunderts Weltgeltung erlangt; und wahrscheinlich konnte kaum ein Philosoph schon zu seinen Lebzeiten einen so weitreichenden Einfluß verzeichnen wie er. Sicher aber wurden noch nie über einen Philosophen zu seinen Lebzeiten so viele Bücher und Artikel veröffentlicht wie über Heidegger. Männer wie Bergson oder Jaspers bleiben weit hinter ihm zurück. Sein Hauptwerk »Sein und Zeit«[1] wird wohl einmal seiner Bedeutung nach an die Seite der »Kritik der reinen Vernunft« von Kant gestellt werden, was sehr viel besagt.

Die im Titel aufgeworfene Frage »Wie steht es um den Menschen?« hat Heidegger während seines gesamten Schaffens in Anspruch genommen. Sie hält auch jeden geistig wachen Menschen von heute in Atem, weil sie ebenso unsere Gegenwart wie das künftige Schicksal der Menschheit zentral angeht. Zugespitzt fragen wir: Wie steht es um den Menschen heute? In welcher Situation treffen wir uns heute an? Welche Entwicklungslinien zeichnen sich vor uns ab? Welche Aufgaben treten an uns heran? Dabei kommt es nicht auf dieses oder jenes Teilgebiet an, sondern auf die umfassenden Grundgegebenheiten, die für alle Wege im einzelnen entscheidend sind.

Einführung in die Frage

Die Überwindung des Humanismus: Die oben gestellte Frage
hat Heidegger mit seinem »Brief über den Humanismus« in
jene Sicht gebracht, die allein eine fruchtbare Antwort ermöglicht. In dieser Schrift, die bald nach dem Zweiten Weltkrieg
(1946) verfaßt ist[2], setzt er sich mit dem französischen Philosophen Jean Beaufret auseinander. Dieser vertritt die Meinung,
alles komme auf den Humanismus an, weshalb er auch von Heidegger erfahren möchte, welche Bedeutung er dem Humanismus zuschreibt. Näherhin fragt Beaufret: »Auf welche Weise
läßt sich dem Wort ›Humanismus‹ ein Sinn zurückgeben?«[3]
Dazu bemerkt Heidegger mit Recht: »Ihre Frage setzt nicht nur
voraus, daß Sie das Wort ›Humanismus‹ festhalten wollen, sondern sie enthält auch das Zugeständnis, daß dieses Wort seinen
Sinn verloren hat«[4]. Dieser Verlust erklärt sich nach Heidegger aus der »*Seinsvergessenheit*«[5], die den Menschen auf sich
selber stellt und zu der Mitte macht, die sich selbst gründet und
sich aus sich selbst erhellt; dadurch wird seine Grundsituation
und so er selbst verfehlt und folglich dem Humanismus sein
eigentlicher Gehalt geraubt.
Im Gegensatz dazu gilt es, »das Wesen des Menschen anfängli-
cher zu denken«[6]; es »beruht in der Ek-sistenz«[7]. Das will besagen, daß der Mensch auf das Sein bezogen und ganz vom Sein
bestimmt ist, weshalb er zuletzt nicht für sich selber, sondern
für das Sein da ist. Dementsprechend meint Heidegger mit Humanismus: »Das Wesen des Menschen ist für die Wahrheit des
Seins wesentlich, so zwar, daß es demzufolge gerade nicht auf
den Menschen, lediglich als solchen, ankommt«[8]. Das Sein
aber ist der Grund alles Seienden, wozu alle Dinge der sichtbaren Welt und vor allem der Mensch gehören. Jedes Seiende ist
ein solches durch seine Gründung im Sein, auf einzigartige Weise
der Mensch. Wenn wir also nach diesem fragen, müssen wir in
unser Fragen den *Grund miteinbeziehen*, von dem her und zu
dem hin er Mensch ist; wer demnach den Menschen ohne diesen
Hintergrund erforschen will, verfehlt ihn notwendig. Positiv
gewendet: Wer wissen will, wie es um den Menschen steht, muß
klären, wie es um das Sein steht, weil er nicht selbst die Mitte

ist, sondern um das *Sein* als seine *Mitte* kreist oder vom Sein selbst in die »Wächterschaft für die Wahrheit des Seins« ereignet ist[9]. Allein so ist das Fragen nach dem Menschen auf dem richtigen Weg, trifft es ihn wirklich und vermag es Entscheidendes über sein zukünftiges Schicksal zu sagen.

Die Entzweiung: Nun zeichnet sich im Verhältnis des Menschen zum Sein eine *Zweideutigkeit* ab, die für unsere Frage von ausschlaggebender Bedeutung ist. Sie bricht nicht erst heute auf, sondern begleitet den Menschen seit den ersten Anfängen seiner Geschichte. Zur Erläuterung dieses Zusammenhanges greifen wir auf die Vorsokratiker zurück, die in Heideggers Denken eine maßgebende Rolle spielen; namentlich hat uns Heraklit von Ephesus etwas Hilfreiches zu sagen. Sein Leitwort ist der Logos, der sich als der Grund aller Dinge dem Sein Heideggers nähert. Über seinem Verhältnis zu den Menschen liegt eine merkwürdige Zwiespältigkeit: »Von dem Logos, mit dem sie am meisten vertraut umgehen, sind sie entzweit«[10]. Einerseits ist der Mensch in seiner Tiefe untrennbar mit dem Logos *eins*, weshalb der Umgang mit ihm nie unterbrochen wird und nie aufhört. Andrerseits ist der Mensch auf unbegreifliche Weise immer schon vom Logos *abgefallen* oder in eine unheilvolle Entzweiung ihm gegenüber geraten, weshalb »ihm alle Dinge fremd scheinen«[11]. Das Herausfallen aus dem Logos als dem Grund hat zur Folge, daß dem Menschen auch alles darin Gegründete weggleitet, was nicht nur von den ihn umgebenden Dingen, sondern auch von ihm selbst gilt. Weil alles einzig durch den Logos es selbst ist, versinken für den Menschen, dem sich der Logos in nichts verflüchtigt, alle Seienden in die Sein- oder *Wesenlosigkeit*. Dafür findet Heraklit die zusammenfassende Formulierung: »Anwesend sind sie abwesend«[12]. Anwesend dem Äußeren der Dinge, ist er ihrem Inneren abwesend; anwesend seinen Außenschichten, ist er seiner innersten Tiefe abwesend.

Durch den Menschen geht also eine *Gebrochenheit*, die sein ganzes Leben, all sein Tun prägt, seinen Umgang mit den Dingen, mit den anderen Menschen, mit sich selbst. Der Mensch ist da und doch nicht da; er findet alles und doch nichts. Die gegenwärtige Verfassung des Menschen läßt sich nicht allein aus ökonomischen Zusammenhängen oder aus soziologischen Gegebenheiten verstehen, sondern muß bis auf das Verhältnis des Menschen zum Sein als auf ihre *letzte Wurzel* zurückgeführt werden. Von der Art, wie sich dieses Verhältnis heute geschichtlich bestimmt hat, hängt nicht nur das jetzige Befinden, sondern auch der kommende Weg des Menschen ab.

Die Gefährdung des Menschen heute
nach Heidegger

Die Zweideutigkeit oder Gebrochenheit des Menschen, die wir bei Heraklit aufgewiesen haben, prägt auch Heideggers Diagnose der heutigen Situation des Menschen. In »Sein und Zeit« bringt er sie mit den Worten ›Eigentlichkeit‹ und ›Uneigentlichkeit‹ zum Vorschein. *Eigentlichkeit* will besagen, daß der Mensch mit seinem Grund eins ist und aus ihm lebt; *Uneigentlichkeit* hingegen deutet darauf hin, daß er aus seinem Grund herausgefallen ist und daher ihm entfremdet dahintreibt. Nun findet sich der Mensch zunächst und zumeist in der Uneigentlichkeit vor, wodurch die Eigentlichkeit nie ausgelöscht, sondern immer nur überlagert wird. Näherhin ist er in das vielfältige Seiende so verfangen, daß er das eine *Sein*, trotzdem es ohne Unterlaß in ihm aufleuchtet, nicht beachtet, *vergißt* und schließlich leugnet. Diese Spannung, die auch und vor allem unser gegenwärtiges Dasein belastet, gilt es näher zu kennzeichnen oder nach den heute hervortretenden Einzelzügen zu umschreiben. Dabei halten wir uns an drei Schritte, die Heidegger herausstellt; wir meinen das In-der-Welt-Sein, die Frage nach der Technik und die abendländische Metaphysik.

Erster Schritt: Das In-der-Welt-Sein: Der Mensch ist nie eine isolierte Subjektivität, sondern immer *auf die Welt bezogen* und in sie eingefügt. Daher ist das »In-der-Welt-Sein« sein grundlegendes »Existenzial« oder seine »Grundverfassung«[13]. Die Welt aber fällt nicht mit der den Menschen umgebenden Natur zusammen; überhaupt gibt es, wenigstens im Abendland, kaum mehr von ihm unberührte Natur. In die Welt ist also immer schon die Tätigkeit des Menschen eingegangen; insofern sie von ihm mitbestimmt ist, bildet sie seinen *Entwurfbereich*. Heute leben wir in der Welt des 20. Jahrhunderts oder unserem technischen Zeitalter. Die Weltbezogenheit, wie Heidegger sie versteht und in der sich jeder von uns vorfindet, erschöpft sich nicht im Erkennen der Welt, hat demnach nicht nur theoretischen Charakter, sondern meint den »besorgenden Umgang« mit ihr[14], woran alle unsere Tätigkeiten beteiligt sind.

Im Besorgen zeigt sich als Grundstruktur die »*Sorge*«, ein Titel, »der rein ontologisch-existenzial gebraucht wird; ausgeschlossen bleibt aus der Bedeutung jede ontisch gemeinte Seinstendenz, wie Besorgnis, bzw. Sorglosigkeit«[15]. Näherhin zeichnen sich zwei Arten des Umgangs ab, nämlich das »Besorgen . . . des zuhandenen Zeugs« oder des *Dinglichen* und die »Fürsorge« gegenüber den im »Mitsein« gegebenen Anderen oder den *Mitmenschen*[16]. In beiden Bereichen unterliegt der Mensch der Gefahr und ist er immer schon der Gefahr erlegen, in den Dingen und den Menschen unterzugehen und so sich selbst oder sein eigentliches Selbst zu verlieren. Vor allem sein »alltägliches Miteinandersein steht in der Botmäßigkeit der Anderen«[17]. So sich selbst entfremdet, ist er auch *seinem Grund entfremdet*; deshalb meistert er das Seiende nicht von der Tiefe des Seins her, sondern wird er vom Seienden und besonders von den Anderen verschlungen und versklavt oder seiner freien eigenen Entfaltung beraubt. Auf diese Weise vom Seienden überschwemmt, wird ihm auch rückwirkend weiter die Tiefe des Seins verdunkelt und verbaut.

Der hier angedeutete Zustand wird von Heidegger am *Verhältnis zu den Anderen* im einzelnen erläutert. Der Einzelne ist von den Anderen (nicht von bestimmten Anderen, sondern unbestimmt von den Anderen oder allen Anderen) so sehr in die Verfügung genommen, daß er nicht mehr als er selber lebt. An die Stelle des Ich oder Wer tritt »das Man«[18]; das Ich-Selbst verschwindet im *Man-Selbst*. Dieses ungreifbare Man übt eine unauffällige und daher um so wirksamere Diktatur aus: »Wir genießen und vergnügen uns, wie man genießt; wir lesen, sehen und urteilen über Literatur und Kunst, wie man sieht und urteilt; wir ziehen uns aber auch vom großen Haufen zurück, wie man sich zurückzieht; wir finden empörend, was man empörend findet«[19]. Der von innen her sich selbst bestimmende Mensch wird durch den *von außen gesteuerten* abgelöst, was auch von den sogenannten Nicht-Konformisten und ihren Protesten gilt.

Die Diktatur des Man bringt die »*Durchschnittlichkeit*« mit sich. »Jeder Vorrang wird geräuschlos niedergehalten; alles Ursprüngliche ist über Nacht als längst bekannt geglättet; alles Erkämpfte wird handlich; jedes Geheimnis verliert seine

Kraft«[20]. Alles wird so eingeebnet, daß sich das Große nicht durchsetzen kann. Zugleich wird dem Einzelnen jede »Verantwortlichkeit« abgenommen[21], weil keiner für sich einzustehen braucht und das Man jeden entlastet. Statt die eigene Entscheidung auf sich zu nehmen, läßt der Einzelne den Niemand für sich entscheiden; wenn das Man bestimmt, ist es niemand gewesen; das Man kann alles verantworten, weil niemand etwas zu verantworten hat. Diese Verfassung der *Bodenlosigkeit* wirkt sich im »Gerede« aus[22], das ohne echten Kontakt mit der Sache über alles redet und alles zerredet; in der »Neugier«[23], die stets von einem zum anderen flattert, ohne etwas wirklich zu begegnen und es auszuschöpfen; in der »Zweideutigkeit«[24], die alles im Gang hält und betreibt, durch die scheinbar alles, tatsächlich aber nichts geschieht. Das ist der Mensch in seiner alltäglichen *»Verfallenheit«*[25], der aus dem Sein heraus-gefallen und dem Seienden ver-fallen ist, der heute besonders durch die Diktatur der öffentlichen Meinung, der Gesellschaft und der Wirtschaft von seinem Wesen abgedrängt und so in erschreckendem Ausmaß ent-wesentlicht oder in sein Un-wesen getrieben wird.

Zweiter Schritt: Die Frage nach der Technik: In anderer Gestalt begegnet uns dieselbe Problematik im Bereich der Technik. In seinem Vortrag »Die Frage nach der Technik« hat sich Heidegger mit deren Wesen und auch mit deren Un-wesen auseinandergesetzt[26]. Was das *Wesen* betrifft, so sieht er die Technik durchaus positiv, nämlich als die heute das Zeitalter prägende Weise des Entbergens der Wahrheit und damit des Seins. An sich gehört sie also keineswegs dem Verfallen zu oder treibt sie nicht den Menschen in den Abfall von sich selbst hinein. Vielmehr bringt sie Dinge hervor, die ohne sie nicht zustande kämen, womit sie *Wahrheit ent-deckt,* die ohne ihr Zutun ver-deckt bliebe. In dem so entstehenden neuen Seienden und den zugleich sich entfaltenden Fähigkeiten des Menschen kommen Seiten am Sein zum Aufleuchten, die uns das Sein selbst nähern.

Doch bricht im Wesen der Technik heute immer schon ihr *Unwesen* auf, indem sie nach Heidegger dem Menschen zur Gefahr, ja zur »höchsten Gefahr«[27] wird, weil sie den *Grund verdunkelt,* aus dem sie stammt. Wenn nämlich der Mensch darin untergeht, die Natur für seine Zwecke herauszufordern und auszunützen, stürzt er in die Uneigentlichkeit ab. Dabei sieht er sich selbst nur noch in seiner Beziehung zur Herstellung technischer Dinge, wodurch der Anschein entsteht, alles sei nur »ein *Gemächte des Menschen*«[28]. Statt alles und auch sich selbst aus dem Entwurf des Seins zu empfangen, begegnet er überall einzig seinen eigenen Entwürfen und macht so sich selbst zur Mitte, wodurch er sich immer unentrinnbarer in die Seinsvergessenheit verstrickt. Damit von seinem Wesen und dem Wesen der Dinge abgedrängt, wird er von seinen eigenen Produkten überfallen und versklavt. So kommt es zu jener Veräußerlichung des Menschen, von der Heidegger sagt, er bewege sich »am äußersten Rand des Absturzes«[29].

Obwohl also die Technik ihrem Wesen nach Seinseröffnung bringt, ist sie zu der Sein-verdeckenden Macht dieses Zeitalters geworden oder *wendet* sie den Menschen *vom Sein ab*, weil dieser ihrem Un-wesen nicht widerstanden, ja sich ihm ausgeliefert hat. Infolgedessen irrt er ort-los und verzweifelt umher, insofern er seinen eigentlichen Ort der Offenbarkeit des Seins, aus der auch die Technik stammt und zu der sie zurückgeleiten kann, verloren hat und ohne Hoffnung ist, wieder in ihm heimisch zu werden.

Dritter Schritt: Die abendländische Metaphysik: Das Schicksal des Abendlandes, das Heidegger als die Vergessenheit des Seins kennzeichnet, vollendet sich in der Technik, kommt aber ausdrücklich in der Philosophie als Metaphysik zur Sprache. Diese hat nach Heidegger den Nihilismus heraufbeschworen. Gewiß lebt das bisherige Denken aus der Offenbarkeit des Seins oder geschieht es *in der Lichtung des Seins:* »Jedesmal erscheint das Seiende als Seiendes im Lichte des Seins«[30]. Doch wendet sich das Denken nicht zu seinem Grund zurück, weshalb das Licht nicht beachtet oder das Sein nicht thematisch bedacht wird: »Die Metaphysik denkt, insofern sie stets nur das Seiende als das Seiende vorstellt, nicht an das Sein selbst«[31]. Damit ist die *Vergessenheit des Seins* gegeben, die nicht nur zum *Nihilismus* führt, sondern diesen bereits in sich enthält, insofern es vermöge der Vergessenheit so aussieht, als ob es mit dem Sein nichts wäre oder es das Sein überhaupt nicht gäbe: »Die Frage nach dem Wesen des Seins stirbt ab, wenn sie die Sprache der Metaphysik nicht aufgibt«[32], also das Sein nicht thematisch bedenkt. Weil »die Metaphysik selbst« im Banne des Nihilismus steht, ist ihr »die Überwindung des Nihilismus verwehrt«[33]. Dieses Schicksal vollendet sich nach Heidegger in »der Metaphysik des Willens zur Macht«, also in *Nietzsche*[34]. Dieser sah sich als den Propheten des Nihilismus und nannte ihn den »unheimlichsten aller Gäste«, der vor der Tür steht und das Antlitz der kommenden Jahrzehnte prägen wird[35]. Mit seiner Vorahnung ist Nietzsche wirklich zum Propheten geworden, weil der *Nihilismus* schon längst durch die Tür dieses Zeitalters eingetreten und mitten unter uns heimisch, ja weithin herrschend geworden ist. Der Auseinandersetzung, die damit dem Menschen von heute auferlegt ist, kann er nicht ausweichen, weil er mit der nihilistischen Auflösung ständig konfrontiert wird; denn mit dem Dahinschwinden des Seins als des Grundes alles Seienden gerät dieses in die Bodenlosigkeit, weshalb es dem Abgrund entgegenstürzt und sämtliche Rettungsversuche vergeblich erscheinen, wofür das Geschehen ebenso im Großen wie im Kleinen jeden Tag zahllose Beweise liefert.

Im Nihilismus aber ist immer schon der *Atheismus* enthalten; der Weg zu Gott nämlich führt durch das Sein. Wenn es also im Bewußtsein unseres Zeitalters mit dem Sein nichts ist, dann ist es erst recht mit Gott nichts. Darum tritt schon Nietzsche als der Prophet nicht nur des Nihilismus, sondern auch des Atheismus auf. Heidegger hingegen setzt sich mit aller Deutlichkeit vom Atheismus ab[36]; doch fügt er zur Kennzeichnung seines Denkens bei: »Theistisch kann es so wenig sein wie atheistisch«[37]. Das sagt er nicht aus »Indifferentismus«, der »Nihilismus« wäre[38]; vielmehr spricht er dabei »aus der Achtung der Grenzen, die dem Denken als Denken gesetzt sind«[39]. Freilich kommt er durch seine Sicht der *Metaphysik* zu der für einen christlichen Denker anstößigen Auffassung, das abendländische Philosophieren habe wegen der Vergessenheit des Seins dem *Nihilismus* und damit dem Atheismus die Wege bereitet[40]. Diese These fordert die Frage heraus, ob diese Entwicklung aus dem Wesen oder aus dem Un-wesen des bisherigen Denkens hervorgehe und ob infolgedessen die Seinsvergessenheit so allumfassend gewesen sei, wie es nach Heidegger den Anschein hat.

Die Rettung des Menschen heute nach Heidegger

Zusammenfassend läßt sich die *Gefährdung* des Menschen heute formulieren: die Vergessenheit, ja der Verlust des Seins haben ihn an den Rand des Absturzes gebracht, wodurch sich unser technisches Zeitalter zur äußersten Gefährdung verdichtet. Dieser Zustand hat sich nicht zufällig herausgebildet und ist auch nicht aus der Verwegenheit einiger Gewissenloser zu erklären; vielmehr bedroht uns ein von weither kommendes *abendländisches Schicksal*. Die damit skizzierte Lage reißt uns aus dem gedanken-losen Dahintreiben am Rande des Abgrundes heraus und fordert ein Nach-denken heraus, das bis zu den tiefsten Wurzeln zurückgelangt, da alle vordergründigen Lösungen zu kurz tragen und sich immer wieder als unwirksam erweisen. Hierbei wird für uns ein Wort von *Hölderlin* hilfreich, das auch bei Heidegger eine Rolle spielt: »Wo aber Gefahr ist, wächst das Rettende auch«[41]. Wir werden also auf das *Rettende* verwiesen, das *in der Gefährdung selbst* sich meldet und heute trotz aller gegenteiligen Strebungen an Boden zu gewinnen scheint. Wie schon die Darstellung der Gefährdung andeutete, kann das Rettende für Heidegger einzig in der »*Rückkehr zum Grund*«, also zum Sein liegen; denn nur von diesem her ist der Mensch imstande, die Versklavung an das Seiende, besonders in der Gestalt der entarteten technischen Welt, zu überwinden und in der Uneigentlichkeit die Eigentlichkeit zur Geltung zu bringen, was im einzelnen zu entfalten ist.

Nun hat Heidegger seit vielen Jahren alles getan, um dem Sein unter den Menschen Gehör zu verschaffen; und sein Rufen ist nicht immer im Leeren verhallt oder hat nicht nur taube Ohren getroffen, obwohl die meisten das Rettende weiterhin in diesem oder jenem Seienden suchen. Nachdem *einige Offenheit* gereift war, sieht es heute so aus, als ob die tauben Ohren überhand nähmen; das gilt vor allem im Hinblick auf den Positivismus, der laufend an Boden gewinnt. Ihn kennzeichnet die *radikale Vergessenheit* des Seins, weshalb ihm auch das Seiende entgleitet und er sich allein noch mit dessen Erscheinungen abgibt. So nimmt etwa die »Frankfurter Schule« das Sein als bloße Illusion; in seinem Buch »Negative Dialektik«[42] setzt sich

Adorno ausdrücklich mit Heidegger auseinander, wobei er zu der »Sinnlosigkeit des Wortes Sein« kommt[43].

Solche Irrgänge sind nicht imstande, Heideggers Botschaft ihre Bedeutung zu rauben; vielmehr treiben sie dazu an, das Sein den Menschen so nahezubringen und so vernehmlich zu machen, daß es bei möglichst vielen, wenn nicht bei den Tauben so wenigstens bei den Halbtauben, ankommt. Das wird um so mehr gelingen, je deutlicher unser Zeitalter auf vielerlei Wegen die *Erfahrung* macht, daß menschliche Angelegenheiten nicht durch Maßnahmen innerhalb des Seienden, etwa durch Veränderung der gesellschaftlichen und wirtschaftlichen Verhältnisse, geregelt werden können, obwohl die Arbeit auf diesem Gebiet in ihrem Rahmen gewiß wichtig ist. Letztlich weisen die Grundanliegen des Menschen über alles Derartige hinaus, weshalb sie den *Rückgang* in den tiefsten Grund verlangen, ein Vollzug, der nicht nur denkerisch, sondern gesamtmenschlich zu leisten ist. Hier braucht es Menschen, die dazu bereit sind oder sich dazu bereitmachen; denn erzwingen läßt sich dabei nichts. Solchen Menschen wird sich auch das Sein gewähren; diese Zuversicht gibt es uns, ohne sich je von uns zwingen zu lassen. Seinen Ansatzpunkt hat der erforderliche Rückgang in den drei besprochenen Tatbeständen, die daraufhin noch einmal zu durchdenken sind.

Die Seinsvergessenheit: Wir wenden uns ihr an erster Stelle zu und kehren so die vorhin gewählte Reihenfolge um, weil sich von der Vergessenheit her die beiden anderen Momente am besten erhellen. Vergessenheit besagt nicht völlige Abwesenheit oder völliges Verstummen des Seins. Was einer vergessen hat, das hat er schon einmal gewußt, weiß er sogar, wenigstens bei den Grundanliegen des Menschendaseins, in der Tiefe seines Bewußtseins noch immer, wenn auch das Vergessene nicht mehr an die Oberfläche dringt oder nicht mehr greifbar wird. In der *Vergessenheit* des Seins meldet sich also *verborgenerweise* dessen *Offenbarkeit*; dementsprechend stößt einer, der die Vergessenheit bedenkt und zu Ende denkt, auf das Sein selbst. So meint Heidegger, sein gesamtes Denken sei aus der »Grunderfahrung der Seinsvergessenheit« erwachsen[44] und das Enthüllen des Seins könne gar keinen anderen Weg einschlagen.

Wie aber kommt es zur Seinsvergessenheit? Sie beruht nicht »auf einem bloßen Versäumnis des menschlichen Denkens, geschweige denn auf einer geringeren Fähigkeit des frühen abendländischen Denkens«[45]; vielmehr ereignet sie sich vom Sein selbst her als »das Geschick der abendländischen und der gesamten europäisch bestimmten Geschichte«[46]. Das Sein hält nämlich an sich, indem es sich in seiner *Enthüllung* zugleich *verhüllt*, in seiner Entbergung zugleich verbirgt, in seiner Mitteilung zugleich entzieht. Um diese Struktur eindeutiger zu verstehen, weisen wir auf einen Unterschied hin, der zwar bei Heidegger kaum hervortritt, aber zur Klärung beiträgt; es geht um den Unterschied von Vergessenheit und Verborgenheit.

Das Sein bleibt in seiner Begegnung mit dem Menschen *wesenhaft verborgen*; das macht die Grund-Situation des Menschen aus, die alle seine geschichtlichen Epochen durchzieht und sich niemals ändert, solange er in der geschichtlichen Welt verweilt. Das hier Angezielte läßt sich an der Weise erläutern, auf die Gott sich uns zeigt. Gott entbirgt sich in all seinen Geschöpfen so, daß er sich stets in der Verborgenheit zurückhält, weshalb der Mensch ihn nur finden kann, wenn er seinen Spuren nachgeht. Oder Gottes Enthüllen seiner selbst verharrt jederzeit in einem nie auflösbaren Verhüllen, weshalb sich der Mensch immer wieder neu auf den Weg machen und zu ihm durchdringen muß. Oder Gott teilt sich uns so mit, daß er uns immer sein Antlitz entzieht, weshalb wir ihn nie von Angesicht zu Angesicht schauen, sondern uns nur durch Deuten seiner Chiffren (Jaspers) zu ihm hintasten. Ganz ähnlich verhält sich nach Heidegger das Sein zum Menschen; er ist kraft seines Wesens in die Seinsverborgenheit hineingestellt; darin prägt sich seine Seinsbezogenheit aus, dadurch ist er als Mensch gegeben. Vermöge der ihm allein eigenen *Enthüllung* des Seins überragt er alle anderen Seienden; doch ist er zugleich vermöge der davon untrennbaren *Verhüllung* stets einer Gefährdung ausgesetzt, der alle anderen Seienden entgehen. Während diese mit unbeirrbarer Sicherheit sich selbst finden und vollenden, unterliegt der Mensch der *Ungewißheit*, insofern er sich selbst verlieren und zerstören kann. Die hier umschriebene Seinsverborgenheit hat sich für unser Zeitalter in die äußerste Gefährdung hineinentwickelt.

Aus der Seinsverborgenheit kann die *Seinsvergessenheit* erwachsen; weil das Sein in seiner Entbergung so verborgen ist oder sich so entzieht, wird es der Mensch oft nicht beachten, es übersehen, vergessen und sogar leugnen, wie das bei Adorno ausdrücklich hervortritt und von vielen ohne ausdrückliche Aussage gelebt wird. Solche Seinsvergessenheit stellt sich *nicht unausweichlich* ein, weshalb sie in verschiedenen geschichtlichen Zeitaltern nicht immer dieselbe ist und auch in diesem oder jenem Ausmaße überwunden werden kann, wofür Heideggers gesamtes Schaffen ein Beispiel bietet. Obwohl nun die Seinsverborgenheit den Anlaß für die Seinsvergessenheit liefert, spielt bei dieser das Versäumnis oder die *Nachlässigkeit* des Menschen eine entscheidende Rolle, ebenso wie ihr Überwinden dessen Einsatz oder äußerste Anstrengung erfordert, wodurch er dem Anspruch des Seins erst zu entsprechen imstande ist. Heidegger scheint *nicht klar* genug die Seinsvergessenheit von der Seinsverborgenheit zu *unterscheiden;* dadurch kann es so aussehen, als ob mit der Vergessenheit auch die Verborgenheit verschwände oder als ob die Vergessenheit genauso unüberwindlich wie die Verborgenheit sei. Jede der beiden Folgerungen ist verderblich, weil nach der ersten der Mensch in eine unverhüllte Enthüllung des Seins erhoben würde, die ihm nicht zukommt, und weil er nach der zweiten nie dem Sein selbst begegnen würde.

Das Überwinden der Seinsvergessenheit, die Heidegger in der Metaphysik verkörpert sieht, setzt die besprochene Unterscheidung von der Seinsverborgenheit unbedingt voraus. Allein so wird es möglich, in der Verborgenheit über die Vergessenheit Herr zu werden und damit dem Sein in unserem Zeitalter einen Weg zum Menschen zu bahnen, dessen Schicksal heute und in Zukunft von der *Bewältigung des Seienden aus der Tiefe des Seins* abhängt. Diese Aufgabe, die uns heute mehr als jede andere anfordert, verlangt viele Schritte, von denen auch Heidegger selbst bekennt, daß er lediglich die allerersten getan hat. Die Vollendung wird in dem Maße erreicht, wie »zuvor und in langer Vorbereitung das Sein selbst sich gelichtet hat und in seiner Wahrheit erfahren ist«[47]. Nur auf diesem Wege wird die »Heimatlosigkeit« überwunden, in der die Menschen »umherirren«[48] und sich selbst mit allem, was ihr Leben ausmacht, zugrunde richten.

Die Technik: Ähnliches wie von der Philosophie ist von der Technik zu sagen. Obwohl sie nach ihrem Wesen den Weg der Offenheit des Seins geht und folglich den Menschen nicht notwendig ins Verhängnis treibt, also ihr gegenüber Pessimismus keineswegs geboten ist, erwächst aus ihr doch eine alles erschütternde Gefährdung, weil ihr Wesen verdeckt und vergessen wird und man in ihr Un-wesen hineingleitet. Statt als Weise der Entbergung des Seins wird sie nur noch als *Herausfordern* der Naturstoffe und Naturkräfte für die Zwecke des Menschen betrieben. In dem Un-wesen der Technik aber, das die meisten heute mit deren Wesen verwechseln, spricht dieses Wesen selbst uns an; deshalb kann durch das nach-denkliche Eindringen in das Unwesen allmählich das *Wesen freigelegt* und so das Sein zur Sprache gebracht werden. Allein durch diesen Rückzug läßt sich die Gefahr bändigen, die uns heute an den Rand des Absturzes gestoßen hat.

In der Gegenwart zwingen ein weitverbreitetes Unbehagen und mannigfache unerwartete Katastrophen zu einem gründlichen *Überprüfen* unseres Verhältnisses zur Technik. Weil man jedoch nicht genug in die Tiefe blickt, begnügt man sich meist mit sekundären Abhilfen; medizinisch gesprochen, experimentiert man an den Symptomen herum, ohne an die Wurzel des Übels heranzukommen. Dabei erfährt man durch zahllose Enttäuschungen, wie derartige Abhilfen nicht ausreichen und letztlich versagen; die Gefahr, die zunächst gebannt schien, bricht anderswie oder anderswo doch wieder auf wie Flammen, die man nicht zu löschen vermag. Solche Erfahrungen stürzen den Menschen entweder in eine ausweglose Verzweiflung oder sie geleiten ihn durch Abbauen des Vordergründigen zum Fußfassen im *Hintergründigen* hin, indem sie im Un-wesen der Technik deren Wesen zum Aufleuchten bringen. Das aber ist damit gleichbedeutend, daß der ontische Betrieb der Technik in ihren *ontologischen Vollzug* eingeht, wodurch der Mensch vermöge des Seins die Herrschaft gewinnt, statt in der Versklavung an das Seiende zu versinken.

Solange das nicht gelingt, steht die Begegnung des Menschen mit dem Wesen der Technik noch aus, obwohl er unaufhörlich mit ihr umgeht, von ihr geprägt ist und sich scheinbar in ihr auskennt. Dieses ontische Kennen verdeckt seine ontologische Unkenntnis und nährt die *Einbildung*, er wisse und verstehe bereits alles und habe namentlich von den Philosophen nichts zu lernen. Tatsächlich aber spielt er im letzten wie ein unwissendes Kind mit allen, auch den gefährlichsten Errungenschaften der Technik, wobei er in deren Anwendung eine erschreckende *Unsicherheit* verrät, weshalb er alles ausprobiert, alles technisch zu bewältigen versucht und überspannte Erwartungen hegt. Das gilt vom letztlich entscheidenden Verhältnis des Menschen zur Technik, womit im Vorletzten durchaus große Sorgfalt und ernste Verantwortung vereinbar ist und vereint wird. Dennoch gelangen wir an die Wurzel erst dann, wenn die Technik als eine Weise, wie sich *das Sein dem Menschen gewährt*, ernstgenommen wird. Erst dann treten die technischen Dinge in ihr Wesen ein und zeigt sich die ihnen und dem Menschen gemäße Weise ihrer Anwendung, wodurch sie das Leuchten der Wahrheit nicht mehr verdunkeln, sondern gerade vollenden. Ebenso dringt der Mensch durch sein Un-wesen zu seinem Wesen vor, womit er vermöge der Wahrheit des Seins den Sog der Technik überwindet und alles entsprechende Geschehen in Freiheit verwaltet. Das Rettende finden wir also in der Technik selbst ebenso wie in der Vergessenheit des Seins.

Die Uneigentlichkeit: Sie meint den Menschen in seiner alltäglichen Verfallenheit, insofern er aus dem Sein herausgefallen und dem Seienden verfallen ist. Doch ist in der Uneigentlichkeit immer schon die *Eigentlichkeit enthalten*, weil jene ganz von dieser lebt und ohne diese gänzlich unmöglich wäre. In der Tat öffnet allein das Sein den Zugang zum Seienden, weshalb einer, der im Banne des Seienden steht, immer schon vom Sein angesprochen und in Anspruch genommen ist. Wenn dieser Anspruch auch zunächst unbeachtet bleibt, so ist er doch unterschwellig wirksam, indem er den Menschen einlädt, ihm zu entsprechen und so sich zur Eigentlichkeit zu erheben. Zugleich ist das Man-Selbst nie imstande, das *Ich-selbst* völlig auszulöschen, wodurch dieses immer wieder sich gegen jenes durchzusetzen bestrebt ist. Ebenso hat das leere Gerede stets die erfüllte Rede zum Hintergrund, wie auch im Weitereilen der Neugier vom einen zum andern sich bemerkbar macht, daß der Mensch von keinem Seienden befriedigt wird, weil er vom Sein angezogen ist. Schließlich leidet er an der Zweideutigkeit oder kommt sie ihm unerträglich vor, weil ihn der Grund bewegt, der allem Eindeutigkeit verleiht; diese wird dem Seienden einzig durch das Sein zuteil. Zusammenfassend läßt sich sagen: Langeweile, Überdruß und Ekel wuchern aus der Verfallenheit deshalb, weil der Mensch dem Sein zugehört; in diesen Stimmungen tritt der *Zug zur Eigentlichkeit* zutage.

Diesen Zug erfährt der Mensch mit aller Deutlichkeit im *Ruf des Gewissens*, dem Heidegger in »Sein und Zeit« eindringliche Analysen widmet. In allen Anforderungen des Lebens vernimmt jeder immerdar jenen Ruf, der für den Menschen schlechthin fundamental ist. Das Grundlegende im Gewissen jedoch ist nicht dieses oder jenes Gebot, sondern der Anruf, der aus dem uneigentlichen Dahindämmern aufschreckt und zum *eigentlichen Sein-können* hintreibt. »Vom Ruf getroffen« wird »das Man-selbst«[49]; und »aufgerufen« wird das Ich-selbst »zu ihm selbst, das heißt zu seinem eigensten Seinkönnen«, »in seine eigensten Möglichkeiten«[50]. »Das Dasein ruft im Gewissen sich selbst«[51], weil »es darum ihm einzig geht«[52], wobei »das Gewissen im Grunde und Wesen je meines ist«[53]. Insofern der Mensch diesem wesentlichen Ruf nicht folgt oder »ständig hinter seinen Möglichkeiten zurückbleibt«, hat er sich immer schon in sein »ursprüngliches Schuldigsein« verstrickt[54]. Daraus ruft ihn das Gewissen zurück, indem es den Menschen als »das Selbst, das als solches den Grund seiner selbst zu legen hat«[55], zur Erfahrung bringt. Danach hat er sich selbst oder sein Dasein aus eigener Verantwortung in Erschlossenheit und Entschlossenheit zu übernehmen. *Erschlossenheit* gewährt den Blick auf sein eigentliches Sein-können und letztlich auf das dieses erst ermöglichende Sein. *Entschlossenheit* aber ergreift das eigentliche Sein-können, um es zu verwirklichen, was einzig aus der Tiefe des Seins möglich ist. Das ist zu leisten angesichts der Gefahr, dem eigensten Sein-können auszuweichen und es zu vereiteln, indem man den Blick davon wegwendet und es nicht ergreift, indem man so das Sein vergißt und sich treiben läßt. Der Gewissensruf holt also den Menschen zur Tiefe seines eigensten Selbst und damit zur *Tiefe des Seins* zurück, damit er aus dieser Tiefe erschlossen und entschlossen sein Leben meistere oder sich zur Eigentlichkeit durchringe.

Das Ganze des Daseins
im Horizont des Nichts

Wie sich aufgrund des Gewissensrufes die angedeutete Rückkehr entfaltet, wird aus dem tieferen Verstehen dessen, was Heidegger »*Sorge*« nennt, klarer zugänglich. Das eigenste Seinkönnen bringt nämlich den Menschen vor die Ganzheit seines Daseins, die sich in der Sorge nach den drei Dimensionen der Zeit auslegt.

Die Sorge und das Nichts: Im alltäglichen Verfallen ist jeder von diesem oder jenem besonderen Seienden mit Beschlag belegt, also an vieles zerstreut und daher zersplittert, wodurch das Ganze des Daseins dem Blick entschwindet oder verdeckt wird. Von dem damit gegebenen *Verlorensein* an den jeweiligen Augenblick wird der Mensch befreit, indem er sich als Sorge versteht, weil sich darin die drei Dimensionen der Zeit öffnen und mittels ihrer sich das *Ganze des Daseins* enthüllt. Das geht aus Heideggers Beschreibung der Sorge hervor: »Sich-vorweg-schon-sein-in-(der-Welt-) als Sein-bei (innerweltlich begegnendem Seienden)«[56]. »Sich-vorweg« meint die Zukunft als die primäre Dimension; »schon-sein-in« aber die Vergangenheit oder das Gewesen; »Sein-bei« schließlich die Gegenwart, in der allein sich Seiendes ereignet. Demnach ist für den Menschen alles Seiende zunächst ein Zukünftiges oder auf ihn Zukommendes, dessen konkrete Möglichkeit durch das Vergangene oder bisher Gewesene bedingt ist und das einzig als Gegenwärtiges verwirklicht werden kann. Im *Zusammenspiel dieser drei Dimensionen* hat der Mensch insofern das Ganze seines Daseins im Griff, als er beim Verwirklichen eines jeden Seienden auch sich selbst verwirklicht und folglich derselbe Rhythmus auch für ihn selbst gilt. Nach jeder der drei Dimensionen aber ist er in das *Nichts* hineingehalten oder gründet er in diesem.

Der Mensch existiert im Sich-vorweg oder in der *Zukunft*, indem er bei all seinem Tun dem, was er bisher gewesen ist und gegenwärtig ist, vorauseilt und neue erst zu verwirklichende Möglichkeiten seiner selbst entwirft. Das verdichtet sich im »Verstehen« im Sinne von Können, wie wir von einem etwa sagen, er verstehe sein Handwerk, da solches Können wesentlich

Möglichkeiten in sich birgt und eröffnet. Hierbei bricht das *Nichts* auf, weil für uns über der Zukunft ein *Schleier* liegt und wir nicht wissen, ob und wie jene Möglichkeiten tatsächlich verwirklicht werden; wir haben keine Garantie für das Verwirklichen der entworfenen Möglichkeiten in der Hand. Eine Ausnahme davon macht das »*Sein zum Tode*«[57] als »eigenste Möglichkeit des Daseins«, die zugleich »unüberholbar« und »gewiß« ist[58], die also sicher verwirklicht wird. Dieses Verwirklichen jedoch fällt mit dem Absturz in das Nichts zusammen, der alle anderen verwirklichten Möglichkeiten mit sich reißt. Damit stürzt das Dasein dem Nichts entgegen, das genauerhin das Nichts des innerweltlichen Dasein ist und in der »Grundbefindlichkeit der *Angst*«[59] erfahren wird. »Im vorlaufenden Enthüllen dieses Seinkönnens erschließt sich das Dasein ihm selbst hinsichtlich seiner äußersten Möglichkeit«[60], wodurch es in seine Ganzheit hineinreicht. Wir stehen im Nichts, das auf den Menschen zukommt oder im *Nichts der Zukunft*.

Das Schon-sein-in bezieht sich auf die *Vergangenheit* oder Gewesenheit und letztlich auf die Herkunft des Menschen. Hier meldet sich die »Geworfenheit«, die sich in der »Befindlichkeit« erschließt[61]. Durch sie »ist das Dasein immer schon vor es selbst gebracht«[62], und zwar nach seinem *bloßen Da* oder als »nacktes ›Daß es ist und zu sein hat‹«, wobei »das Woher und das Wohin im Dunkel bleiben«[63]. Von dem hierin »offenbaren Lastcharakter des Daseins«[64] kehrt sich der Mensch zunächst und zumeist ab. Sobald er aber darauf hinblickt, hat er sein Gewesen-sein, seine Vergangenheit und so seinen Ursprung im Auge. Insofern jedoch dabei sich jenes, aus dem er herkommt oder das ihn geworfen hat, nicht zeigt, erfährt er nicht, woher er kommt, oder steht er vor dem *Nichts seiner Herkunft*.

Das Sein-bei betrifft die *Gegenwart* als den Umgang mit dem vielfältigen Seienden, mit den anderen Menschen und den Dingen, an die er sich vermöge des Verfallens immer schon verloren hat. Solche Verlorenheit ist aber ein *sein-loses* und damit nichtiges Betreiben, wodurch sowohl der betreibende Mensch als auch das betriebene Gegenüber in die Nichtigkeit abgleiten und sich in das verkehren, was sich im letzten nicht lohnt. Damit bricht das Nichts der Gegenwart auf, das *Nichts der* ständigen *Ankunft*.

Dem Gesagten gemäß heißt Mensch-sein dasselbe wie »Hinein-gehaltenheit in das Nichts«[65]. Nach den drei Dimensionen der Sorge oder nach seiner gesamten zeitlichen Selbstauslegung ist der Mensch in das Nichts hineingehalten, von ihm umfaßt und in seiner Ganzheit zusammengehalten; *das Nichts ist der Grund,* aus dem er existiert und vor seine Ganzheit gebracht wird. Von hier aus erklären sich die *nihilistischen* und in Folge davon athe-istischen Deutungen, die Heideggers Philosophieren erfahren hat, die einst weitverbreitet waren und auch heute noch nicht ganz überwunden sind. Das waren von Anfang an Miß-deutun-gen, die vorschnell meinten, Heideggers Ringen um das Sein sei in das Nichts eingemündet; dieser Auffassung leistete der Um-stand Vorschub, daß die zweite Hälfte von »Sein und Zeit« zu-rückgehalten wurde. Spätere Schriften haben jedoch mit aller Klarheit den Sinn des Nichts geklärt und damit der nihilisti-schen Deutung jeden Boden entzogen.

Zunächst und zumeist *flieht* der Mensch vor dem Nichts; er ver-weigert sich ihm, weil er von dem Eindruck nicht loskommt, daß er durch das Nichts alles verliert oder in seiner scheinbar gesi-cherten Alltäglichkeit gestört wird. Solche Flucht aber liefert ihn an das Seiende und dessen sinnlosen Wirbel aus und läßt ihn so in der *Uneigentlichkeit* versinken; zugleich geht er im Je und Je des Augenblicks unter, wodurch er aus der Ganzheit des Daseins herausfällt und damit sich selbst, sein eigenstes Selbst verfehlt. Gerade darüber treibt ihn das Nichts hinaus, insoweit er sich ihm in *Erschlossenheit* stellt und er es in *Entschlossenheit* übernimmt. In dem Maße, wie er das Nichts aushält, wird er von der Tyrannei des Seienden befreit, wird er aus der Zer-streuung an das Viele herausgeholt und für *das Eine* geöffnet. Dieses ist bisher erst als das *Nichts* hervorgetreten, das aber in-sofern über sich hinausweist, als es die Eigentlichkeit gewährt. Ebenso gilt es, die *Angst* als die Grundbefindlichkeit, in der sich das Nichts zeigt, auszuhalten, statt sie in sich zu ersticken oder sie wenigstens durch den Betrieb zu überspielen. Auch sie weist über sich hinaus, weil sie zur Ganzheit des Daseins und damit zur Eigentlichkeit befreit. Während nun viele Menschen heute sich von der Angst und dem Nichts abwenden und so der Un-eigentlichkeit verfallen, kommt es gerade darauf an, im angst-bereiten Aus- und Durch-stehen des Nichts die *Eigentlichkeit* zu erringen. Demnach vollzieht sich die Rückkehr zum Sein als Durchgang durch das Nichts.

Das Nichts und das Sein: Auf Heideggers Weg geht das Sein nicht endgültig im Nichts unter, sondern das Nichts bahnt genau den *Zugang zum Sein*, das einzig auf diese Weise vom Menschen erreicht werden kann. Dafür ist ein Satz aus dem Nachwort zu seiner Antrittsvorlesung »Was ist Metaphysik?« entscheidend: »Das Nichts ist der Schleier des Seins«[66]. Das Nichts ist das verschleierte Sein oder im Nichts begegnet uns immer schon das Sein auf verschleierte Weise. Von hier aus zeichnen sich in Heideggers Denken *zwei Phasen* ab; die erste läßt das Sein im Nichts verschleiert, die zweite hingegen entschleiert das Sein oder läßt es als es selbst aus dem Nichts hervortreten. Die erste Phase, die sich hauptsächlich in »Sein und Zeit« ausprägt, führt die Untersuchung bis zu dem noch im Nichts *verschleierten* Sein, während die zweite Phase, die in den späteren Schriften ihren Niederschlag findet, durch das Nichts bis zum Sein selbst vorstößt oder von dem im Nichts verhüllten zu dem aus dem Nichts *enthüllten* Sein gelangt. Blicken wir von hier aus auf die Dimensionen der Zeit und das ihnen zugeordnete Nichts zurück und führen wir das früher Gesagte entsprechend weiter.

Mittels des Nichts der Gewesenheit zeigt sich uns nunmehr die Herkunft des Menschen aus dem *Sein* als seinem *Ursprung;* vorher im Nichts verborgen, wird er jetzt als solcher entborgen. Namentlich verweist die Geworfenheit durch das Nichts auf das Sein, was Heidegger in seinem »Brief über den Humanismus« ausdrücklich hervorhebt: »Der Mensch ist vielmehr vom Sein selbst in die Wahrheit des Seins ›geworfen‹«[67]. Ähnliches kommt bei der Aussage »Es gibt Sein« zum Vorschein; »denn das ›es‹, was hier ›gibt‹, ist das Sein selbst«[68]; oder daß »die Wahrheit des Seins selbst sich ereignet, ist die Schikkung des Seins selbst«[69]. Demnach zeigt sich das Sein als der Ursprung der Wahrheit, aber auch, wie im Lichte von »Sein und Zeit« beizufügen ist, als das »Woher« für das »nackte ›Daß es (das Dasein) ist und zu sein hat‹«[70]. — Wie das Woher nicht »im Dunkel bleibt«, so auch nicht das »Wohin«[71], weil die äußerste Möglichkeit des Todes durch das Nichts der *Zukunft* ebenfalls auf das *Sein* hinweist. Indem nämlich der Mensch durch den Tod in das Nichts des innerweltlichen Daseins abstürzt, stürzt er in das verschleierte und zuletzt entschleierte Sein hinein. – Was die *Gegenwart* betrifft, so wird der Mensch über das Herumtreiben im Nichtigen oder über das Nichts der Ankunft durch das Erfahren der Langeweile, des Überdrusses und des Ekels hinausgeführt. Diese Stimmungen entstehen nämlich dadurch, daß er vom Sein angerufen ist und ihm deshalb kein Seiendes genügen kann. Im Ungenügen oder der Nichtigkeit des Seienden leuchtet ihm das *Sein* auf, von dem her er das Seiende so zu verwalten imstande ist, daß der Umgang mit ihm zu einem fortschreitenden Lichten des Seins wird. – Nach allem besagt die Hineingehaltenheit in das Nichts zuinnerst dasselbe wie *Hineingehaltenheit in das Sein.*

Warum aber geht dem Menschen das Sein im *Durchgang* durch das Nichts auf? Die Antwort bietet konzentriert der Satz: »Das Nichts ist das Nicht des Seienden und so das vom Seienden her erfahrene Sein«[72]. Zunächst und zumeist ist der Mensch dem Seienden zugewandt, ja an dieses verloren; daher gelangt er allein durch das Seiende zum Sein, das er also durch Abheben vom Seienden nach seiner Eigenart bestimmen muß. Infolgedessen zeigt sich ihm das Sein an seinem Unterschied vom Seienden, insofern es nicht ein Seiendes oder als *das Andere zu allem Seienden* eben das Nicht-seiende und in diesem Sinne das Nichts ist. Heidegger formuliert: »Dieses schlechthin Andere zu allem Seienden ist das Nicht-Seiende. Aber dieses Nichts west als das Sein«[73]. Damit erschöpft sich das Nichts keineswegs in »einer leeren Verneinung alles Seienden«[74] oder in der Beseitigung aller Wirklichkeit; vielmehr erweist sich das Nichts, indem es sich als das Sein enthüllt, als die Wirklichkeit aller Wirklichkeiten, als jene *wirklichste Wirklichkeit,* aus der alles seiende Wirkliche stammt und empfängt, ohne die »alles Seiende in der Seinlosigkeit bliebe«[75]. Demnach bildet das Nichts als das verschleierte Sein den Menschen zum Sein als dem entschleierten Nichts. Durch dieses wird das Sein von allem Seienden abgesetzt und so nach seiner unverfälschten Eigenart gewährleistet, vermöge deren sich das Sein »nicht gleich dem Seienden gegenständlich vor- und herstellen« läßt[76].

Indem sich der Mensch als jener vollzieht, der durch das Nichts in das Sein hineingehalten ist, geht er von der Uneigentlichkeit zur Eigentlichkeit über, vermag er das Wesen der Technik als Offenbarmachen des Seins zu erreichen und auch die Metaphysik vom Bedenken des Seienden zu jenem des Seins zu geleiten. In allen Bereichen lebt er aus dem Sein und in dem Sein, *durch das Sein und für das Sein.* Was Heidegger vom Denken sagt, gilt für den Menschen überhaupt; ihn kennzeichnet »l'engagement par l'Etre pour l'Etre«[77]. Das Tiefste, was den Menschen zum Menschen macht, ist nicht sein Bezug zum Seienden, wie unsere Zeitgenossen oft meinen, sondern der an ihn ergehende Anspruch des Seins, kraft dessen sich ihm das Sein immer schon zugesprochen hat und ständig neu zuspricht. Alles kommt darauf an, daß er diesem An-spruch ent-spreche; darin liegt der wahre Humanismus, der nicht den Menschen, sondern das Sein zur Mitte erhebt, um die jener kreist wie der Planet um die Sonne. Hier zeigt sich die *Grundaufgabe des Menschen:* dem Anspruch des Seins zu entsprechen und dadurch auch dem Seienden zuinnerst gerecht zu werden. So zeichnet sich ein zweifacher Umgang mit dem Seienden ab, der eine, der das Sein verdunkelt und in dem der Mensch sich selbst verliert, und der andere, der zur Eröffnung des Seins beiträgt und in dem der Mensch sich selber gewinnt.

Letztlich ist der Mensch dazu bestimmt, im Hinhören auf das Sein ihm innerhalb der Welt *Gehör zu verschaffen,* ihm zum Durchbruch zu verhelfen oder es zur Herrschaft zu bringen. Dem entsprechen die Aussagen Heideggers, der Mensch sei »nicht der Herr des Seienden«, sondern »der Hirt des Seins«; ihm sei »die Wächterschaft, das heißt die Sorge für das Sein« übertragen[78]. Dazu »braucht« das Sein den Menschen, es ist durch »das Beziehen im Sinne des Brauchens« dem Menschen zugewandt[79]; *Brauchen* besagt, daß sich das Sein des Menschen bedient, indem es auf ihn angewiesen ist, weil er allein imstande ist, dem Sein in der Welt die Wege zu bereiten. Soweit der Mensch diese Aufgabe erfüllt, ist er wahrhaft Mensch und meistert er die Dingwelt. Soweit er hingegen diese für alles Weitere grund-legende Aufgabe verfehlt, zerstört er nicht nur sich selbst, sondern geraten auch alle seine Angelegenheiten und Bestrebungen bezüglich des Seienden auf eine schiefe Bahn.

Dabei ereignet sich der Anspruch des Seins *geschichtlich,* nämlich im dynamischen Wandel, nicht in statischer Selbigkeit. Das Sein spricht sich in immer wieder anderen und neuen Schickungen dem Menschen zu, aus denen die Epochen der Geschichte erwachsen. Demnach hat er dem jeweiligen Anspruch des Seins in treuem Gehorchen zu entsprechen, damit er das wahrhaft Rettende für seine Zeit vollbringe.

Das Sein und Gott: Nunmehr meldet sich gebieterisch die Frage: *Was ist denn eigentlich das Sein?* Heidegger antwortet: »Es ist Es selbst«; und er fügt bei: »Es ist nicht Gott und nicht ein Weltgrund«[80]. Sicher ist die erste Antwort nicht eine Tautologie; denn sie besagt, das Sein müsse aus sich selbst verstanden, könne nicht aus anderem erläutert werden. Außerdem ist das Sein nicht ohne weiteres Gott, was dem Pantheismus gleichkäme.

Beginnen wir damit, daß das Sein der *Grund alles Seienden* ist; weil dieses einzig durch das Sein ein Seiendes ist und ohne das Sein oder in der »Seinlosigkeit« kein Seiendes wäre. Vor allem ist das Sein der Grund des *Menschen,* weil es sich diesem auf einzigartige Weise mitteilt und ihn erst so zum Menschen macht. Während das Sein in allem übrigen Seienden verhüllt bleibt, ist der Mensch dadurch über alles andere erhoben, daß sich in ihm das Sein immer schon enthüllt oder als solches hervortritt. Der Mensch ist durch die »Wahrheit«, die »Offenheit« oder die »Lichtung« des Seins ausgezeichnet, auch »Nachbarschaft des Seins« genannt[81]. Als solcher Grund erweist sich das Sein als das Wirkliche oder das Wahre, als die *Wirklichkeit* oder die *Wahrheit schlechthin,* mit der verglichen alles Seiende nur eine geminderte Abschattung darstellt. »Vielleicht kann das ›ist‹ in der gemäßen Weise nur vom Sein gesagt werden, so daß alles Seiende nicht und nie eigentlich ›ist‹«[82].

Das so bestimmte Sein führt noch näher an die Frage heran, ob und wie das *Sein mit Gott zu tun* hat. Nach Heidegger selbst gilt von seinem Denken: »Theistisch kann es so wenig sein wie atheistisch«[83]. *Atheistisch* ist dieses Denken nicht, weil Heidegger den Menschen ausdrücklich für die Gottesfrage offenhält; das In-der-Welt-Sein »enthält keine Entscheidung darüber, ob der Mensch . . . ein nur diesseitiges oder ob er ein jenseitiges Wesen sei«[84]. Und *theistisch* ist es nicht »aus der Achtung der

Grenzen«, die durch die Wahrheit des Seins »dem Denken als Denken gesetzt sind«, keineswegs jedoch »auf Grund einer gleichgültigen Haltung«[85]. Trotz dieser Zurückhaltung hat das Sein mit Gott zu tun, wie aufschlußreiche Texte zeigen, nach denen der Weg des Denkens führt vom Sein zum Heiligen, vom Heiligen zu Gottheit, von Gottheit zu dem, »was das Wort ›Gott‹ nennen soll«[86]. Man kann also das Sein nicht ohne weiteres mit Gott gleichsetzen, weil erst noch vom Sein her ein *Weg* zu gehen ist, der zu Gott geleitet, und zwar mittels der angegebenen Stufen.

Demnach läßt sich einzig im Durchgang durch das Sein und die daran anschließenden Stufen die *Begegnung mit Gott anbahnen.* Gott ist nicht ein begrenztes Seiendes und kommt deshalb nie als Seiendes unter den übrigen Seienden vor. Freilich wird diese Aussage bei Heidegger dadurch verdunkelt, daß er Gott unter den Seienden aufzählt[87] und neben Gott »die Götter« stellt[88]. Dennoch öffnet sich einzig im Horizont des Seins der Zugang zu Gott. Dazu ist aber erforderlich, daß der Mensch auf die Botschaft des Seins hört und dessen Anruf folgt, wenn er auch damit sich einem mühsamen Weg anvertrauen muß. Nun ist bisher die *Entdeckung des Seins* noch kaum geleistet; auch Heidegger selbst sieht sich ganz am Anfang. »Das Heilige, das nur erst der Wesensraum der Gottheit ist, . . . kommt dann allein ins Scheinen, wenn zuvor und in langer Vorbereitung das Sein selbst sich gelichtet hat und in seiner Wahrheit erfahren ist«[89]. Gott wird nicht gefunden, weil die vorbereitenden Schritte noch nicht vollzogen sind.

Überhaupt ist für Heidegger anscheinend nicht die Atheismusfrage, also die Frage, ob Gott ist oder nicht ist, entscheidend; vielmehr geht es um das *Verhältnis Gottes zum Menschen.* In der Nähe zum Sein »vollzieht sich, wenn überhaupt, die Entscheidung, ob und wie der Gott und die Götter sich versagen und die Nacht bleibt, ob und wie der Tag des Heiligen dämmert, ob und wie im Aufgang des Heiligen ein Erscheinen des Gottes und der Götter neu beginnen kann«[90]. Zu fragen ist, »ob der Gott sich nahe oder entziehe«[91]; dabei ist jenes Denken, das in dem Sinne »gott-los« ist, daß es »den Gott der Philosophen, den Gott als Causa sui preisgeben muß, dem göttlichen Gott vielleicht näher«[92]. Alles richtet sich auf die Begegnung mit Gott, und zwar mit dem Gott, der *wahrhaft Gott* ist, im Gegensatz zu dem nur anthropomorphen Gott, zu dem Gott nach Menschenmaßen, der doch wieder ein Seiendes unter Seienden wäre. Heidegger ringt um Gottes Nähe oder Ferne, um dessen Sich-gewähren oder Sich-entziehen, wobei alles davon abhängt, daß es der Mensch nicht »unterläßt, allererst in die Dimension hineinzudenken, in der jene Frage allein gefragt werden kann«[93]. In dem Maße, wie wir den Weg des Seins einschlagen, *naht sich uns Gott*, während wir ihn notwendig verfehlen, wenn wir vom Wege des Seins abirren, was heute weithin der Fall ist. Das erläutert Heidegger von der heute entscheidenden Technik her, indem er in seiner diesbezüglichen Schrift sagt, der Mensch könne Gott allein dann finden, wenn er das Seiende hinter sich läßt und sich dem Sein öffnet[94]. *Wie* freilich der Weg vom Sein zu Gott gegangen oder die Offenheit für Gott erfüllt werden kann, die wesentlich zum Menschen gehört, ob dafür das Denken der Philosophie ausreicht oder die Hilfe des Glaubens vonnöten ist, bleibt bei Heidegger wenigstens vorläufig unentscheidbar.

Schlußbemerkungen

Auf unsere leitende Frage, wie es um den Menschen stehe, antwortet Heidegger: die äußerste Gefahr, in der er sich heute am Rande des Absturzes befindet, hat ihre tiefste Wurzel im Herausfallen aus dem Sein, weshalb sie auch allein durch die *Rückkehr zum Sein* gebannt werden kann. Diese wird erst ganz ausgeschritten, indem der Mensch die im Sein liegende Offenheit zu Gott als Begegnung mit Gott vollendet, wobei wir Heideggers zurückhaltende Andeutungen weiter auszulegen versuchten. Verlangt nun die Rückkehr zum Sein, daß alle Menschen zu Philosophen werden, oder ist sie einzig den Philosophen möglich? Auch ohne Philosophen zu sein, können die Menschen zum Aufmerken auf das Sein oder auf das »Geheimnis« *gebildet werden*[95], und zwar auf verschiedenen Wegen, von denen wir drei ein wenig umschrieben haben. Neben dem Weg der Philosophie besprachen wir den des Wesens der Technik sowie den der Vertiefung des alltäglichen Daseins. Zu den wissenschaftlichen kommen die außer-wissenschaftlichen Wege, unter denen der Weg der Meditation eine wichtige Rolle spielt[96]. Auf jeden Fall ist es für den heutigen Menschen eine *Frage auf Leben und Tod*, eine Frage des Über-lebens und einer wahrhaft menschlichen Zukunft, ob und wie er zu dem einen alles tragenden Grund hingelangt oder ihn verfehlt. Welcher Ernst dieser Entscheidung innewohnt, sei noch mit zwei Überlegungen verdeutlicht.

Die Frage des heutigen Atheismus: Man hat über die Welt von heute das Losungswort »Gott ist tot« geschrieben. Hegel hat es zuerst geprägt, Nietzsche hat es mit all seiner Leidenschaft proklamiert, der Marxismus, Sartre und die »Theologie ohne Gott« tragen es weiter; der Atheismus hat sich in Millionen unserer Zeitgenossen eingenistet. Diese Lage ist die Folge einer tiefen inneren Verkehrtheit des Menschen; Gott ist für *den* Menschen tot, der *die Spur des Seins verloren* hat und sich deshalb im Seienden herumtreibt. Die entscheidende Wende, die hier erforderlich ist, stellt sich als die radikale innere *Vertiefung bis zum Sein* hin dar. Gottesbeweise haben gewiß ihre Bedeutung; doch gewinnen sie erst aus der Rückkehr zum Sein Leben und Kraft oder sind sie nichts anderes als deren verschiedene Ausprägungen, weshalb sie noch nicht in ihr eigentliches Wesen gelangt sind und in rationalistische Konstruktionen absinken, wenn sie ohne jene Rückkehr vollzogen werden. Das Überwinden des Atheismus wird nicht durch rationales Denken allein erreicht, sondern schließt die *Wende des ganzen Menschen* ein.

Der Satz »Gott ist tot« hat auch einen berechtigten Sinn: Tot ist der *Gott nach Menschenmaßen,* der ein Seiendes unter den anderen Seienden wäre; dieser Gott ist tot, indem sich heute zeigt, daß er nie gelebt hat oder immer nur eine haltlose Fiktion des Menschen gewesen ist. Wenn dieser Götze in den heutigen Auseinandersetzungen entlarvt wird, geschieht das Hinbilden der Menschen von dem Gott, den sie sich fälschlich gemacht haben, zu dem Gott, der *allein wahrhaft Gott* ist.

Die erforderliche Revolution: Die Gegenwart erstrebt die *Veränderung der Verhältnisse* durch Neuverteilung der materiellen Güter und durch Gleichstellung aller Menschen. Diese Revolution betrifft nur den Bereich des Seienden; wegen mangelnder Radikalität ändert sie im Grunde nichts, führt sie lediglich zum selben Elend unter anderen Vorzeichen; wenn der Mensch nämlich zuinnerst ungewandelt bleibt, wird er auch bald wieder die geänderten Verhältnisse an seine Eigenart angleichen. Erforderlich ist die *radikalste* Revolution, die es geben kann, nämlich jene im Bereich des Seins. Die große Wende verlagert den *Schwerpunkt* des Menschen vom Seienden *ins Sein,* wodurch allein der Mensch in die Ordnung kommt und er auch das Seiende zu ordnen vermag. Indem Heideggers Denken darauf hinzielt, ist es nicht eine unfruchtbare akademische Angelegenheit, sondern der Aufruf zu einer Revolution, die radikaler ist als jede andere. Diese *allein* bietet *das Rettende* in der äußersten Gefährdung des Menschen von heute; sie ist auch für die Erneuerung des Christentums von ausschlaggebender Bedeutung, weil der christliche Gott einzig im Horizont des Seins als jener, der er in Wahrheit ist, erfahren wird. So steht es um den Menschen nach Martin Heidegger!

Zweite Abhandlung
Das Sein nach Heidegger und Thomas von Aquin

Heideggers Philosophieren ist nach seinem eigenen Zeugnis »aus der Grunderfahrung der Seinsvergessenheit« erwachsen[1]. In diese schließt er auch Thomas von Aquin ein. Im Gegensatz dazu hat Gilson nachgewiesen, wie der Aquinate durch sein Bedenken des Seins über die weit verbreitete Seinsvergessenheit emporragt[2]. Dieselbe Auffassung vertrete ich in meinem Beitrag zu der Festschrift, die aus Anlaß des 70. Geburtstages Heideggers erschien[3], worin ich mit manchen anderen übereinstimme, etwa mit C. Fabro, A. Keller, M. Müller, K. Rahner, G. Siewerth. Zuzugeben ist, daß kein Denker so thematisch wie Heidegger die Seinsfrage in die Mitte seines Philosophierens gerückt hat und daß wir unter seinen Anregungen auch das Sein bei Thomas neu sehen gelernt haben. Wenn Heidegger demnach, was die ausdrückliche Thematisierung des Seins betrifft, dem Aquinaten überlegen ist, so hat dieser doch die Entfaltung des Seins weiter als jener geführt, weshalb jener bezüglich der innersten Tiefe des Seins die Seinsvergessenheit noch nicht überwunden hat.

Das Sein bei Heidegger

Sein und Dasein: Heideggers Denken ist nicht Existenzphilosophie und noch weniger Existentialismus; denn sein zentrales Anliegen ist keineswegs die »Existenzerhellung« (Jaspers) oder das Klären des Menschen und deshalb auch erst recht nicht das Rückführen aller Bestimmungen auf verschiedene Seiten des Menschen, was den Existentialismus (Sartre) kennzeichnet. Vielmehr zielt seine *Grundfrage* auf das *Sein,* näherhin auf den Sinn von Sein, also auf das, was Sein zuinnerst meint oder besagt; daher geht es um *Seinsphilosophie* oder Philosophie des Seins. Diese oder das Wiederholen der Seinsfrage ist erforderlich, weil »nicht nur die Antwort fehlt auf die Frage nach dem Sein, sondern sogar die Frage selbst dunkel und richtungslos ist«; daher gilt es, »erst einmal die Fragestellung zureichend auszuarbeiten«[4]. Dieselbe Thematik durchzieht den gesamten veröffentlichten Teil von »Sein und Zeit« bis zu dessen Ende, nämlich »die Frage nach dem Sinn des Seins überhaupt«[5]. Erst im Dienst der Frage nach dem Sein wird die *Frage nach dem Menschen* gestellt, insofern er jenes Seiende ist, in dessen »Seinsverständnis« sich immer schon der Zugang zum Sein öffnet[6]. Die ihm eigene »vorgängige, obzwar unbegriffliche Erschlossenheit von Sein«[7] ist der ermöglichende Grund dafür, daß er sich als In-der-Welt-Sein zu Seiendem verhalten kann, zu dem Seienden, das er selbst ist, sowie zu dem übrigen Seienden. Wegen des Seinsverständnisses heißt der Mensch »Da-sein«; denn durch seinen Bezug zum Sein oder die *Ek-sistenz* ist er das Da oder die Offenheit des Seins in der Welt. Dementsprechend setzt das philosophische Fragen nach dem Sein wesentlich bei der »Hermeneutik des Daseins« oder der »Analytik der Existenz« an, indem es diese auf das in ihr sich zeigende Sein hin auslegt. Damit ist »die Herausstellung der Seinsverfassung des Daseins« nur der »Weg«, der zu dem »Ziel« der »Ausarbeitung der Seinsfrage« führt[8].

Das Dasein als In-der-Welt-Sein offenbart sich aber als »Sorge« auf dem Grunde der »Zeitlichkeit«, wobei deren drei Dimensionen oder Ekstasen jedesmal auf das *Nichts* verweisen. Diese »Hineingehaltenheit des Daseins in das Nichts . . . macht den

Menschen zum Platzhalter des Nichts«[9]. Hieraus erwuchs die *nihilistische* Auslegung Heideggers, für den das Sein im Nichts unterzugehen schien; da vielfach das Nichts als Verschwinden des Seins genommen wurde, sah man die Frage nach dem Menschen statt der Seinsfrage als Heideggers zentrale Frage, wodurch seine *anthropologische* Deutung gegeben war. Heideggers scheinbaren Nihilismus fand man durch seine Antrittsvorlesung bestätigt, die den alten Satz »Ex nihilo nihil fit« umbildete in »Ex nihilo omne ens qua ens fit«[10].

Solche Mißdeutungen hat Heidegger selbst schon durch seinen Vortrag »Vom Wesen der Wahrheit« und erst recht durch das »Nachwort« zu seiner Antrittsvorlesung ausgeräumt. Der entscheidende Satz lautet: »Das Nichts als das Andere zum Seienden ist der Schleier des Seins«[11]. Das Nichts fällt also keineswegs mit dem »bloß Nichtigen« zusammen[12], sondern ist *das verschleierte Sein selbst,* das sich vom Seienden her als das »schlechthin Andere zu allem Seienden« und damit als »das Nicht-Seiende« zeigt[13]; das »Nichts west als das Sein«[14]. Wenn sich demnach das Sein vom Seienden *unterscheidet,* so ist es zugleich auf dieses *bezogen:* denn »zur Wahrheit des Seins gehört« es, »daß das Sein nie west ohne das Seiende, daß niemals ein Seiendes ist ohne das Sein«[15]. Damit ist die für Heidegger kennzeichnende *onto-logische Differenz* hervorgetreten, nämlich der Unterschied zwischen dem On oder Seienden und dem Sein als dessen Logos oder Grund. Zugleich hat sich die *Kehre* vom Nichts zum Sein vollzogen, die keinen Bruch oder Widerspruch darstellt, sondern im Übergang vom verschleierten zum entschleierten Sein besteht.

Metaphysik und Fundamentalontologie: Damit hängt »der Rückgang in den Grund der Metaphysik« zusammen, wie der Titel der »Einleitung« zur Antrittsvorlesung lautet. Die *Metaphysik* nimmt Heidegger als *Ontologie,* »die das Seiende als das Seiende denkt«, und zwar »im Lichte des Seins«, weil sie das ihr eigene Werk allein insoweit zu vollbringen vermag, als »sich Sein gelichtet hat«[16]. Obwohl also die Metaphysik aus der »Offenbarkeit des Seins« lebt, so läßt sie diese doch »unbeachtet«, da sie »nicht an das Sein selbst denkt« und daher nicht klären kann, »wie Sein solche Unverborgenheit mit sich bringt«[17].

Während die Metaphysik zu ihrem eigenen »Grund« nicht vordringt, meldet sich in Heidegger ein Denken, das sich daran macht, »den Grund der Metaphysik zu erfahren« und damit »an die Wahrheit des Seins selbst zu denken« oder das »Andenken an das Sein selbst« zu vollziehen[18]. Das besagt »Überwindung der Metaphysik«, wodurch diese aber weder »beseitigt« noch »gegen sie« gedacht, sondern sie als »das Erste der Philosophie« lediglich auf ihren Grund zurückgeführt wird; es geht um das Gründen der Ontologie in der *Fundamentalontologie*[19]. Nach allem bewegt sich die Metaphysik kraft ihres ureigenen Wesens in der »Seinsvergessenheit«, vermöge deren das Sein und infolge davon auch das Seiende dem *Nichts* anheimfällt oder es mit ihnen nichts ist. Daher »birgt« die Metaphysik wesentlich »den Nihilismus in sich« oder ist ihr Wesen der »Wesensort des Nihilismus«, weshalb »die Überwindung des Nihilismus in der Verwindung der Metaphysik beruht«[20]. Hierbei ist die Vergessenheit nicht ein »Versäumen« oder eine »Unterlassung« des Menschen, sondern jenes Geschick des Seins selbst, kraft dessen es sich in seiner Entbergung verbirgt oder in seiner Mitteilung *entzieht*[21].

Hier zeigt sich die Kehre in neuem Lichte als die *Wende vom Seienden zum Sein*, die das bisher unthematisch mit-vollzogene Sein zum ausdrücklichen Thema des Denkens erhebt und so erst Fundamentalontologie ermöglicht. Ob dieses Thema von der bisherigen Metaphysik wirklich nicht beachtet worden ist, hängt davon ab, wie weitverbreitet in ihr die *Seinsvergessenheit* war. Jedenfalls ragt über diese, was bereits angedeutet wurde, Thomas von Aquin hinaus, während es stimmt, daß die spätere und vor allem die rationalistische Metaphysik mehr und mehr der Vergessenheit des Seins verfiel[22], die auch Kant nicht zu überwinden vermochte[23]. Was den *Nihilismus* betrifft, so kann man nicht bestreiten, daß seine Wurzel in jener Vergessenheit liegt, weshalb sein Überwinden wesentlich das Verwinden der Metaphysik einschließt, soweit sie über die Vergessenheit nicht hinauskam; hieraus ergibt sich bezüglich des Aquinaten die Aufgabe, das von ihm erreichte Sein in die *volle Thematisierung* hineinzuführen. Um der Klarheit willen muß von der *Seinsvergessenheit* die *Seinsverborgenheit* unterschieden werden; letztere stammt aus dem Sich-zurückhalten des Seins und wird zum

Anlaß für erstere, die der Unzulänglichkeit des Menschen entstammt; über die erstere schreitet die Fundamentalontologie hinaus, über die letztere aber niemals, weil sie zur Grundsituation des Menschen gehört; daran, daß Heidegger die hier nötige Unterscheidung nicht herausarbeitet, leidet sein Urteil über die Metaphysik.

Sein als Geschick und der Mensch: Näher zu bestimmen bleibt die Beziehung zwischen dem *Sein* und dem Seienden, wobei dem *Menschen* eine einzigartige Rolle zukommt. Aufsehen erregte in der ersten Fassung des »Nachwortes« der Satz: »Zur Wahrheit des Seins gehört, daß das Sein wohl west ohne das Seiende, daß niemals aber ein Seiendes ist ohne das Sein«[24]; die spätere Fassung ersetzte im ersten Teil der Aussage »wohl« durch »nie«, indem sie zugleich im zweiten Teil »aber« tilgte[25]. Während früher eine gewisse Unabhängigkeit des Seins vom Seienden behauptet wurde, ist jetzt das Sein an das Seiende gebunden und damit die *Korrelativität* zwischen beiden ausgesagt. Genau besehen, gehört diese jedoch zur *Wahrheit* des Seins, nicht zum Sein selbst, was nicht unwichtig ist. Die Korrelativität tritt am schärfsten in der Abwandlung »Zur Seinsfrage« hervor, wo das kreuzweise Durchstreichen des Wortes »Sein« jedes Ablösen des Seins vom Seienden und damit jedes Verselbständigen des Seins ausschließt. Namentlich gehört das Sein *unlöslich* mit dem Menschen zusammen, »weil das Sein in der Zuwendung beruht, so daß diese nie erst zum ›Sein‹ hinzutreten kann«[26]. Es geht um »das fragwürdige Selbe, worin das Wesen des Seins und das Wesen des Menschen zusammengehören«, für das man strenggenommen nicht zwei Worte und nicht den Plural gebrauchen kann, weshalb es nicht angeht zu »sagen, ›das Sein‹ und ›der Mensch‹ ›seien‹ das Selbe in dem Sinne, daß *sie* zusammengehören«[27]. Hierzu ist anzumerken, daß trotz der eben beschriebenen Selbigkeit zwischen dem Sein und dem Menschen nach wie vor die ontologische Differenz waltet und auch das Sein der Grund des Menschen bleibt, statt ihm gleichgestellt zu werden.
Das alles läßt sich nur daraus verstehen, daß das Sein »als Anwesen« genommen wird, »wie es geschicklich waltet«; wer es »voll auszudenken versucht«, muß »seinem geschicklichen We-

sen entsprechen«[28], was dem Achten auf seine Wahrheit gleichkommt. Das *Sein als Geschick* tritt noch deutlicher in der Vor-
lesungsreihe »Der Satz vom Grund« hervor. »Die Geschichte
des Denkens« stellt sich als »die Beschickung des Wesens des
Menschen aus dem Geschick des Seins« dar[29]. Dementsprechend
läßt sich das Sein nicht »als etwas vom Menschen Abgetrenntes«
fassen und ist sein Geschick »kein an sich ablaufender Prozeß«,
sondern das »Gegeneinanderüber von Sein und Menschenwesen«[30]. Dabei teilt sich das Sein als das mit, was »jeweils in der
Jähe eines Seinsgeschickes aufleuchtet«[31], das vom »Zusammen-
halten im Auseinanderhalten«[32] durchwaltet ist. In diesem Zueinander »west das Sein als Grund«, der »selber keinen Grund«
mehr hat, weder in einem andern noch in sich selbst; »Sein bleibt
als Sein grundlos« oder ist »*der Ab-grund*«[33], weil es für sich
selbst jeden Grund ab-weist. Doch gibt es etwas, »worin das
Sein als Sein ruht«, nämlich *das Spiel*, »ein hohes und gar das
höchste Spiel und frei von jeder Willkür«[34]. »Die Frage bleibt,
ob wir und wie wir, die Sätze dieses Spieles hörend, mitspielen
und uns in das Spiel fügen«[35].

Das Sein ist als Geschick, das den Menschen je und je und immer
wieder anders in Anspruch nimmt und daher sich als *vielfältig*
erweist. Im Geschick entfaltet sich das Sein als *Geschichte*, womit sich »die Zeit selbst als Horizont des Seins«[36] erweist und
Heidegger den Grundansatz seines Hauptwerkes auch in seinen
späteren Schriften durchhält. Dieser Sicht ist zuzustimmen, solange man bei dem *phänomenologisch* zunächst Gegebenen verweilt; darüber geht Heidegger, wenigstens nach dem bisher
Dargelegten, nicht hinaus, indem er ausdrücklich das vom Menschen los-gelöste oder in sich selbst stehende, das ab-solute oder
subsistierende Sein ablehnt. Damit im Zusammenhang spricht er
dem Sein das Gründen in sich selbst ab, das er freilich nicht hinreichend vom Selbstverursachen unterscheidet, wie die Schrift
»Identität und Differenz« zeigt[37]. Infolgedessen besagt das
Sein *nicht* absolute *Notwendigkeit*, an deren Stelle das Spiel
tritt, das aber keineswegs mit Zufall oder Willkür zusammenfällt, sondern auf die alles durchwaltende Freiheit hindeutet.

Das Sein und die Frage nach Gott: Auf diesem Hintergrund
stellt sich dringend die Frage, wie sich das *Sein zu Gott* verhält.

Mit aller Klarheit heißt es im Brief »Über den Humanismus« das Sein »ist nicht Gott«[38]; um allen voreiligen Auslegungen vorzubeugen, fügt Heidegger über sein Denken bei: »Theistisch kann es so wenig sein wie atheistisch«[39]. Der *Atheismus* ist dadurch ausgeschlossen, daß seit der Abhandlung »Vom Wesen des Grundes« bis heute gilt, durch das In-der-Welt-Sein sei »weder positiv noch negativ über ein mögliches Sein zu Gott entschieden«; vielmehr wird der zureichende Boden für die Frage bereitet, »wie es mit dem Gottesverhältnis des Daseins ontologisch bestellt« sei[40]. Vom *Theismus* aber kann noch keine Rede sein, weil er voraussetzt, daß »zuvor und in langer Vorbereitung das Sein selbst sich gelichtet hat«[41]; denn allein aus der »Nähe zum Sein«[42] kann die Gottesfrage entschieden werden, wobei folgende *Stufen sich ankündigen:* »Erst aus der Wahrheit des Seins läßt sich das Wesen des Heiligen denken. Erst aus dem Wesen des Heiligen ist das Wesen von Gottheit zu denken. Erst im Lichte des Wesens von Gottheit kann gedacht und gesagt werden, was das Wort ›Gott‹ nennen soll«[43]. Überhaupt scheint Heidegger nicht zu fragen, ob Gott sei oder nicht sei, sondern ob er »sich nahe oder entziehe«[44]; freilich berührt es hier merkwürdig, daß er im selben Satz von Gott und den Göttern spricht[45].

Nach dem eben Dargelegten ist *das Sein zu Gott hin offen.* Dagegen streitet anscheinend die unlösbare Bindung des Seins an den Menschen im Geschick. Doch begegnet uns in dem immer wieder anderen Geschick »geschichtlich das Selbe«[46], das »zugleich das Stete«[47] ist; ja »das Sein ist einzig, der absolute Singular in der unbedingten Singularität«[48]. Im Geschick kommt »etwas Durchgängiges zum Vorschein, was das Geschick des Seins vom Anfang bis in seine Vollendung durchgeht«; »doch bleibt es schwierig zu sagen, wie diese Durchgängigkeit zu denken sei«[49]. Demnach hebt sich von den vielen und immer wieder anderen Geschicken das Sein als das *Eine und Selbe* ab, das damit eine *gewisse Transzendenz* gewinnt oder als übergeschickliche Tiefe den Bann der Zeit zu überwinden scheint. Hier könnte der Aufstieg zu Gott ansetzen, den aber Heidegger für so schwierig hält, daß er ihn, wenigstens vorläufig, nicht *entfaltet*, wodurch er über das Sein als Geschick nicht hinauskommt. Für den künftigen Vollzug einer solchen Entfaltung ist der Satz wichtig: »Vielleicht kann das ›ist‹ in der gemäßen Weise nur vom Sein gesagt werden, so daß alles Seiende nicht und nie eigentlich ›ist‹«[50]. Darin liegt eine erste *Andeutung der Analogie* des Seins, deren Auswirkung jedoch eine Hemmung entgegentritt, insofern *Gott als Seiendes* neben anderen genannt wird[51]. Das kommt der Unterordnung unter das Sein gleich, zu der wohl das Anführen der Götter verleitet, die aber Gott absolut widerstreitet. Später hat Heidegger allerdings jener Andeutung der Analogie wieder den *Boden entzogen,* indem er sagt: »Das Sein ›ist‹ so wenig wie das Nichts. Aber es gibt beides«[52], nämlich in dem Zueinander von Sein und Mensch, das Geschick heißt. Das Denken, das sich hier regt, ist »gott-los« nur in dem Sinne, daß es »den Gott der Philosophie . . . preisgeben muß«, kommt aber dadurch »dem göttlichen Gott vielleicht näher« als alles Bemühen der Metaphysik[53].

Abschließend sei auf eine Wendung in Heideggers Denken hingewiesen, die *über das Sein hinausführt.* Sie verweist nämlich »in den Bereich, den zu sagen die Leitworte der Metaphysik, Sein und Seiendes, Grund-Gegründetes, nicht mehr genügen. Denn was diese Worte nennen . . ., stammt als das Differente aus der Differenz. Deren Herkunft läßt sich nicht mehr im Gesichtskreis der Metaphysik denken«[54]. Das künftige Thema ist die Differenz im »Ereignis«, die als der »Austrag« geschieht, der sich wiederum in »Überkommnis« und »Ankunft« entfaltet, woraus das Differente ganz neu zu bestimmen ist.

Das Sein bei Thomas von Aquin

Die verborgene Entborgenheit des Seins: Wir bahnen den Weg zum Sein, indem wir vom *Erkennen* des Menschen ausgehen. Wegen seiner Verleiblichung nimmt er die unterste Stufe unter den Geistwesen ein; dementsprechend erwirbt er sein Wissen aus den welthaften Dingen mittels des sinnlichen Erfassens[55] und muß er sich auch beim erneuten Gebrauchen seines früher angeeigneten Wissens immer wieder den Sinnesbildern, die seine Phantasie entwirft, zuwenden[56]. Daher liegt der Anfang der Erkenntnis, die uns von Natur aus zukommt, in den Sinnen und vermag sie sich so weit zu erstrecken, wie sie durch die Sinnesgegebenheiten geführt werden kann[57]. Wenn demnach das sinnlich Erfaßte oder *Welthafte* für uns das *Erst-Erreichte* ist, so bezeichnen andere Texte *das Seiende* (ens) als das, was für den Menschengeist das *Ersterggriffene* und Bekannteste ist, auf das er alle seine übrigen Gehalte zurückführt; das Seiende aber wird vom Seinsakt hergeleitet und verweist somit auf das Sein[58]. Anderswo heißt es, zuerst in den Blick des Geistes falle das Seiende (Sein), das in allem enthalten sei, was überhaupt der Menschengeist ergreift[59], und ohne dessen Offenbarkeit kein anderer Gehalt erfaßt werden kann[60]. – In der Bindung an die Sinne stimmt Thomas mit Kant überein, während er bezüglich der Offenbarkeit des Seins diesen wesentlich überschreitet und sich Heidegger nähert. Doch scheinen die Aussagen des Aquinaten einen *Widerspruch* zu enthalten, weil er sowohl das Welthafte als auch das Sein zu dem für den Menschen Ersterkannten macht.

Der scheinbare Widerspruch löst sich, weil für Thomas das Welthafte und das Sein in unserer Erkenntnis nicht nebeneinander, sondern ineinander liegen oder *zwei Aspekte* des einen menschlichen Erkenntnisvorganges sind, die einander bedingen. Das sinnlich angeschaute Welthafte öffnet den *Zugang* zum Sein und ist in dieser Hinsicht das Erste, das dem Sein vorausgeht. Dagegen ist das Sein der *ermöglichende Grund,* der uns erst dazu befähigt, das Angeschaute als Seiendes zu vollziehen, und auch dem Anschauen sein spezifisch menschliches Gepräge verleiht; in dieser Hinsicht ist das Sein das Erste, das dem Angeschauten vorausgeht. Diese beiden Aspekte sind sachlich und zeitlich identisch, wobei das Welthafte das ist, was erkannt wird, und das Sein das, wodurch erkannt wird. Daher wird das Welthafte ausdrücklich oder *explizit* er-kannt, während das Sein *implizit* mit-erkannt oder lediglich be-kannt ist, wie im Anschluß an Hegel unterschieden werden kann. Demnach bleibt das Sein in seiner Ent-borgenheit *ver-borgen*, weshalb meist das Welthafte oder Seiende allein beachtet wird, während das Sein nur unbeachtet mitwirkt und infolge davon leicht in Vergessenheit gerät. Auf jeden Fall bedarf es einer eigenen Zuwendung zum Sein, die erst das athematisch Be-kannte zum thematisch Er-kannten erhebt. Anders ausgedrückt, ist das Welthafte als das Seiende der *Gegenstand* der Erkenntnis, in der das Sein als der *übergegenständliche* Grund aller Gegenstände aufgeht, der als solcher nie Gegenstand ist und auch in der Thematisierung nie nach Art eines Gegenstandes gefaßt werden darf, wozu die Versuchung wegen des eben dargestellten Zusammenhanges immer wieder besteht. Die Gegenstände sind viele, sie kommen und gehen; von ihnen hebt sich das Sein als das Eine ab, das stets als das Selbe verharrt und auf das der Menschengeist in seiner innersten Tiefe unaufhebbar bezogen ist. Denken und Sein gehören in der *Korrelation* zusammen, vermöge deren zunächst das Sein durch das Denken ereignet wird, zuletzt aber das Denken durch das Sein ereignet wird. – In dem eben entfalteten Grundansatz mit all seinen Abschattungen stimmen Thomas und Heidegger überein.

Wie erklärt sich aber der Unterschied, daß Thomas das Denken auf das »ens«, also auf das *Seiende*, Heidegger hingegen auf das *Sein* bezieht? Der Aquinate scheint das Sein noch mit dem Seienden zu vermischen und folglich die Seinsvergessenheit nicht zu überwinden. Genaugenommen ist diese Befürchtung unbegründet; vielmehr zeigt sich hier, wie Thomas das In-der-Welt-Sein des Menschen ernst nimmt. Dem Sein begegnen wir nicht in dessen unmittelbarer Intuition, sondern in der *Vermittlung durch das Welthafte,* indem wir dieses bis zum Sein hin verinnerlichen; wir denken das Sein dadurch, daß wir Welthaftes erkennen. Nun stellt sich aber das Welthafte stets als ein Seiendes oder als ein Sein-habendes dar, weshalb die Weise, das Sein zu denken, die dem Menschen zukommt, zunächst das »ens« ist,

wobei dieses freilich nicht in seiner konkreten Vereinzelung, sondern in der unbestimmten Allgemeinheit genommen wird. Weil der Mensch »*Geist in Welt*« ist, denkt er das Sein zunächst *nach der Art des Seienden* oder das »esse« auf die Weise des »ens«, enthält das ihm aufleuchtende Sein zunächst den Verweis auf das Welthafte. Hieraus erwächst die Gefahr, der auch das Philosophieren nach Thomas erlegen ist, daß man das Sein mit dem Seienden gleichsetzt oder wenigstens nicht entschieden davon abhebt und so das ureigene Selbst des Seins *verfehlt*. Im Rahmen dieser Denkweise wird sogar Gott als das höchste Seiende bestimmt, wodurch die Vergessenheit des Seins besiegelt wird. Der Aquinate hingegen hat die genannte Gefahr überwunden, indem er im »ens« das in ihm sich immer schon zeigende »esse« entdeckt und freilegt. In welchen Schritten er dem ureigenen *Selbst des Seins* nach-gedacht hat, ist genauer herauszuarbeiten.

Das Sein nach dem Sentenzenkommentar: Wir beginnen mit dem *Sentenzenkommentar*, und zwar mit einem Text, der ein zweifaches »esse« unterscheidet, nämlich Sein als »ens« im Sinne der Wesenheit und Sein als »est« im Urteil[61]. Von diesem her öffnet sich ein dritter Sinn, insofern das »ist« als Sitz der Wahrheit im Sein des Dinges oder des Seienden gründet; dementsprechend findet sich im Seienden neben seiner Wesenheit das ihm eigene Sein; die Wahrheit aber gründet mehr im Sein als in der Wesenheit, weil sich der Geist auf das Sein des Seienden richtet, wie es ist; auch »ens« wird von »esse« hergeleitet[62]. – Heben wir den Zusammenhang heraus, der sich hier abzeichnet. Das »ist« des Urteils gründet im Sein des Seienden; zur Konstitution des Seienden aber tragen die ihm eigene Wesenheit und das ihm eigene Sein bei. Wie sich diese beiden zueinander verhalten, bleibt noch offen. Ebenso ist unbestimmt, was das *Sein* besagt, das den drei Sinnen von Sein *zugrunde liegt* und deshalb mit keinem von ihnen gleichgesetzt werden kann.

An einer andern Stelle im selben Kommentar tritt der gleiche dreifache Sinn des Seins hervor; neu beigefügt ist, das dem Seienden eigene Sein sei der *Akt seiner Wesenheit*, also das, wodurch diese aus der Möglichkeit in die Wirklichkeit versetzt wird[63]. Damit wird beider Verhältnis in etwa bestimmt, insofern sie sich als Potenz und Akt aufeinander beziehen; doch fragen wir, ob die Wesenheit dem Sein oder das Sein der Wesenheit *vorausgeht*; auf den ersten Blick und meist nimmt man das erstere an, während von anderen das letztere vertreten wird; vielleicht sind beide Bezüge zu bejahen, und zwar so, daß sie auf verschiedenen Ebenen einander ergänzen.

Ein dritter Text, ebenfalls dem Sentenzenkommentar entnommen, befaßt sich damit, ob das Sein von Gott im *eigentlichen* Sinne ausgesagt werde oder lediglich im *übertragenen* Sinne zulässig sei. Der bisherige Problembefund legt eher die *zweite* Antwort nahe; denn endlich ist das Sein als Wesenheit, die sich nach Thomas in die zehn Kategorien auffächert[64]; endlich ist auch das Sein als Aktualität der Wesenheit, da es nach deren Endlichkeit begrenzt wird; endlich ist erst recht das Sein als ›ist‹ im Urteil, weil es von dessen Endlichkeit geprägt wird. Die *erste* Antwort ist nur dann möglich, wenn der *Grundsinn des Seins,* der die drei eben genannten Bedeutungen umspannt, alle Endlichkeit übersteigt, was aber noch zu untersuchen ist. Dazu gibt Thomas im Anschluß an Pseudo-Dionysius eine Hilfe; unter den Weisen, auf die etwas an der göttlichen Gutheit teilnehmen kann, wie Leben und Erkennen, ist das Sein das Erste und sozusagen der Ursprung aller anderen; denn es umfaßt auf geeinte Weise zum voraus alles[65]. Demnach besagt Sein dasselbe wie die *grenzenlose Fülle;* das so gesehene Sein aber kann nicht nur von Gott ausgesagt werden, sondern ist mehr als alles andere von ihm auszusagen[66].

Im endlichen Seienden nämlich sind, wie gesagt, Wesenheit und Sein zu unterscheiden, wobei ebenso die Wesenheit vom Sein aktuiert wie das Sein von der Wesenheit begrenzt wird. Weil nun die verschiedenen Seienden durch die Weise, wie ihnen nach dem Maß ihrer Wesenheit Sein zukommt, gekennzeichnet sind, werden sie nach ihrer Wesenheit benannt, etwa als Baum. In Gott hingegen *fällt die Wesenheit mit dem Sein zusammen,* weil sein Maß die dem Sein zuinnerst eigene absolute Fülle ist; deshalb bedarf er nicht einer zum Sein hinzutretenden Wesenheit, die einen Ausschnitt aus der absoluten Fülle ausgrenzt. Daher ist Gott dadurch gekennzeichnet und von allem andern unterschieden, daß er das Sein in seiner absoluten Fülle ist, wodurch der ihm eigene Name gegeben ist[67].

Das Sein und Gott: Von der Aussage: »Gott ist das Sein« sind *Mißverständnisse* abzuwehren; namentlich sind zwei Extreme zu meiden. Wenn Gott das Sein ist, könnte einerseits es so aussehen, als ob allein ihm das Sein eigne, *alles andere* aber davon *ausgeschlossen* und daher nicht möglich wäre. In Wahrheit ist Gott allein das reine, von jedem Nicht-sein freie Sein, das Sein, das ganz es selbst und durch keinerlei Nicht-Sein sich selbst entfremdet ist, eigen; damit wird aber nicht ausgeschlossen, daß dem Endlichen ein durch Nicht-Sein begrenztes Sein zukommt[68]. Andererseits könnte jemand daraus, daß Gott das Sein ist, folgern, er sei das Sein, wodurch alles ist, so daß *alles durch das göttliche Sein* wäre, was mit dem Pantheismus zusammenfiele. Nach der Antwort des Aquinaten ist Gott notwendig das Sein, wodurch alles ist, doch nicht im wesentlichen, sondern im kausalen Sinn, oder, wie man auch formulieren kann, nicht im immanenten, sondern im transzendenten Sinne. Näherhin spricht Thomas von der Exemplar- und der Wirkursächlichkeit, vermöge deren das geschaffene Sein aus dem göttlichen Sein hervorfließe (manat)[69]. Danach ist das Sein, das wir im Endlichen finden, nicht selbst schon das göttliche Sein; doch stammt jenes ganz und gar aus diesem oder es wird völlig *von diesem getragen;* gäbe es ein von der absoluten Fülle unabhängiges Sein, so wäre die Fülle nicht absolut oder nicht das Sein, das alles Nicht-Sein übersteigt.

Aufschlußreich ist der *Aufstieg,* den Thomas in diesem Zusammenhang offenbar nach platonischen Vorbildern skizziert. Während alle anderen Namen etwas Bestimmtes und Partikuläres besagen oder wie Weisheit nur eine Seinsweise herausgreifen, ist Sein frei von allen eingrenzenden Bestimmungen und daher absolut oder *Sein in jeder Hinsicht;* im Gegensatz dazu meint relativ dasselbe wie Sein nur in dieser oder jener Hinsicht. Von hier aus wird Damascenus verständlich, der Gott als den unendlichen Ozean von Substanz oder Sein sieht, der un-bestimmt ist oder keine einschränkende Bestimmung zuläßt. Zu diesem Gipfel steigen wir auf der »via remotionis« empor, nämlich durch das *Entfernen aller einschränkenden Bestimmungen.* Zunächst lassen wir alles Körperliche hinter uns; dann auch alles Geistige von der Art, wie es in den Geschöpfen anzutreffen ist, wofür als Beispiele Weisheit und Gutheit angeführt werden, die eben je nur eine Seinsweise herausheben und damit einschränkende Bestimmungen sind; dahinter kündigt sich das Geistige an, das nicht wie das Körperliche wesentlich Begrenzung besagt. Nach diesen beiden Stufen der Läuterung bleibt in Gott für unser Verstehen nichts weiter als *das Sein*, womit eine gewisse »confusio« gegeben ist, weil keine bestimmten Konturen hervortreten; das ist in Kauf zu nehmen, damit in Gott keine Einschränkungen hineingetragen werden. Schließlich sollen wir uns sogar *über das Sein*, wie es in den Geschöpfen ist, erheben, wodurch Gott für uns in eine gewisse Finsternis des Nicht-Wissens eintritt und wir gerade so auf das beste mit ihm verbunden werden[70].

Hier werden wir aufgefordert, vom Sein alles auszuscheiden, was zu dessen geschöpflicher Weise gehört, damit wir so wirklich zu dem Sein gelangen, das für Gott zutrifft. Dessen eigene Weise aber ist uns zunächst noch verborgen, weshalb wir uns im *Nicht-Wissen* oder in der Sprachlosigkeit (Heidegger) befinden, die erst den Zugang zum wahrhaft göttlichen Sein öffnet und das Medium ist, von dem alle folgenden Aussagen über Gott bestimmt sind und in dem sie sich entfalten. Alles Wissen von Gottes Sein ist im Nicht-Wissen geborgen als dessen fortschreitende Bestimmung.

Das Sein in »De potentia«: Die Auffassung des Seins, die der junge Thomas in dem noch mehr platonisch geprägten Sentenzenkommentar vertritt, hat er in seinem späteren, unter dem wachsenden Einfluß des Aristoteles stehenden Denken bewahrt und vertieft. So ist nach den Fragen »De potentia« das Sein das, was alles andere als das *Vollkommenste* übertrifft; das gilt nicht nur insofern, als das Sein allem Seienden seine Wirklichkeit verleiht, sondern vor allem insofern, als das Sein jede bloße Möglichkeit und damit jedes Nicht-Sein ausschließt, weshalb es keine außer ihm liegende Art von Sein gibt, die zu ihm hinzugefügt werden könnte; außer ihm liegt einzig das Nicht-sein, womit gegeben ist, daß das Sein *sämtliche Weisen* zu sein in sich vereinigt. Das wird durch Pseudo-Dionysius bestätigt, nach dem Sein vollendeter als Leben ist, da dieses lediglich eine Weise zu sein akzentuiert[71].

Wer das Sein als die absolute Fülle nimmt, muß die Frage beantworten, wie endliches Seiendes möglich sei. Die Lösung des Aquinaten liegt in der Unterscheidung zwischen »esse divinum« und »esse commune«, die nicht zusammenfallen, obwohl beide die absolute Fülle besagen. Das *esse commune* enthält zwar keine einschränkende Bestimmung, schließt aber nicht kraft seiner innersten Eigenart jede derartige Bestimmung aus; das *esse divinum* hingegen enthält nicht nur keine einschränkende Bestimmung, sondern schließt auch jede derartige Bestimmung wesentlich aus[72]. Das esse commune ist gemeinsam, weil es sich in jedem Wirklichen findet; es heißt auch »ipsum esse« oder das *Sein selbst*, weil es die absolute Fülle aller Seinsweisen meint, insofern sie davon absieht, ob das Sein »adveniens« oder »subsistens« ist[73]; die damit gegebene Schwebe macht die Verwirklichung des Seins selbst (als des so absehenden) unmöglich.

In unserer Erfahrung finden wir verwirklicht das einer endlichen Wesenheit zukommende Sein (adveniens), das nach deren Ausmaß begrenzt ist, zuinnerst aber als Sein alle Grenzen überschreitet oder auf die absolute Fülle verweist. Dieser *begrenzte Seinsakt* ist durch die ihn bestimmende Wesenheit gekennzeichnet und von allen anderen Seinsakten unterschieden[74], wobei die Wesenheit genauso wie der ihr zugeordnete Seinsakt dem Sein als der absoluten Fülle entstammen, die selbst über jener Zweiheit steht. Die *absolute Fülle* aber, auf die sämtliche begrenzten Seinsakte samt ihren Wesenheiten bezogen sind, ist ohne jede Begrenzung allein als das »esse per se subsistens« wirklich, als das alle endlichen Wesenheiten schlechthin überschreitende und so von ihnen los-gelöste, ab-solute, in und durch sich selbst stehende oder göttliche Sein[75].

Während alles andere nur einiges Sein durch Teil-habe *hat*, müssen wir vom *subsistierenden Sein* sagen, daß es das Sein selbst *ist*[76], weshalb es auch durch das Sein selbst nach seiner Eigenart gekennzeichnet und von allem anderen unterschieden ist[77]. Da wir aber das Sein zunächst dort kennenlernen, wo es einer endlichen Wesenheit anhaftet (inhaerens) und daher im »modus concretionis« oder als Form eines Trägers, können wir uns nur mühsam an das subsistierende Sein herantasten, indem wir das Sein von aller Konkretion, allem Anhaften und aller Begrenzung befreien[78]. Damit kehren wir zum *Nicht-Wissen* des Sentenzenkommentars zurück; wie Gottes Sein in sich selbst ist, wissen wir nicht, ist uns unbekannt; wenn wir auch vom partizipierten Sein her einige Schlaglichter des nicht-wissenden Wissens auf Gottes Sein werfen, so bleibt dieses doch für uns das absolute *Geheimnis*[79].

Das Sein in der theologischen Summe: Die theologische Summe geht nicht wesentlich über das bisher Dargelegte hinaus, faßt es aber in kurze, klare Formulierungen. *Alle Vollkommenheiten* gehören zur Vollkommenheit des Seins; denn ein jedes ist auf die Weise vollkommen, wie es Sein hat[80]. Doch muß nicht jedes, das am Sein teilhat, sämtliche Seinsweisen (omnem modum essendi) in sich vereinigen; daher gibt es Seiende, die nur in der Weise des Anorganischen sind, bei anderen zeigt sich das Leben und bei wieder anderen auch die Weisheit[81]. Grundlegend zu unterscheiden haben wir von dem, was Sein *hat* oder am Sein teil-hat, oder vom Seienden durch Teil-habe jenes, dessen Wesen das Sein ist oder das genau das Sein selbst *ist*[82]. Damit treffen wir Gott als *das subsistierende Sein selbst,* dem als solchem keine der Vollkommenheiten des Seins fehlen kann oder dem die ganze Fülle des Seins zuzusprechen ist[83].

Gottes subsistierendes Sein fällt aber keineswegs mit dem »esse ipsum« zusammen, das auch »esse commune« heißt[84], weil dieses zwar die absolute Fülle besagt, aber sowohl zur Partizipation als auch zur Subsistenz hin offen ist und daher von beiden absieht, doch auch in beiden sich findet. Während nun im partizipierenden Seienden die Fülle des Seins nur zerteilt oder in Teil-darstellungen auftritt, wodurch sich Verschiedenes (diversa) und Entgegengesetztes (opposita) ergibt, dringen wir zu Gott als der absoluten Fülle vor, in der all das Vielfältige schon zum voraus *als Eines* oder in seiner alle Zerteilung übersteigenden und zugleich gründenden Einigung enthalten ist[85]; solche Formulierungen erinnern an die »coincidentia oppositorum« des Kusaners und an Hegels Dialektik. Weil wir nicht wissen können, wie dieses Sein Gottes in sich ist, bleibt es das *absolute Geheimnis* für uns, die wir es nur im Lichte des partizipierten Seins zu sehen vermögen[86]. Insofern Gott das subsistierende Sein selbst ist, zeigt sich auch der vom Sein genommene *Name,* den Thomas in der Gottesoffenbarung vor Moses findet, als am meisten ihm angemessen; derselbe Name entspricht ebenfalls seiner

grenzenlosen Fülle, da er keine Weise des Seins vor anderen her-
ausgreift, sondern vermöge seiner Unbestimmtheit sie alle umfaßt[87]. Dem Gott, der das Sein ist, sind seine Geschöpfe dadurch von Ferne ähnlich, daß in ihnen das *Sein* notwendig *das
Erste* und Innerste ist, das alles andere trägt und dessen Abschattungen oder Teil-Ausprägungen alle übrigen Vollkommenheiten sind[88]. Was namentlich die *Wesenheit* betrifft, so geht
sie zwar zunächst dem ihr zugeordneten Seinsakt voraus, nämlich als »recipiens« dem »receptum«[89]; letztlich hingegen
geht das Sein notwendig der Wesenheit voraus, insofern diese
als Seinsweise ebenso aus dem Sein als der absoluten Fülle
stammt wie sie als das Zweite von dem ihr entsprechenden
Seinsakt als dem Ersten getragen wird.

Im Hinblick auf Heideggers Sein heben wir am Sein, wie es
Thomas sieht, folgendes heraus. Das menschliche Denken und
überhaupt alles ausgesprochen menschliche Vollziehen geschieht
im *Horizont des Seins*, das sich ihm immer schon mitgeteilt hat
und vom selben Vollziehen in die Unverborgenheit erhoben
wird, und zwar nicht als Gegenstand, sondern als übergegen-
ständlicher Hintergrund. Diese Verborgenheit in der Entbergung bietet den Anlaß für das Leugnen, das *Vergessen*, das
Verkennen, das Angleichen des Seins an das Seiende, auch dafür,
daß es oft nur als der Seinsakt erreicht wird, der die Wesenheit
in die Wirklichkeit versetzt. Darüber hinaus gelangt der Aquinate zu dem Sein selbst, das gleichermaßen die endliche Wesenheit und den ihr zugeordneten Seinsakt als beider Grund übersteigt und die *absolute Fülle* besagt. Dabei wird das »esse« zunächst als »ens« vollzogen, wodurch sich die Herkunft unseres
Seinsdenkens aus dem »modus concretionis« oder aus dem Welthaften und damit aus der Zeit zeigt. Während nun Heidegger
die Bezogenheit des Seins auf den Menschen und damit den Horizont der Zeit nicht überwindet, dringt Thomas zu dem davon los-gelösten oder absoluten Sein vor, dessen Horizont die
Ewigkeit ist[90], ohne aber die Zwischenzone, über die Heidegger
nicht hinauskommt, zu überspringen, wie unsere Bemerkungen
zum »ens« andeuten. Damit tritt aber der Aquinate in jene letzte Tiefe des Seins ein, die Heidegger noch nicht aus der *Vergessenheit* zieht und die erst den Zugang zu Gott öffnet.

Dritte Abhandlung
Die Frage nach dem Grund
Eine Begegnung mit Martin Heidegger

Einleitung

In der überlieferten Umschreibung der Philosophie als dem Erkennen der Dinge aus den letzten Ursachen ist schon die hier leitende Frage enthalten. Dabei wird nämlich »Ursache« in dem weiten und tiefen Sinne verstanden, der mit »Grund« gleichbedeutend ist, wofür auch, etwa im Italienischen, das Wort »Fundament« gebraucht wird. Näherhin erweisen sich die Dinge oder die Wirklichkeit, die uns unmittelbar zugänglich sind, als in sich selbst nicht letztlich gegründet, weshalb sie der sie letztlich gründenden Gründe, die sie irgendwie übersteigen, bedürfen. Dementsprechend stellt sich das Philosophieren als das Fortschreiten von dem (nicht in sich selbst, sondern in einem andern) Gegründeten zu dem Gründenden dar, wobei die Bewegung erst in dem Gründenden zur Ruhe kommt, das ganz in sich selber gründet und daher nicht mehr ein weiteres Gründendes voraussetzt. Mit anderen Worten geht es um den Aufstieg vom Fundierten zum Fundierenden und damit letztlich zu dem sich selbst fundierenden Fundament oder Grund.

Die Frage nach dem Grund spielt auf einer langen Strecke des Denkweges von M. Heidegger eine entscheidende Rolle. Das zeigen seine Abhandlung »Vom Wesen des Grundes«[1] und sein Buch »Der Satz vom Grund«[2]; darauf deutet auch der von ihm geprägte Ausdruck »Fundamentalontologie« hin, der in Heideggers Hauptwerk »Sein und Zeit«[3] in zwei zunächst verschiedenen, zuletzt aber miteinander verknüpften Sinngebungen vorkommt. Am Anfang nämlich wird die Fundamentalontologie »in der existenzialen Analytik des Daseins gesucht«[4], während ihr am Ende »die Frage nach dem Sinn von Sein überhaupt« zugewiesen wird[5]. In Heideggers weiterer Entwicklung überwiegt die zweite Bedeutung[6], bis der Terminus aus seinem Sprachgebrauch verschwindet und schließlich die Rede vom Grund als der zu überwindenden Metaphysik zugehörig ausgeschaltet wird[7].

Unsere Begegnung mit Heidegger findet in der Frage nach dem Sein als dem Grund des Seienden einen gemeinsamen Boden mit ihm. Von diesem her wird es zu einer Auseinandersetzung kommen, die auch Unterscheidendes nicht verschweigen kann.

Dabei wird die letzte Deutung des Seins ausschlaggebend, die sich beim Bestimmen des letztlich gründenden Grundes auswirkt. Die folgenden Darlegungen wenden sich zunächst Heidegger zu, gehen dann zu dem eigenen aus Thomas von Aquin schöpfenden Ansatz über und suchen so eine Denkgestalt zu erreichen, zu der die Anregungen beider befruchtend beitragen.

Die Frage nach dem Grund bei Heidegger

Grund als endliche Freiheit: Wir setzen bei der bereits genannten Abhandlung »Vom Wesen des Grundes« an, die im Jahre 1928, also ein Jahr nach dem Erscheinen von »Sein und Zeit«, entstanden ist[8]. Danach spannt sich die »Transzendenz« des Daseins zur »Welt« hin[9], die das »Seiende im Ganzen« ist[10], wie es vom Menschen entworfen wird; hierbei wird dieses offenbar, und das Dasein erweist sich als »weltbildend«[11]. Die »Urhandlung menschlicher Existenz« ist »das enthüllende Entwerfen von Sein«[12], worin alle Offenbarkeit des Seienden wurzelt. Tiefer gesehen, ist »der Überstieg zur Welt die Freiheit selbst«[13], die sich die Welt entgegenhält und »die allein dem Dasein eine Welt welten lassen kann«[14]. Damit zeigt sich die Freiheit »als Ursprung von Grund überhaupt«, als »Freiheit zum Grunde«[15]; der Ursprung des *Wesens von Grund* liegt im Gründen der *endlichen Freiheit.* »Die Freiheit ist der Grund des Grundes« und als solcher »der Ab-grund des Daseins«[16]. Von hier aus tritt der Satz vom Grunde in eine neue Beleuchtung; er lautet: »Alles Seiende hat seinen Grund«[17]. Weil Sein »als vorgängig verstandenes ursprünglich begründet«, verweist jedes Seiende als Seiendes auf die ihm entsprechenden Gründe[18]. Grund ist aber »ein transzendentaler Wesenscharakter des Seins«, weil es Sein nur gibt »in der Transzendenz als dem weltentwerfenden Gründen«[19].

Gemäß dieser Phase seines Denkens, in der die existenziale Analytik im Vordergrund steht, findet Heidegger den *Grund* in der *endlichen Freiheit* des Daseins. Sein hat den Wesenscharakter des Grundes, insofern es von derselben Freiheit als Welt *entworfen* wird; darin gründet alles Seiende, weil seine Offenbarkeit im Sein wurzelt oder es erst im Sein als Seiendes hervortritt. Dementsprechend heißt Fundamentalontologie zunächst die Erhellung des Daseins als Fundament für die Erhellung des Seins, die dann auch selbst Fundamentalontologie genannt wird. Dabei erweist sich das Dasein als das Fundament oder der Grund des Seins, insofern es das Sein nur gibt in der Transzendenz als dem weltentwerfenden Gründen[20].

Die ontologische Differenz: Schon das bisher Gesagte ist nicht ontisch, sondern ontologisch gemeint. Näherhin sieht »Sein und Zeit« den Menschen als Dasein, das als solches durch seine Existenz konstituiert ist. Danach ist er jenes Ontische, das immer schon ontologisch ist oder sich durch »Seinsverständnis« auszeichnet[21], durch das Verstehen des eigenen Seins und damit zugleich des Seins selbst. Das ist damit gleichbedeutend, daß der Mensch die *ontologische Differenz* vollzieht, indem er das Sein von Seienden (on) als dessen Grund (logos) abhebt[22]. Anders gesagt, geschieht im Menschen die Offenbarkeit des Seins; er ist der Ort, an dem das Sein innerhalb der Welt hervortritt, und folglich das Da des Seins oder eben Da-sein. »Das Wesen des Daseins liegt in seiner Existenz« besagt, daß Dasein durch das Hinausstehen in das Sein oder durch das Sich-zeigen des Seins gegeben ist[23]. Vermöge der Offenbarkeit des Seins ist das Dasein stets sich selbst offenbar und ist ihm auch das nicht-menschliche Seiende offenbar, weshalb dieses ebenfalls in den Raum des Ontologischen miteinbezogen ist[24].

In der ontologischen Differenz leuchtet das *Sein* als der Grund oder das Fundament des Seienden auf, genauer gesprochen: als der *Grund der Offenbarkeit des Seienden.* Dementsprechend tritt die zweite Bedeutung von Fundamentalontologie hervor, nämlich das Erhellen des Seins als des Fundamentes des Seienden; zugleich wird die Ontologie auf die Erhellung des Seienden, wenn auch im Lichte des Seins, eingeschränkt[25]. Darin, daß das Sein als Grund genommen wird, ist auch das Dasein als Grund enthalten, insofern sich allein im Dasein die ontologische Differenz und damit das Sein selbst zeigt, und infolgedessen das Dasein als Grund der Offenbarkeit des Seins mitspielt; so berühren sich die beiden Bedeutungen von Fundamentalontologie. In der Zweiheit von Fundamentalontologie und Ontologie spiegelt sich auch Heideggers Stellung zur *Metaphysik.* In seiner Antrittsvorlesung »Was ist Metaphysik?«[26] umfaßt diese noch das Erhellen des Seins oder mit der ontologischen ohne weiteres die fundamentalontologische Aufgabe[27], obwohl sich hintergründig schon die Überwindung der Metaphysik ankündigt. In dieser Hinsicht hat sich ein Wandel vollzogen, wie besonders aus der »Einleitung« zu »Was ist Metaphysik?« hervorgeht[28]. Fortan fällt die Metaphysik mit der auf die Erhellung des Seienden eingeengten Ontologie zusammen. Die so gefaßte Metaphysik ist durch die Vergessenheit der ontologischen Differenz und folglich auch des Seins gekennzeichnet. Doch lebt sie aus dieser Differenz, insofern sie das Seiende aus der Offenbarkeit des Seins denkt, ohne aber das Sein selbst zu denken[29] oder es zu thematisieren: das Sein bleibt der athematische Hintergrund. Erst die Fundamentalontologie im zweiten Sinne gelangt dazu, die ontologische Differenz und damit das Sein thematisch zu denken und so die Vergessenheit des Seins zu überwinden. Das aber ist mit der Überwindung der Metaphysik gleichbedeutend, wodurch diese nicht verworfen, sondern auf ihren bisher ungedachten Grund hin gedacht wird[30].

Nach der hier angedeuteten Auffassung Heideggers ist die überlieferte Metaphysik, also auch Thomas von Aquin, nicht dazu vorgedrungen, die Frage nach dem Fundament oder dem Grund ausdrücklich oder thematisch zu stellen; sie hat *aus dem Sein*, das Grund oder Fundament des Seienden ist, gedacht, vermochte jedoch *nicht das Sein* als Fundament oder Grund thematisch zu denken. Demnach schließt die Vergessenheit des Seins auch die *Vergessenheit* der Frage nach dem *Grund* oder Fundament in sich, zu der erst Heideggers Fundamentalontologie durchstößt[31]. Auf den Einwand, Thomas habe die Welt auf Gott als ihren Grund zurückgeführt und daher doch die Frage nach dem Grund thematisiert, antwortet Heidegger, damit werde das endliche Seiende nur auf das höchste oder unendliche Seiende gegründet und deshalb die Frage nach dem Sein als dem Fundament oder Grund keineswegs gestellt[32].

Das Sein als Fundament: In seinem »Brief über den Humanismus«[33] kommt Heidegger auf die Geworfenheit von »Sein und Zeit« zurück, indem er das *Sein* als den *werfenden Grund* angibt[34], durch den der Mensch als Dasein in der Welt ist. Der Mensch ist »durch das Sein und für das Sein«[35]; dessen Mitteilung macht ihn zur Ek-sistenz und Insistenz, insofern er in das Sein hinaussteht und zugleich mitten im Sein innesteht[36]. Zugleich gibt er die Deutung für eine Stelle aus »Sein und Zeit«, die Mißverständnisse bereiten kann und bereitet hat; daraus nämlich, daß Heidegger damals sagte, nur solange Dasein sei, gäbe es Sein, entnahmen manche, das Sein sei eine Setzung des

Menschen. Dagegen stellt Heidegger ausdrücklich fest, das Sein sei keineswegs »ein Produkt des Menschen«; dementsprechend ist der fragliche Satz von der Lichtung des Seins zu verstehen, insofern sich das Sein einzig durch den Menschen in der Welt zeigt oder anwest oder in seine Offenbarkeit tritt, insofern es das Sein im Sinne der Lichtung ohne den Menschen nicht gibt und nicht geben kann[37]. Folglich ist das Sein zwar ein Entwurf des Menschen, aber ein solcher, der auf das Werfen des Seins zurückgeht, also ein »geworfener Entwurf«[38]. Der Grund dafür, daß der Mensch das Sein entwerfen kann, ist das Sein selbst, weshalb, aufs letzte geschaut, nicht der Mensch der Grund des Seins, sondern das Sein der *Grund des Menschen* ist. Dieser Zusammenhang wird dadurch bestätigt, daß allein dem Sein das »ist« im vollen Sinne zukommt, während alles Seiende, also auch der Mensch, dahinter zurückbleibt[39]. Hier scheint sich eine Art von Analogie anzukündigen, vermöge deren sich das volle »ist« des Seins von dem geminderten »ist« des Seienden abhebt, wobei ersteres offensichtlich dem Grund, letzteres aber dem Gegründeten entspricht. Damit hat sich geklärt, in welchem Sinne der obige erste Abschnitt zu verstehen ist, in dem das Dasein als Grund auftrat.

In diesem Zusammenhang ist es für die Problematik des Grundes aufschlußreich, in welcher Beziehung das *Sein zu Gott* steht; auch darüber gibt uns der Humanismusbrief einige Belehrung. Einerseits kann nach Heidegger der Zugang zu Gott, soweit er sich überhaupt öffnet, einzig durch das Sein führen; er deutet sogar die Stufen dieses Weges an, der damit beginnt, daß in langer Arbeit das Sein bedacht wird, wodurch das Denken dann zum Heiligen und zur Gottheit gelangt und schließlich zu dem, was das Wort »Gott« nennen soll[40]. Obwohl der philosophische Weg zu Gott also in der Linie des Seins verläuft, wird *Gott andererseits als ein Seiendes* angesetzt, das Heidegger unter anderen Seienden aufzählt und mit den Göttern zusammennimmt[41].

Wenn aber Gott als Seiendes gesehen wird, muß auch das ihm eigene »ist« wie bei allen Seienden als gemindert und als in dem allein vollen »ist« des Seins gegründet gefaßt werden; ebenso ist Gott als das sekundäre Analogat dem Sein als dem primären Analogat untergeordnet. Das ist damit gleichbedeutend, daß das *Sein* als der Grund alles Seienden auch der *Grund Gottes* ist, wodurch man Gott, dessen Wesen es ist, der Grund aller Gründe und das oberste Analogat zu sein, nicht gerecht wird. Auf ähnliche Weise umschreibt die spätere Schrift »Identität und Differenz« den Gott der Metaphysik, wobei diese als Onto-Theo-Logik bestimmt wird[42]. Dahinter freilich dämmert der wahrhaft göttliche Gott auf, von dem erst weiter unten genau die Rede sein kann[43].

Sein — Mensch — Gott: In diesem Abschnitt beziehen wir uns auf Heideggers Schrift »Zur Seinsfrage«, deren leitendes Thema eine Auseinandersetzung mit Ernst Jünger über den Nihilismus ist[44]. Danach fällt der *Nihilismus* mit der überlieferten *Metaphysik* zusammen, weil diese nicht zum Denken des Seins vorgedrungen ist oder das Sein vergessen hat; das vergessene Sein aber verflüchtigt sich oder löst sich in nichts auf, wodurch auch das Seiende in die Nichtigkeit gleitet[45]. Daher ist die Metaphysik dasselbe wie Nihilismus, insofern sie nicht ausdrücklich das Seiende im Sein gründet und so ohne den Grund oder grund-los ist, insofern der Grund in ihr ausbleibt. – *Heideggers* Denken hingegen ist *nicht Nihilismus,* obwohl in »Sein und Zeit« das Nichts als Grund von allem auftritt und Dasein »Hineingehaltenheit-in-das-Nichts« besagt[46]; denn das Nichts ist von Anfang an »der Schleier des Seins« oder das verschleierte Sein selbst, was das Nachwort zu »Was ist Metaphysik?« auch ausdrücklich formuliert[47]. Die Verschleierung des Seins im Nichts ist aber damit gegeben, daß der Mensch dem Sein vom Seienden her begegnet und jenes sich deshalb als das Andere zu allem Seienden, als das Nichtseiende oder Nichts darstellt[48]. Infolgedessen überwindet Heideggers Denken den Nihilismus, da es das *Sein* als den *Grund* alles Seienden, besonders des Menschen, *thematisiert.*

Schärfer wird das Verhältnis des *Seins* zum *Menschen* bestimmt, und zwar im Sinne einer *Korrelativität;* wie es den Menschen nicht ohne das Sein gibt, so gibt es das Sein nicht ohne den Menschen. Das Sein beruht in der Zuwendung zum Menschen[49] oder schließt immer schon das Anwesen zum Menschen ein. Vom Menschen sagen wir zuwenig, wenn wir ihn erst für sich setzen und dann erst in Beziehung zum Sein bringen, weil diese Beziehung zum Menschen selbst gehört[50]. Ebenso sagen wir vom

Sein zuwenig, wenn wir es ohne das Anwesen zum Menschen aussprechen, weil dieses Anwesen zum Sein selbst gehört[51]. Sein und Mensch gehören so sehr zusammen und sind sogar so sehr dasselbe, daß man eigentlich den *Plural meiden* muß, wenn man genau von ihnen sprechen will[52]. Nach allem ist das Sein auf den Menschen angewiesen oder »braucht« es den Menschen, wodurch das vermeintliche Für-sich-stehen des Seins ausgeschlossen wird[53]; darauf zielt das kreuzweise Durchstreichen des Wortes »Sein«, das Heidegger in dieser Veröffentlichung anwendet. Im Gegensatz dazu gerät die überlieferte Metaphysik in »eine heillose Verwirrung«, indem sie das Sein in das »höchste Seiende« verkehrt, »das dann auch das Sein genannt wird«, was Heidegger für »eine seltsame Vermischung« hält[54].

Die hier von Heidegger vertretene Korrelativität zwischen dem Sein und dem Menschen ist keineswegs als deren Identifikation zu verstehen; denn die *ontologische Differenz* ist wesentlich in der Korrelativität enthalten. Daher werden durch diese auch nicht der Mensch und das Sein einander gleichgestellt; vielmehr bleibt das *Sein* der *Grund des Menschen*, aber offenbar als Grund so auf den Menschen bezogen, daß es nicht von ihm losgelöst oder absolut in sich steht. Damit entschwindet das subsistierende Sein, und Gott wird ähnlich wie im Traktat über den Humanismus als das höchste Seiende angesetzt, das als solches dem Sein untergeordnet ist und daher nicht als das subsistierende Sein bezeichnet werden kann. – *Thomas von Aquin* verkehrt nicht, wie Heidegger meint, das Sein in das höchste Seiende, sondern denkt das höchste Seiende als *das subsistierende Sein;* dabei wird dieses nicht dem Sein selbst untergeordnet, sondern bildet den ursprünglichen Quell des Seins selbst in seinen partizipativen Verwirklichungen. Nach dieser Sicht unterscheidet sich das subsistierende Sein von dem Sein selbst (was Heidegger in dem hier erwähnten Verkehren nicht beachtet); auch läßt das Sein selbst in seinem innersten Kern das Subsistieren zu, statt ganz und gar auf den Menschen bezogen zu sein. – Übrigens bringt die erörterte Korrelativität auch nach Heidegger selbst nicht die Beschränkung des Seins auf den Menschen mit sich; denn alles Seiende ist durch das Sein ein solches, während der Mensch nur der ausgezeichnete Träger des Seins ist, insofern in ihm allein dessen Offenbarkeit geschieht.

Das Sein als Ab-grund: Heideggers Vorlesungen über den »Satz vom Grund« zeigen das *Sein* ausdrücklich *als Grund* auf, nennen es »grundartig, grundhaft«, insofern es »in sich als gründendes« west[55]. Das Seiende gründend, ist das Sein »selbst grundlos«; es ist von dem Ab-bleiben oder Ab-weisen des Grundes gekennzeichnet und heißt deshalb »der Ab-grund«[56]. Das so bestimmte Sein spricht sich uns zu als *Geschick,* indem es sich aber zugleich *entzieht;* dadurch wird der Raum für das eröffnet, was jeweils das Seiende heißt. Während das Seiende vielfältig ist, stellt sich das Sein als »einzig« dar, als »der absolute Singular in der unbedingten Singularität«[57]; namentlich erwachsen die vielfältigen Bewegungen unseres Denkens aus dessen Beschickung durch *das eine Sein.* Von dem einen Sein in Anspruch genommen, denken wir in all den »verschiedenen Vorstellungs-, Erfahrungs- und Ausdrucksweisen geschichtlich das Selbe«[58]. Dieses jedoch ist nicht »etwas vom Menschen Abgetrenntes«, sondern sein Geschick oder sein jeweiliges Sich-mitteilen schließt wesentlich den Bezug zum Menschen ein, statt einen »an sich ablaufenden Prozeß« zu bilden[59]. Weil man also das Sein *nicht* vom Menschen ablösen oder *ab-solut* setzen kann, läßt es sich auch nicht in eine »Definition« oder in »eine Vorstellung, die über den Zeiten schwebte«, zusammenziehen, so daß »das Zeitliche die jeweils beschränkte Verwirklichung des überzeitlichen Gehaltes der Definition« wäre[60]. Trotzdem offenbart sich in der vielgestaltigen Denkgeschichte das eine Selbe als »das Stete«, das in immer wieder neuer Prägung aufleuchtet[61]. Von diesem Ansatz her ist nach Heidegger jede »Unterscheidung des Absoluten und des Relativen« zu bestimmen[62].

Für das Gründen des Menschen im Sein ist die *Sprache* von entscheidender Bedeutung; denn ihr Sprechen geht aus dem »jeweiligen Geschick« oder der jeweiligen Mitteilung des Seins hervor[63]. Daraus, daß wir von dieser »jeweils anders angesprochen sind«, entspringen die mannigfachen Abwandlungen unseres Sprechens[64]. Daher zeigt sich als Grund der Sprache der Anspruch oder *Zu-spruch des Seins,* dem der Mensch mit seinem Sprechen zu ent-sprechen hat. Soweit solches Entsprechen geschieht, sind darin das gründende Sein und der gegründete Mensch eins, wobei aber »nicht das Sein vermenschlicht«, sondern der Mensch im Sein beheimatet wird.[65].

Als neuer Gesichtspunkt tritt hier hervor, daß das Sein als Abgrund oder, was dasselbe sagt, als *grund-los* gefaßt wird. Das Sein hat keinen weiteren, von ihm verschiedenen Grund, in dem es selbst gründet; auch gründet es nicht in sich selbst oder ist es nicht der Grund seiner selbst, wie Heidegger ausdrücklich bemerkt[66]. Daher ist keineswegs von absoluter Notwendigkeit die Rede; eher läßt sich das Sein wie ein »Spiel«, als »das höchste Spiel« fassen, das freilich »von jeder Willkür frei« ist[67]. Diesem *Spiel* entstammen die Schickungen oder Mitteilungen des Seins, die in erster Linie den Menschen betreffen, mit diesem aber alles Seiende umspannen. Was die jeweiligen Schickungen genauerhin mitteilen, läßt sich am besten daran ablesen, daß sie auf das Denken als *Sprache* bezogen sind; also geht es um das Sein als Horizont der Offenbarkeit, mittels dessen und in dem der Mensch für sich selbst und für ihn alles Seiende erschlossen ist. Das Sein ist *gründend* im Sinne der Offenbarkeit oder ist Grund der Offenbarkeit des Menschen und alles Seienden; ob es auch Grund ihrer *Realität* ist, bleibt offen oder wird nicht untersucht; letzteres scheint für Heidegger ein ontisches Problem zu sein, das er nicht berührt, obwohl er die Realität im Sinne des Realismus voraussetzt; ihn bewegt allein das ontologische Problem der Offenbarkeit.

Schärfer als früher wird von den vielen immer wieder anderen Schickungen oder Mitteilungen das unbedingt eine oder singuläre *Sein als das Selbe* und Stete abgehoben. Damit tritt eine Art von Immanenz-Transzendenz-Problematik hervor. Bezüglich seiner Mitteilungen ist das Sein dem Menschen *immanent*, nicht etwas von ihm Abgetrenntes als ein an sich ablaufender Prozeß. Zugleich jedoch ist das Sein dem Menschen *transzendent*, insofern es sich in seiner Mitteilung entzieht oder an sich hält, sich zurückhält, insofern auch seine Singularität sich in den vielen Schickungen durchhält, im immer wieder Andern das Selbe, im Kommen und Gehen das Stete bleibt. Dabei wird man Heidegger nur dann gerecht, wenn man nicht nur jene Immanenz nie ohne diese Transzendenz, sondern auch diese Transzendenz *nie ohne* jene Immanenz sieht. Anders ausgedrückt, ist nicht nur Schickung immer noch Spiel, sondern auch Spiel immer schon Schickung. Der letztere Zusammenhang in beiden Formulierungen kann vom *Faktischen* her zugestanden werden; denn in dem Augenblick, in dem wir zum Sein aufblicken, ist Transzendenz immer schon Immanenz geworden, gibt es kein vom Menschen völlig abgetrenntes Sein. Ob Transzendenz kraft ihres *innersten Wesens* immer schon und notwendig in Immanenz fortgegangen ist, steht freilich auf einem andern Blatt. Vielleicht hat Heidegger wegen seiner phänomenologischen Denkweise nur den faktischen Zusammenhang im Auge; allerdings scheinen seine Formulierungen darüber hinauszugreifen. Auf jeden Fall enthält das Gründen des Seienden im Sein für Heidegger das eben angedeutete Ineinandergreifen von Immanenz und Transzendenz in sich.

In diesem Grund-Bezug kommt *Gott nicht* vor, obwohl Heidegger meint, allein von daher könne die Unterscheidung »absolut-relativ« bestimmt werden. Schwierig scheint es, Gott von dem in jeder Hinsicht grund-losen *Spiel* her zu fassen; darauf lassen sich seine Ursprungslosigkeit und seine *Freiheit* nicht zurückführen. Auch wird Heideggers Transzendenz kaum dem ab-gründigen Wesen Gottes gerecht, kraft dessen er Grund des Seienden sein kann, aber nicht sein muß.

Die Differenz im Ereignis als Thema des Denkens: Wiederum ist in »Identität und Differenz« das Sein »nicht erst und nur durch den Menschen gesetzt«, sondern als dessen Grund von ihm abgehoben; zugleich jedoch »west und währt« das Sein einzig, »indem es durch seinen Anspruch den Menschen an-geht«[68], also nie als etwas Eigenes ohne den Menschen. Diese Bezüge prägt Heidegger in die zusammenfassende Formulierung: »Mensch und Sein sind einander übereignet«[69]. Diese Übereignung aber geschieht in dem und als das »*Ereignis*«; das ist jener »Bereich, durch den Mensch und Sein einander erreichen« und erst ihr Eigenes oder die Art, wie sie wesen, gewinnen[70]. Zum Ereignis dringt nur das wesentliche Denken vor, nicht das vorstellende Denken der Metaphysik, weshalb auch Mensch und Sein im Ereignis alle »jene Bestimmungen verlieren, die ihnen die Metaphysik geliehen hat«[71].

Vermöge des Ereignisses kommt nie *das* Sein vor; vielmehr zeigt es sich immer nur in der Prägung, die der jeweiligen Epoche entspricht. Doch tritt zugleich »etwas Durchgängiges« hervor, das die Geschichte des Seins von ihrem Anfang bis in ihre Vollendung durchzieht; allerdings »bleibt es schwierig zu sagen, wie diese Durchgängigkeit zu denken sei«[72]. Das *Durchgängige* akzentuiert im Ereignis die *Differenz* des Seins vom Seienden, besonders vom Menschen; danach sind beide aus der im Ereignis waltenden Differenz zu denken. Schließlich ist diese Differenz selbst zu denken als das in der bisherigen »Vergessenheit der Differenz« Ungedachte[73]. Ungedacht aber blieb die Differenz in der abendländischen Metaphysik, deren Grundzug »Onto-Theo-Logik« heißt[74]; ihr Versuch, das Seiende, das Sein und Gott nach ihrer Einheit und ihrem Unterschied zu begreifen, kann selbst nur dann begriffen werden, wenn die Differenz als Differenz eigens in den Blick genommen wird[75]. In der Metaphysik erscheint »das Sein als Grund«, »das Seiende als das Gegründete« und »das höchste Seiende als das Begründende im Sinne der ersten Ursache«[76]. Trotzdem kommt es so wenig zum thematischen Bedenken der *Differenz*, daß sogar deren Vergessenheit vergessen wird; daher bleibt die Beziehung von Gründendem und Gegründetem, von Transzendenz und Anwesen letztlich ungeklärt. Wer aber beginnt, die Differenz zum *Thema des Denkens* zu erheben, erfährt, wie sein Denken in einen Bereich gelangt, den auszusagen, »die Leitworte der Metaphysik, Sein und Seiendes, Grund-Gegründetes, nicht mehr genügen«[77], weshalb auch Mensch und Sein, was oben bereits angedeutet wurde, jene Bestimmungen verlieren, die aus der Metaphysik stammen. Damit wendet sich das wesentliche Denken fortan der Differenz und »deren Herkunft« auf eine Weise zu, die nicht mehr in den »Gesichtskreis der Metaphysik« und folglich der Problematik des Grundes gehört oder in uns noch ungreifbare Räume vordringt[78].

Wie stellt sich auf diesem Hintergrund die *Gottesfrage* dar? Die Metaphysik sieht Gott als den obersten sich selbst begründenden Grund, wofür Heidegger als den »sachgerechten Namen causa-sui« nennt[79]. Heute aber ist die onto-theo-logische Metaphysik für den »fragwürdig« geworden, der in das bereits beschriebene wesentliche Denken hineingefunden hat[80]. Auch ist die causa-sui ohne Bedeutung für die Religion, weil man vor ihr »weder beten noch opfern kann«[81]. Wer das »erfahren hat, zieht es heute vor, im Bereich des Denkens von Gott zu schweigen«[82]. Doch »ist das gott-lose Denken, das den Gott als causa-sui preisgeben muß«, *keineswegs* mit *Atheismus* gleichzusetzen; vielmehr ist es »dem göttlichen Gott vielleicht näher« und »freier für ihn« als die bisherige Metaphysik[83]. Ob der so sich anbahnende Weg beschritten werden kann, hängt vor allem davon ab, ob die abendländischen Sprachen »Möglichkeiten des Sagens« und »sagenden Nichtsagens gewähren«, die über die metaphysisch geprägte Sprache hinausreichen[84].

Abschließende Erwägungen: In dem, was Heidegger *Ereignis* nennt, durchdringen sich das Sein und der Mensch; die Mitteilung des Seins fällt mit dem Vollzug des Menschen zusammen und umgekehrt. Gemäß dem phänomenologischen Befund geschieht diese *Identität* ständig; ohne das in ihm sich mitteilende Sein wäre der Vollzug des Menschen unmöglich, weshalb er das Sein nicht als etwas von ihm völlig Abgetrenntes antrifft. Zur Konstitution des Ereignisses gehört aber nicht nur die Identität, sondern auch die *Differenz*, vermöge deren sich das Sein in der Identität vom Vollzug als dessen Grund abhebt. Phänomenologisch gesehen, gibt es die Differenz nicht ohne die Identität, wie es auch umgekehrt die Identität nicht ohne die Differenz gibt. Das *Tiefere*, das sich in der phänomenologischen Schicht ankündigt, kann nur im Durchdenken des Ereignisses oder der Einheit von Identität und Differenz zugänglich werden. Daran erst entscheidet es sich, in welchem Sinne das Sein relativ oder absolut ist, ob ihm also gerade wegen seiner *relativen* oder auf den Menschen bezogenen Gestalt als deren ermöglichender Grund die *absolute* oder den Menschen schlechthin übersteigende Gestalt seiner selbst zukommt. In diese weitere Fragestellung scheint Heidegger nicht einzutreten, vielleicht, weil die vorbereitenden Schritte noch nicht getan sind[85]; manchmal aber sieht es so aus, als ob die Durchdringung von Identität und Differenz, die wir lediglich als phänomenologischen Befund ansetzen, für ihn wenigstens philosophisch unüberschreitbar wäre.
Was die bisherige *Metaphysik* betrifft, so darf man wohl sagen, daß sie die in der Identität enthaltene Differenz nicht ganz vergessen oder nicht ganz ungedacht gelassen hat. Freilich können und müssen ihre Ergebnisse von dem methodischen Ansatz Heideggers her *grundsätzlicher* und einheitlicher durchgeführt und Schritt für Schritt aus dem Ereignis entwickelt werden; so wird

sich dieses Denken erst ganz seiner selbst und seiner Gründung bewußt und daher ganz als es selbst verwirklicht. Hierdurch gewinnt das *Problem des Grundes* eine *neue Basis*, die uns die Möglichkeit bietet, es ursprünglicher zu denken. Dabei ändert sich auch das Denken selbst, indem es von einer aus dem Seienden bestimmten vorstellenden oder gegenständlichen Weise zu einer vom Sein bestimmten *übergegenständlichen* Weise, die als solche mit ihrem Gehalt so eins ist, daß sie ihn nicht als Gegenstand vor-stellt, fortschreitet. Solches Denken läßt notwendig noch allzu gegenständliche Vorstellungen von Sein-Seiendem und Grund-Gegründetem hinter sich, womit es diese Bezüge auf eine ihnen *angemessenere Art* fassen lernt. Ob dabei jede Art von Grund verschwindet oder der Grund auf eine geläuterte Weise wiederkehrt, ist eine offene Frage, von deren Beantwortung es abhängt, ob der Rückgang in den Grund der Metaphysik über diese hinausführt oder ihr eine neue Gestalt verleiht.

Im Bereich der *Gottesfrage* weist Heidegger den Atheismus zurück, was mit seinen Äußerungen in den Schriften »Vom Wesen des Grundes« und »Über den Humanismus« zusammenstimmt[86]; er will sein Denken als *offen* für die Bejahung Gottes verstanden wissen, wenn er sich auch nicht theistisch festlegt. Diese Zurückhaltung meint nicht eine grundsätzliche Ablehnung des Theismus, sondern entspringt aus *methodischen* Bedenken; denn die diesbezügliche Entscheidung verlangt im wissenschaftlichen Bereich vorbereitende Schritte, auf die wir schon hinwiesen. Außerdem gilt es, den Theismus der *causa-sui* zu überwinden, der nach Heidegger nicht den Gott der Religion trifft; abgesehen davon, daß causa-sui, streng genommen, eine unmögliche Formulierung ist[87], ist die bisherige Metaphysik, statt dabei stehenzubleiben, bis zum personalen Gott hingelangt. Dieser wird zwar auch das höchste Seiende genannt, ist aber, wenigstens bei Thomas von Aquin, das *subsistierende Sein*, wodurch der Aquinate die Metaphysik im Sinne Heideggers, die über das Bedenken des Seienden nicht hinauskommt, hinter sich läßt. Damit treffen sich Heidegger und Thomas, insofern sich für beide der Zugang zum göttlichen Gott im Horizont des *Seins* öffnet, dem sie näher und für den sie freier sind als eine Metaphysik, die Gott nur als Seiendes und allzu gegenständlich sieht. Von hier aus gewinnt auch die *Kausalität*, wie sie für Heidegger zum Anstoß wird, eine tiefere Dimension, die mit dem oben angedeuteten übergegenständlichen Denken des Grundes zusammenhängt. Auf welche Weise und ob überhaupt Heidegger schließlich Gott als Grund fassen wird, läßt sich heute nicht eindeutig sagen, da er es in der gegenwärtigen Situation für richtiger hält, im Denken von Gott zu *schweigen*.

Die Frage nach dem Grund:
Versuch einer sachlichen Klärung

Denken als Vollzug der Gründung: Sinnliches Erfassen und geistiges Erkennen oder Denken unterscheiden sich dadurch, daß ersteres nur Tatsächliches feststellt und deshalb über die Erscheinungen nicht hinausreicht, während letzteres die Erscheinungen *auf ihren Grund hin* durchdringt und daher zur jeweiligen Wesenheit und schließlich zum Sein gelangt. Dabei wird oft die Wesenheit als der nächste Grund offengelassen oder übergangen; das *Sein* hingegen als der *letzte Grund* tritt jedesmal am Denken hervor, wenigstens in Gestalt der Frage, ob etwas *ist*, ob es so oder so *ist*, ob ihm also auf irgendeine Weise Sein zukommt. Im Lichte des Seins hat es das Denken stets mit dem Seienden, statt mit dem bloß Erscheinenden, zu tun; es entdeckt im Seienden das Sein, führt das Seiende auf das Sein zurück und vollzieht das Seiende im Horizont des Seins. Demnach bricht im denkenden Erkennen immer schon und wesentlich die *ontologische Differenz* auf, die das Seiende auf das Sein als seinen Grund bezieht. Ohne diesen Bezug zum Sein als dem Grund ist Denken nicht Denken; ja Denken geschieht genau als der Bezug des Seienden auf das Sein als seinen Grund. Nach allem gehört die Frage nach dem Grund oder dem Fundament mitten in unser Denken hinein.

Das Seiende verhält sich zum Sein als das Gegründete zu seinem Gründenden oder seinem Grund; dieses Verhältnis läßt sich kurz ausdrücken: das Seiende ist *durch* das Sein. Schärfer gesehen, besteht ein zweifaches Verhältnis; einerseits wird das Sein nicht unmittelbar, sondern einzig mittels des Seienden für uns *zugänglich*, also im Seienden und durch das Seiende; andererseits ist das Seiende allein durch das Sein es selbst, als es selbst *konstituiert* und daher auch als es selbst begreifbar. Das zweite Verhältnis ist *absolut notwendig*, weil es Seiendes einzig durch das Sein und nie ohne das Sein geben kann; Seiendes, das nicht im Sein gründet, ist kein Seiendes, wäre Seiendes ohne Sein, was als Widerspruch sich selbst aufhebt. Das erste Verhältnis ist zwar *für uns notwendig*, denen kein anderer Zugang zum Sein als durch das Seiende gewährt ist; vielleicht aber ist dieses

Verhältnis nicht absolut notwendig, weil das Sein für einen andern Erkennenden unmittelbar, also ohne Durchgang durch das Seiende, zugänglich sein kann. Für unsere Fragestellung wesentlich ist das, was wir das zweite Verhältnis nannten.

Warum es besteht, ist genauer zu bestimmen. Das Seiende ist stets *ein* Seiendes, eines unter anderen, weil es nur in dieser oder jener Hinsicht seiend ist, also nur einen bestimmten Anteil von Sein besitzt oder lediglich am Sein teilhat; die Weise, wie das Seiende am Sein teil-hat, umschreibt seine *Wesenheit* als die ihm eigene Weise zu sein. Anders ausgedrückt, ist jedes Seiende nach dem mit seiner Wesenheit gegebenen Maße *begrenzt*, weshalb es neben sich andere ebenso begrenzte Seiende zuläßt. Im Gegensatz dazu ist *das* Sein wesentlich nur eines oder das einzige, weil es Sein in jeder möglichen Hinsicht besagt oder alle möglichen Weisen zu sein in sich vereinigt; wenn ihm eine dieser Weisen fehlen würde, wäre es nicht *das* Sein, sondern ein teilhabendes Seiendes. Anders ausgedrückt, ist das Sein als die schlechthinnige *Fülle unbegrenzt*, weshalb es jedes von ihm Unabhängige absolut ausschließt. Jetzt verstehen wir, warum das Seiende einzig durch das Sein es selbst ist; da es niemals etwas vom Sein völlig Unabhängiges geben kann, ist das *Seiende einzig als das Gegründete* möglich, das vom *Sein* als seinem *Begründenden* oder seinem Grund getragen wird.

Der Sache nach haben die vorstehenden Darlegungen bereits den *Satz vom Grund* entwickelt, der mithin seiner Urbedeutung nach das *Verhältnis des Seienden zum Sein* in ein Prinzip faßt und deshalb einsichtig ist. Man kann dieses formulieren: das Seiende als solches und damit jedes Seiende hat seinen Grund im Sein; negativ: ohne Gründung im Sein kann es nie Seiendes geben. Für den Anteil von Sein, der einem Seienden zukommt, steht kein anderer Quell zur Verfügung als eben *das* Sein; ohne die Gründung im Sein käme daher dem Seienden kein Sein zu oder bliebe es in der Sein-losigkeit (Ausdruck von Heidegger[88]) und wäre folglich überhaupt nicht ein Seiendes. Nehmen wir hingegen an, es gäbe Seiendes ohne Gründung im Sein, so hätte jenes Seiende den ihm eigenen Anteil von Sein unabhängig von *dem* Sein inne; damit gäbe es Seinsweisen unabhängig von *dem* Sein, die also in *dem* Sein nicht enthalten wären, wodurch *das* Sein nicht das Sein, sondern ein begrenztes Seiendes wäre. *Zu-*

sammenfassend: damit das Seiende wahrhaft Seiendes und *das* Sein wahrhaft *das* Sein sei, muß das Seiende im Sein gründen oder das *Seiende als Gegründetes* auf das Sein als Gründendes bezogen sein. Die Letztgründung des Seienden im Sein schließt vorletzte Zwischengründungen nicht aus, vermöge deren Seiendes in Seiendem gründet.

Zwei Arten von Gründung des Seienden im Sein: Die Gründung, die das menschliche Denken vollzieht und von der wir bisher gesprochen haben, läßt sich als *reflexe* und daher *bewußte* kennzeichnen. In ihr treten das Seiende und das Sein, das Gegründete und der Grund ebenso ausdrücklich auseinander wie sie ausdrücklich aufeinander bezogen sind. So wird die Gründung als solche sichtbar, indem sich das Sein als das Sein und das Seiende als das Seiende zeigen. Allein der *Mensch* zeichnet sich durch die Befähigung aus, die Gründung in die reflexe Bewußtheit zu erheben, was namentlich besagt, daß er durch das Seiende zum Sein selbst durchzustoßen vermag. Näherhin darf man hier von einem Vorgang der *Verinnerlichung* sprechen, der zum Sein als dem innersten Grund vordringt. Das Seiende aber, in dem und als das diese Verinnerlichung immer schon geschieht, ist der Mensch selbst; hierher gehört die reditio completa, die Thomas ihm zuschreibt[89]. Sie fällt mit dem Denkvollzug zusammen, durch den der Mensch ständig das Seiende, das er selbst ist, im Horizont des Seins vollzieht.

Indem aber von Rückkehr des Menschen zu sich selbst die Rede ist, wird immer schon das Hinausgehen des Menschen in die Welt mitverstanden. Dort trifft er auf die anderen Menschen und die Dinge, die er in seine Rückkehr mithineinnimmt und damit ebenfalls im Horizont des Seins vollzieht oder als gegründetes Seiendes auf das gründende Sein bezieht. Von hier aus lassen sich die *Dinge* als jene Seienden begreifen, die nicht imstande sind, sich zu der reflexen oder bewußten Gründung zu erheben, und denen folglich die reditio completa abgeht. Nun werden sie durch das Hineinnehmen in diese nicht verfälscht, sondern gerade nach dem, was sie sind, offenbar gemacht oder in die Wahrheit erhoben; das setzt voraus, daß in den Dingen die Gründung im Sein schon auf *nicht-reflexe* oder *unbewußte* Weise enthalten ist. Dasselbe gilt, genau besehen, auch vom Menschen, dessen Denkvollzug die vorgegebene nicht-reflexe oder unbewußte Gründung lediglich zur reflexen oder bewußten Gründung vollendet, statt den Menschen als Seiendes erstmals im Sein zu gründen, was dessen Hervorbringen gleichkäme. Demnach hat die reflexe oder bewußte Gründung, wie sie der Mensch vollzieht, den Charakter des *Nachvollzugs* eines unabhängig von diesem im Sein gegründeten Seienden. Die aus dem Menschen stammende nachvollziehende Gründung gründet selbst wieder in einer anderen Gründung, die sich als die *urvollziehende* darstellt und ihren Ursprung auf eine näher zu entwickelnde Weise im Sein selbst hat.

Aus den zwei Arten der Gründung ergeben sich zwei Arten von Grund. Die urvollziehende Gründung enthüllt das Sein als *Realgrund*, als Grund für die Realität oder Wirklichkeit des Seienden, sowohl des menschlichen als auch des dinglichen. Die nachvollziehende Gründung hingegen enthüllt das Sein als Erkenntnisgrund oder als *Grund der Offenbarkeit* des Seienden, das als Mensch sich selbst in die Offenbarkeit zu erheben vermag, als Ding aber vom Menschen in die Offenbarkeit erhoben wird. Sein als Realgrund ruft nach dem Sein als Erkenntnisgrund, weil jener erst durch diesen als solcher hervortritt; umgekehrt setzt das Sein als Erkenntnisgrund das Sein als Realgrund voraus, weil Nachvollziehen ohne Urvollziehen unmöglich ist. Beide Male handelt es sich um *dasselbe Sein*, das als bloßer Realgrund im Seienden *verborgen* bleibt, als Erkenntnisgrund aber aus dem Seienden als solches *aufleuchtet*. Der Ort dieses Aufleuchtens ist allein der *Mensch* (er allein ist Da-sein, würde Heidegger sagen), der nur insoweit imstande ist, in die nachvollziehende Gründung einzutreten, wie in ihm das Sein zum Aufleuchten kommt; deshalb hat diese ihren Ursprung letztlich keineswegs im Menschen, sondern im *Sein,* wodurch sie mit der urvollziehenden Gründung übereinkommt.

Die Gründung des Seins selbst: Nach Heidegger weist das Sein jede Gründung von sich und ist daher der Ab-grund. Sicher bedarf das Sein selbst *nicht* einer Gründung, die es auf etwas von ihm *Verschiedenes* und Unabhängiges gründet, weil es ein solches nicht geben kann; wenn es ein solches gäbe, wäre das Sein nicht die absolute Fülle aller Seinsweisen, wäre es also nicht das Sein. In diesem Sinne ist das Sein *absolut* als das von allem Losgelöste. Ferner meint Heidegger, das Sein sei auch nicht sich selbst Grund oder nicht Grund seiner selbst; wenn er das im Sinne der causa-sui versteht, was ja nach dem im ersten Teil Dargelegten naheliegt, hat er recht; denn das Sein *verursacht nicht sich selbst,* wie überhaupt nie etwas auf die Weise der effizienten Kausalität sich selbst verursachen kann.

Wenn er aber das Sein so für grund-los hält, daß es seinen Grund weder außer sich noch in sich selbst hat, dann behauptet er das Sein als bloßes *Faktum* ohne Notwendigkeit; darauf weist das Sein als Spiel hin, das freilich nicht Willkür und daher doch eine gewisse mit ihm selbst gegebene *Notwendigkeit* besagt. Hierin dämmert die Ahnung auf, daß das bloße Faktum ohne jede Notwendigkeit der bare Un-sinn ist oder *sich selbst aufhebt;* denn das schlechthin Grund-lose ist dasselbe wie das Nichtseiende, wäre ein Seiendes, dem kein Sein zukommt, weil es als Faktum zum Sein bestimmt und als grund-loses oder bloßes zugleich nicht zum Sein bestimmt wäre. Außerdem wäre das bloße Faktum völlig *unbegreiflich* und ohne jeden Sinn oder ohne jede Rechtfertigung; es wäre das gänzlich Undurchdringliche, das jeder Aufhellung widersteht, und so das absolute Dunkel, das mit dem absoluten Nichts gleichbedeutend ist. Folgerichtig verliefe sich die Gründung des Seienden letztlich im Sein als dem Grund-losen und damit im Nichts; eine Gründung aber im Nichts ist, genau genommen, überhaupt keine Gründung oder die Leugnung jeder Gründung.

Also hat die Gründung des Seienden im Sein nur dann einen Sinn, wenn das *Sein* sich selbst Grund oder der *Grund seiner selbst* ist; anders ausgedrückt, ist das Seiende durch seine Gründung im Sein nur dann ein Seiendes, wenn das Sein der Grund seiner selbst ist. Und auch das Sein ist nur dann das Sein oder wahrhaft es selbst, wenn es durch sich selbst das Sein, also der Grund seiner selbst ist; negativ formuliert: das Sein *wäre nicht das Sein,* wenn es nicht durch sich selbst das Sein oder der Grund seiner selbst wäre. Da es dem Seienden eigen ist, nicht der Grund seiner selbst zu sein, wäre das Sein zum Seienden herabgesetzt, wenn es nicht sich selbst Grund wäre. In diesem Falle wäre das Sein *nicht* das in jeder Hinsicht sich selbst Genügende oder die *absolute Fülle,* die alle Seinsweisen umschließt; denn die Seinsweisen des Grundes und folglich der Begreifbarkeit und der Rechtfertigung gingen ihm ab. Alle unsere Überlegungen umkreisen die eine Einsicht, daß das Sein und das bloße Faktum sich absolut ausschließen; das Sein als bloßes Faktum nehmen, heißt es aufheben oder leugnen, daß es das Sein ist. Es gilt einzusehen: das Sein als die absolute Fülle ist kraft seiner innersten Eigenart *Selbst-Grund*, Selbst-Begreifbarkeit, Selbst-Rechtfertigung. Wer das Sein als grund-los im Sinne des Ausbleibens auch des Selbst-Grundes denkt, denkt noch nicht das Sein nach seinem tiefsten Selbst, verweilt noch in dessen *Vergessenheit*, indem er den Bann des Seienden noch nicht ganz durchbricht oder das Sein noch nicht ganz von der Eigenart des Seienden zu befreien vermag.

Noch auf andere Weise haben wir nach der Gründung des Seins selbst zu fragen, nämlich nach dem Grund, der für uns Menschen das Sein rechtfertigt, der uns berechtigt, vom Sein im bisher besprochenen Sinne zu reden, oder uns das Sein *zugänglich* macht. Damit kehren wir, nachdem wir das zweite der früher erwähnten Verhältnisse einigermaßen entwickelt haben, zu dem ersten jener Verhältnisse zurück. Wie wir bereits dargelegt haben, wird uns das Sein nicht unmittelbar, sondern einzig mittels des Seienden zugänglich, vor allem mittels des Seienden, in dem das Sein unverborgen als es selbst hervortritt, also mittels des Menschen; im andern Seienden wird das Sein nur insoweit zugänglich, wie es vom Menschen aufgeschlossen wird. Beim Menschen aber leuchtet das Sein, wie wir schon sahen, in seinem Denkvollzug auf und überhaupt in jedem wahrhaft *menschlichen Vollzug*, wofür das ethische Handeln und das künstlerische Gestalten Beispiele bieten. So kommen wir zur *transzendentalen Methode,* die freilich über Kant hinaus vertieft werden muß. Sie fragt nach den ermöglichenden Gründen des menschlichen Vollziehens, besonders nach dessen oberstem Grund, nämlich nach dem Sein; daher schreitet sie vom Gegründeten zu dessen Gründen oder dessen Grund fort. Näherhin untersucht sie, *wie das Sein bestimmt werden muß*, das dem von uns erfahrenen menschlichen Vollziehen seine Ermöglichung gewährt, damit dieses wahrhaft möglich sei.

Gemäß dem oben Gesagten zeichnet sich das Denken dadurch aus, daß es Seiendes als Seiendes, nicht nur Erscheinendes vollzieht. Seiendes als Seiendes aber oder Seiendes, insofern ihm Sein zukommt, kann allein jener Vollzug erreichen, der zum *Sein vordringt* und damit in der Offenbarkeit oder im Horizont des Seins geschieht. Von welcher Art das diesen Vollzug ermöglichende Sein ist, ob es namentlich nur *ein* Sein oder *das* Sein ist, zeigt sich durch eine kurze Auseinandersetzung mit dem *Perspektivismus*, wie ihn etwa Nietzsche vertritt. Solange der Horizont des Vollziehens mit einer begrenzten Perspektive oder mit nur *einem* Sein zusammenfällt, vermag er das Seiende lediglich zu eröffnen, wie es für ihn oder unter dem mit ihm gegebenen Gesichtswinkel aussieht oder eben erscheint, nicht aber, wie es an sich ist. Daher schränkt Kant unser Erkennen auf die Erscheinungen ein, weil wir alles nur in der mit dem Menschen gesetzten Sichtweise erfassen. Dementsprechend kann das Seiende nach seinem An-sich, oder wie es ist, also wahrhaft als Seiendes, einzig dem Denken aufleuchten, dessen Horizont über jede begrenzte Perspektive hinaus alles umgreift, also mit *dem Sein* zusammenfällt. Dasselbe läßt sich der Unbedingtheit des *sittlichen* Handelns und der Transparenz des *künstlerischen* Schaffens entnehmen. Überall zeigt sich als der ermöglichende Grund des Vollziehens der Ausgriff auf *das* Sein, das als die *absolute Fülle* alle Seinsweisen umspannt. Damit ist das sich selbst gründende Sein auch für uns gegründet oder gerechtfertigt; unser Nachweis schließt eine Selbstwiderlegung ein, insofern die explizite Leugnung des Seins dessen implizite Bejahung enthält.

Was hier zunächst für das Sein als Erkenntnisgrund gezeigt wurde, gilt wegen dessen bereits entwickelter Verknüpfung mit dem Realgrund auch für diesen.

Das Sein selbst – Transzendenz in Immanenz: Das Sein kommt in unserer Erfahrungswelt immer nur als *Sein des Seienden* oder als das dem Seienden innewohnende, immanente Sein vor, das an das Seiende gebunden ist und scheinbar von ihm getragen wird. Es könnte so aussehen, als ob das Seiende der Grund des Seins wäre, weil das Seiende das Wirkliche ist, in dem auch dem Sein Wirklichkeit zukommt, während das Sein getrennt vom Seienden seine Wirklichkeit verliert und jedenfalls nie als Wirkliches anzutreffen ist. Diese Art von Gegebenheit des Seins findet in Heideggers Aussagen ihren Niederschlag, mit der Ausnahme, daß für ihn das Sein der Grund des Seienden bleibt, was durch seine Bindung an das Seiende nicht beeinträchtigt wird. Damit im Zusammenhang hebt Heidegger entschieden die *Differenz* des Seins vom Seienden hervor, die niemals verschwindet und des eingehenden Nachdenkens bedarf. Dieselbe Differenz bildet auch für uns den Ansatzpunkt der weiteren Überlegungen.

Allem Seienden wohnt das Sein als *Realgrund* inne; im Menschen allein tritt es auch als Erkenntnisgrund hervor. Als Realgrund bleibt das Sein im Seienden eingeschlossen oder verborgen; erst als Erkenntnisgrund hebt es sich vom Seienden ab und wird es als solches sichtbar; das gilt auch vom Realgrund, sobald er vom Erkenntnisgrund durchleuchtet wird. Damit verharrt die *Differenz in der Verborgenheit*, insoweit wir im Seienden allein auf den Realgrund blicken; als solche zeigt sie sich erst in dem vom Erkenntnisgrund aufgeschlossenen Seienden, wodurch der Realgrund im Seienden unterschieden wird. Demnach setzt das Bedenken der Differenz beim *Menschen* an, wobei aber die anderen Seienden nicht aus-, sondern eingeschlossen sind.

Insofern das dem Seienden innewohnende Sein *vom Seienden* bestimmt ist, besagt es Partizipation, zeigt es sich als nach dem Maß der jeweiligen Wesenheit und der jeweiligen Individuation *begrenzt* und nach der Mannigfaltigkeit der Wesenheiten und der Einzelnen *vervielfältigt*. Insofern jedoch zugleich das Sein *als Sein* bestimmt ist, müssen wir von ihm die alle Grenzen übersteigende absolute *Fülle* und die damit gegebene ebenso absolute *Einheit* und Einzigkeit aussagen. Wenn nun dem Sein, insofern es vom Seienden bestimmt ist, *Immanenz* zukommt, so erhebt es sich, insofern es durch sich selbst bestimmt ist, oder als das Sein selbst über das Seiende und zeichnet sich damit durch *Transzendenz* aus. Hier durchdringen sich Immanenz und Transzendenz untrennbar; wäre die Immanenz ohne Transzendenz, so ginge es nicht wahrhaft um das Sein; und wäre die Transzendenz ohne Immanenz, so ginge es nicht um das Sein gerade des Seienden. Im Denken des Menschen tritt das Sein selbst mit einer Transzendenz hervor, deren zugleich sich zeigende *Bindung* an die Immanenz nicht abgestritten werden kann. Auf dieser Stufe der Analyse bleibt *Heidegger* stehen, wenigstens bis heute; ob er darüber hinausführende Schritte für möglich hält, ist nicht eindeutig auszumachen, ja erscheint nach manchen seiner Äußerungen fraglich. Die im Sein liegende Offenheit für Gott, von der er ausdrücklich spricht, bleibt unentwickelt; und es könnte so aussehen, als ob jene Entwicklung zu Gott nicht als Sein, sondern als einer Wirklichkeit, die ähnlich wie im Neuplatonismus ein Jenseits des Seins bildet, führen werde; vorausgesetzt, daß nach Heidegger Gott überhaupt philosophisch und nicht nur theologisch zugänglich ist, daß er also eine philosophische Gotteslehre zuläßt.

Wo liegt der Ansatzpunkt, der über die bisher erreichte Stufe der Analyse hinaustreibt? Wir stehen beim Sein, das einerseits Begrenzung und Vielheit, andererseits absolute Fülle und Einzigkeit besagt. Falls beide Aussagen auf *derselben Ebene* vollzogen werden, bringen sie einen alles zerreißenden *Widerspruch* mit sich, nimmt die zweite Seite genau das weg, was die erste Seite gesetzt hat. Infolgedessen können die beiden Aussagen nur dann zusammen gelten, wenn sie *verschiedenen* Ebenen angehören. Darauf weisen bereits unsere früheren Einsichten hin, nach denen in der ersten Seite die Bestimmung des Seins durch das Seiende, in der zweiten aber die Bestimmung des Seins durch sich selbst am Werke ist. Mit anderen Worten: das Sein ist begrenzt und vielfältig in seiner *Partizipation, in sich selbst* aber ist es die absolute Fülle und Einzigkeit, jedoch so, daß es die Partizipation nicht ausschließt, sondern Grund jeder möglichen Partizipation ist. Demnach machen absolute Fülle und Einzigkeit das eigenste *Selbst des Seins* aus, in das Begrenzung und Vielheit nicht hineinreichen, was die Differenz des Seins vom Seienden zum Ausdruck bringt.

Das subsistierende Sein – Transzendenz: Wenn wir nun annehmen, das Sein des Seienden oder das dem Seienden innewohnende Sein sei die *einzig mögliche Verwirklichung* des Seins, so reichen Begrenzung und Vielheit doch in das eigenste Selbst des Seins hinein, da es ja nie ohne sie verwirklicht werden könnte; folglich gehören sie doch derselben Ebene wie absolute Fülle und Einzigkeit an und verdrängen diese kraft des oben aufgezeigten Widerspruchs; folglich fällt die oben herausgearbeitete Transzendenz und damit die Differenz des Seins vom Seienden;

das alles ist schließlich damit gleichbedeutend, daß das *Sein geleugnet wird* und verschwindet. – Um diesen Folgerungen zu entgehen, ist es notwendig, die eben gemachte Annahme aufzugeben, also über das Sein des Seienden oder das dem Seienden innewohnende Sein hinauszuschreiten. Hiermit weist das Sein als der immanent-transzendente Grund des Seienden mittels des Seins selbst auf das *Sein* als den *schlechthin transzendenten Grund* des Seienden hin, der als solcher sich als das *subsistierende Sein* darstellt, als das von allem Seienden los-gelöste oder ab-solute und so in sich selbst stehende oder ruhende Sein. Das ist das Sein als jenes *Urwirkliche*, in das wahrhaft Endlichkeit und Vielheit nicht hineinreichen, dessen absolute Fülle und Einzigkeit in eine andere Ebene als jene vom Seienden herkommenden Bestimmungen gehören, dessen *reine Transzendenz* letztlich die mit Immanenz *vermischte* Transzendenz und die *Differenz* des Seins vom Seienden verständlich macht, zu dem hin und von dem her erst mit Recht von Sein die Rede sein kann. Nach allem führt die Gründung des Seienden im Sein zum subsistierenden Sein als dem alles Seiende Tragenden, während ohne das subsistierende Sein eher das Sein vom Seienden getragen und so beider Beziehung ins Gegenteil verkehrt wird, was schließlich auf die Leugnung des Seins selbst und auch des innewohnenden Seins hinausläuft.

Verdeutlichen wir noch die *Eigenart des Aufstiegs*, der vom innewohnenden oder partizipierten Sein zum schlechthin transzendenten oder subsistierenden Sein emporleitet, wobei das Sein selbst, weder als partizipiert noch als subsistent bestimmt, die schwebende Mitte zwischen beiden bildet, schwebende Mitte nicht an sich, wohl aber für uns. Der hier in Frage stehende Zusammenhang schreitet vom Gegründeten zu dessen Grund fort; dabei ist mit dem Gegründeten *notwendig* sein Grund gegeben; mit dem Grund jedoch ist das Gegründete notwendig lediglich seiner *Möglichkeit* nach gesetzt, während es sich seiner Wirklichkeit nach *kontingent* zu seinem Grund verhält. Das Letztere folgt daraus, daß das subsistierende Sein schlechthin transzendent oder *absolut* ist, was nicht gewahrt wird, wenn es die Begrenzung und Vielheit des Seienden notwendig mit sich bringt, weil sich daraus all die oben aufgezeigten Folgerungen ergeben. Sobald nun das Gegründete kontingent ist, nimmt der Zusammenhang der Gründung den Charakter der *Kausalität* an. Diese lehnt Heidegger ab, weil er sie offenbar zu dinglich versteht; seine Schwierigkeit findet eine Lösung durch die Unterscheidung zwischen der ontischen und der ontologischen Kausalität, auf die fast nie geachtet wird. Vermöge der *ontischen* Kausalität geht ein Seiendes aus einem andern hervor, vermöge der *ontologischen* hingegen das Seiende aus dem Sein; auch innerhalb der ontischen Kausalität zeigen sich noch verschiedene Weisen, die man schärfer, als es gewöhnlich geschieht, voneinander abheben müßte. Wie tiefgreifend anders die ontologische als die ontische Kausalität ist, zeigt sich daran, daß das Seiende *unbedingt* vom Sein abhängt, ein Seiendes von einem andern hingegen in vielen Fällen nur bedingt, weil die jeweilige Ursache durch ein anderes Seiendes und letztlich durch das subsistierende Sein ersetzt werden kann. Außerdem leuchtet ohne weiteres ein, daß die ontologische Kausalität wesentlicher und innerlicher als die ontische ist und auch die unentbehrliche Wurzel für diese bildet; stets und notwendig ist in dieser jene als ihr Grund enthalten.

Fragen wir weiter, von welcher Art die ontologische Kausalität ist, die unsere bisherigen Überlegungen vom gegründeten Seienden zum subsistierenden Sein als dessen erster Ursache vorangetrieben hat. In erster Linie handelt es sich nicht um die effiziente oder Wirkursächlichkeit, von der Heidegger allein spricht und die er als dem Seienden zugehörig zurückweist, sondern um die *Exemplarursächlichkeit*, die auch bei Platon das Innerste ist. Danach weist die eigenartige Formgestalt des Seins im Seienden, die durch Begrenzung, Vielheit und Differenz gekennzeichnet ist, auf die andere Formgestalt als ihren ermöglichenden Grund hin, die sich durch absolute Fülle, Einzigkeit und Subsistenz auszeichnet. Ohne diese *Formgestalt* ist jene weder begreifbar noch real-möglich, weil die mit Immanenz vermischte Transzendenz wesentlich die reine Transzendenz voraussetzt. Selbstverständlich ist mit der Exemplarursächlichkeit auch die *Wirkursächlichkeit* gegeben; denn ohne diese kommt jene nicht zum Vollzug oder zum Verursachen der Wirklichkeit nach.

Am Ende dieses Abschnitts drängt sich die Frage auf, wie das darin Dargelegte sich zu Heideggers Auffassung verhält, *Metaphysik sei Nihilismus*. Als Antwort bietet sich auf den ersten Blick an: entweder ist das Dargelegte nicht Metaphysik oder

Metaphysik ist nicht Nihilismus. Metaphysik kann zu Nihilismus führen und hat tatsächlich dazu geführt, soweit sie das *Sein vergessen* hat, was weithin geschehen ist. Die Metaphysik aber, die hier im Anschluß an den Aquinaten entwickelt wurde, ist nicht mit Nihilismus gleichzusetzen, weil sie das Sein *thematisch bedenkt* und dabei weiter als Heidegger gelangt, indem sie durch die immanente Transzendenz zur *reinen Transzendenz* des subsistierenden Seins vorstößt und so Gott in der Linie des Seins erreicht, statt beim höchsten Seienden stehenzubleiben. Doch ist diese Metaphysik noch wahrhaft Metaphysik? Sie ist *nicht Metaphysik*, wenn diese mit Heidegger darauf beschränkt wird, das Seiende zu denken, wenn das auch aus der Offenbarkeit des Seins geschieht. Sie ist jedoch *Metaphysik*, wenn das Bedenken des Seins, zu dem einst Thomas von Aquin durchgebrochen ist, noch Metaphysik genannt werden kann, nachdem es unter dem befruchtenden Einfluß Heideggers neu aufgenommen, thematisch durchgeführt und der Vollendung nähergebracht ist.

Die Partizipation als Ereignis: Wie wir sahen, verhält sich die Wirklichkeit des Seienden kontingent zum subsistierenden Sein; von diesem her kann jenes sein, muß aber nicht sein oder ist nicht notwendig. Da also das subsistierende Sein nicht zum endlichen Seienden genötigt ist, was sich aus der schlechthinnigen Transzendenz oder Ab-solutheit des ersteren ergibt, steht es dem letzteren frei gegenüber. Das subsistierende Sein ist die *absolute Freiheit;* diese zeigt sich nunmehr als der Grund des Seienden oder als dessen ontologische Ursache, weshalb das Seiende aus dem freien Sich-mitteilen des subsistierenden Seins hervorgeht, aus dem Mitteilen, das nichts voraussetzt (da es ja außerhalb des Seins nichts gibt) und daher *Erschaffen* heißt. Mit anderen Worten, stammt das Seiende ganz und gar, nach jeder Hinsicht, vom Sein, das sonst nicht wahrhaft das Sein wäre.

In Fortführung dieses Zusammenhanges fügen wir bei, daß Freiheit wesentlich *Personalität* besagt; denn der Person ist es eigen, aus eigener Entscheidung sich selbst zu bestimmen, nicht aber von außen bestimmt oder genötigt zu werden, also frei zu handeln. Infolgedessen ist das subsistierende Sein als die absolute Freiheit auch die *absolute Personalität*, aus deren freiem Sich-neigen das Seiende sich selbst empfängt; namentlich der Mensch ist da als der immer schon personal angesprochene und in *Anspruch* genommene. Darauf weisen auf verschleierte Weise gewisse Aussagen Heideggers hin, etwa wenn er von der »Huld« oder »Gunst« spricht, mit der sich das Sein dem Menschen mitteilt und entzieht[90], oder davon, daß sich die Götter nahen und entfernen[91]. Nach allem ist der letzte Grund, der beim Entfalten der Gründung aufleuchtet, das subsistierende Sein als die personale Freiheit oder als die freie Personalität. An dieser Stelle trifft die Philosophie auf jenen, den die *Religion* als Gott verehrt.

Wenn der Mensch zu erwachen und zu denken beginnt, findet er sich in der *immer schon ergangenen Mitteilung* vor, die ihn selbst und auch alles Seiende trifft. Diese Mitteilung ist nicht Vergangenheit, sondern Gegenwart als ein ständig sich fortsetzendes und sich erneuerndes *lautloses Geschehen*, so verborgen und unscheinbar, daß es jene übersehen und sogar leugnen, die in der Vergessenheit des Seins befangen sind. Und doch ist dasselbe Geschehen zugleich das *mächtigste*, weil aus ihm alles Seiende mit all seinen Abwandlungen stammt, vor allem der Mensch mit all den verschiedenartigen Situationen seiner Geschichte. Dadurch wird die Freiheit des Menschen nicht ausgeschlossen, sondern gerade der jeweilige *Freiheitsraum* für sein geschichtliches Handeln eröffnet, innerhalb dessen immer wieder ein Anspruch an ihn ergeht, dem er zu entsprechen hat, aber auch nicht zu entsprechen vermag.

Übereinstimmend mit der Vielgestaltigkeit der Naturvorgänge und der geschichtlichen Abläufe ist die den Anruf enthaltende Mitteilung eine *jeweils andere*. Wie diese Mitteilungen oder Geschicke, wie Heidegger sich ausdrückt, sich entwickeln, läßt sich nie nach einem einsichtigen Gesetz ableiten; vielmehr treten sie als ein unvorhersehbares Geschehen hervor, das mit Recht *Ereignis* genannt wird, insofern es unableitbar aufbricht oder *unverfügbar* gewährt wird, ohne in unserer Macht zu stehen. Besonders hervorzuheben ist das einmalige Ereignis, das vieles entscheidet, oft eine neue Epoche eröffnet und als solches nie wiederkehrt; als Parallele dazu bietet sich der biblische Kairós an. Das immer wieder Andere des Ereignisses schließt nicht aus, sondern ein, daß darin etwas bleibend Sich-durchhaltendes am Werke ist, nämlich Wesensstrukturen, die alles durchziehen und trotz ihrer Selbigkeit ständig neue Ausprägungen annehmen.

Die Gründung des Seienden im Sein oder die Partizipation des ersteren am letzteren vollzieht sich nicht in abstrakten und stets genau gleichen Wesensstrukturen, sondern auf die eben angedeutete konkrete oder *geschichtliche Weise,* auf die Heideggers Ereignis hinweist. Demnach ist Gründung nicht ein statischer Zusammenhang, sondern ein dynamisches Geschehen. Diesem Ansatz aber entspricht genau das subsistierende Sein als die freie Personalität oder die personale Freiheit; ihrer unergründlichen *Entscheidung* entspringt bei Wahren aller notwendigen Wesensstrukturen die Gründung des Seienden nach jeder Hinsicht und auf besondere Weise jene des Menschen. Dem Menschen kommt es zu, sich *in die Verfügung* der unverfügbaren göttlichen Freiheit zu fügen, damit sein Dasein nicht aus den Fugen gerate. Wenn er daher die vom Sein zum Seienden absteigende Gründung im Rückstieg vom Seienden zum Sein nachvollzieht, so ist das zwar auch ein an Hand der Wesensstrukturen sich entwickelnder logischer Vorgang, aber vor allem ein *hingebendes Sich-öffnen* der menschlichen Freiheit für die unendliche Freiheit, die ihn unbedingt in Anspruch nimmt. Dabei wird das Ereignis von seiten der subsistierenden Freiheit auch zum Ereignis von seiten der menschlichen Freiheit, worin beide Freiheiten sich finden, ineinander schwingen und *ineinander ruhen.* Die urvollziehende Gründung wird in der nachvollziehenden nicht nur wiederholt und angeeignet, sondern ergänzt und vollendet, insofern das Erstereignis auf das Zweitereignis hinzielt und erst in diesem sich erfüllt. Wie das Erstereignis nur von Gott ausgehen kann, so vermag das Zweitereignis nur der Mensch zu leisten.

Das Ineinandergreifen des Ereignisses trägt stets die *Differenz* in sich, weil das Sein nie im Seienden und namentlich das subsistierende Sein nie im Menschen untergeht oder mit ihm zusammenfällt, sondern wesentlich darüber hinausschreitet und sich *darüber hält.* Außerdem hängt es allein von der subsistierenden Freiheit ab, in welchem Maße und auf welche Weise sie Seiendes gründen oder sich zurückhalten, sich zeigen oder sich verbergen will. In unserer Ordnung bleibt sie als enthüllte so verhüllt, daß sie einzig im Rückstieg vom Seienden zum Sein mittelbar gefunden, nicht aber unmittelbar geschaut werden kann. Dementsprechend wird allein und gerade durch Bejahen und Aushalten der Differenz oder durch das Sich-fügen in sie das Ereignis *wahrhaft* zum *Ereignis* oder wird das Zweitereignis mit dem Erstereignis wahrhaft eins. Erst damit aber kehrt die Gründung wahrhaft in den Ursprung zurück, von dem sie ausgeht.

Vierte Abhandlung
Mensch — Zeit — Sein

Einleitung: Die Thematik im Umriß

Heidegger

Zeit als Horizont des Seins: Das Thema, das der oben stehende
Titel umschreibt, ist durch das Lebenswerk von M. Heidegger
gegeben. Sein wichtigstes Buch nennt er »Sein und Zeit«, wobei
sogleich zu beachten ist, daß der dritte Abschnitt des ersten Tei-
les dieser Untersuchung die gegenläufige Überschrift trägt »Zeit
und Sein«[1]. Dazu bemerkt Heidegger später: »Hier kehrt sich
das Ganze um«[2]. Wie er beifügt, wurde »der zureichende
Nach- und Mit-vollzug« seines neuartigen Denkens »dadurch
erschwert«, daß bei der Veröffentlichung jenes Buches« der fragliche Abschnitt zurückgehalten wurde, weil das Denken im zu-
reichenden Sagen dieser Kehre versagte und mit Hilfe der Sprache der Metaphysik nicht durchkam«[3]. »Einen gewissen Ein-
blick in das *Denken der Kehre* von ›Sein und Zeit‹ zu ›Zeit
und Sein‹« gewährt der Vortrag »Vom Wesen der Wahrheit«,
»der 1930 gedacht und mitgeteilt, aber erst 1943 gedruckt wurde«[4]. Das damit Begonnene entwickeln die nachfolgenden
Schriften weiter, unter denen der andere Vortrag »Zeit und
Sein« ausdrücklich anzuführen ist[5]. Was die Bedeutung der
Kehre betrifft, so »ist sie nicht eine Änderung des Standpunktes
von ›Sein und Zeit‹«, was manchmal behauptet wurde[6].
Vielmehr »gelangt in ihr das versuchte Denken erst in die Ort-
schaft der Dimension, aus der ›Sein und Zeit‹ erfahren ist«; dabei geht es um die »Grunderfahrung der Seinsvergessenheit«[7].
In dem vorstehend angedeuteten Zueinander von Sein und Zeit
findet das verbindende Wörtlein »und« eine ganz bestimmte
Auslegung, die etwa in der abschließenden Frage der zugänglichen ersten Hälfte des Hauptwerkes zum Vorschein kommt:
»Offenbart sich die Zeit selbst als Horizont des Seins?«[8] Was
aber in diesem Zusammenhang »*Horizont*« besagt, klingt in der
anderen Frage an: »Führt ein Weg von der ursprünglichen Zeit
zum Sinn des Seins?«[9] Der »Sinn« des Seins tritt auch als
»Idee« oder »Wahrheit« des Seins auf[10]; ihm zugeordnet ist

das »Verstehen«, die »Interpretation«, der »Entwurf von Sein überhaupt«[11]. Zusammenfassend läßt sich sagen, vermutlich werde das Verstehen der Wahrheit des Seins durch die ursprüngliche Zeit ermöglicht.

Das hier umschriebene Geschehen hat sein »ontisches Fundament« im Menschen, der als »existierendes Dasein« immer schon ontologisch ist oder in der »Erschlossenheit von Sein« lebt[12]. Demnach ist der Mensch jederzeit mit der Wahrheit des Seins geeint, und zwar gemäß dem soeben Dargelegten durch den Grund, der solche Einung allererst ermöglicht, nämlich durch die Zeit. Somit stellt sich die *Zeit* als das *Vermittelnde* zwischen dem *Menschen* und dem *Sein* dar.

In dieser Vermittlung haben sich eingangs *zwei* einander entgegengesetzte *Richtungen* abgezeichnet. Wie einerseits der Mensch durch die Zeit mit dem Sein vermittelt ist, so andrerseits das Sein durch die Zeit mit dem Menschen. Beide Aussagen sind keineswegs tautologisch, weil zwischen ihnen die sogenannte Kehre stattfindet. Gemäß dem Titel »Sein und Zeit« gelangt der Mensch im Durchgang *durch die Zeit zum Sein;* er muß sich zu der »Daseinsganzheit« erheben, die in der »ekstatischen Zeitlichkeit« gründet, um das Sein zu erreichen[13]. Gemäß dem Titel »Zeit und Sein« gelangt das Sein im Durchgang *durch die Zeit zum Menschen;* es muß sich in der »Geschichte des Seins« zeitigen oder im »Geschick der Wahrheit des Seins« immer neu sich selbst geben, um zum Menschen zu kommen oder sich ihm zu übereignen[14]. In der ersten Richtung zeigt sich das Sein als der »Entwurf«, den der Mensch vollzieht; in der zweiten Richtung hingegen wird der Mensch als Entwurf des Seins offenbar, wird er »vom Sein selbst in die Wahrheit des Seins ›geworfen‹«[15]. Anders ausgedrückt: das Sein ist letztlich nicht »ein Produkt des Menschen«; eher ließe sich formulieren, der Mensch sei ein Produkt des Seins[16]. Nach allem *gründet die erste* Richtung *in der zweiten* und treibt deshalb jene notwendig in die Kehre zu dieser hinein. Daher vermag sich der Mensch insofern mittels der Zeit zum Sein hin zu öffnen, als sich immer schon das Sein mittels der Zeit zum Menschen hin geöffnet hat.

Rolle der Seinsvergessenheit: Die vorstehend skizzierte Zuordnung von Mensch und Sein mittels der Zeit ist in ihrer konkreten geschichtlichen Verwirklichung durch das Geschick der *Seinsvergessenheit* gekennzeichnet. Über dieses Geschick »entscheidet nicht der Mensch«, als ob seine Nachlässigkeit dafür verantwortlich wäre; vielmehr hat es seinen Grund im Sein, ist es also das »Geschick des Seins« selbst[17]. Dieses nämlich »gibt sich und versagt sich zumal«[18] und bleibt daher in seiner Entbergung jederzeit verborgen, woraus die Vergessenheit erwächst. In Übereinstimmung mit den beiden oben genannten Richtungen weist sie ein *zweifaches Gepräge* auf. Der ersten Richtung entspricht »das Dasein in seiner Alltäglichkeit«[19], in der es »zunächst und zumeist sich hält«[20]; diese seine Verfassung läßt sich als »Selbstverlorenheit«[21] oder *Uneigentlichkeit* kennzeichnen, weil »das eigentliche Selbstsein«[22], obwohl es dahintersteht, noch nicht ergriffen ist. Damit aber bleibt auch die Ganzheit des Daseins mit der sie gründenden Zeitlichkeit aus, wodurch der Horizont fehlt, der das Aufgehen des Seins ermöglicht, und folglich das Sein in Vergessenheit gerät. Die zweite Richtung prägt sich im »Seinsgeschick der *Metaphysik*«[23] aus, der es eigen ist, »die Auslegung des Seienden ohne die Frage nach der Wahrheit des Seins«[24] zu vollziehen, und der daher »der Bezug der Wahrheit des Seins zum Menschen verhüllt bleibt«[25]. Sie denkt nicht das »Verhältnis, als welches das Sein sich selbst schickt«, indem sie es nicht »ekstatisch aussteht« oder »sorgend übernimmt«[26], was damit gleichbedeutend ist, daß sie nicht den Horizont der Zeit gewinnt, in dem allein das Sein sich dem Menschen mitteilt.

Das *Überwinden der Seinsvergessenheit* geschieht einerseits als das Überwinden der Alltäglichkeit oder als deren Rückführen auf ihren Grund; dabei tritt das Grund-Existenzial der *Sorge* mit der sie gründenden Zeitlichkeit hervor, also das, was sich zunächst und zumeist gerade nicht zeigt. Indem aber so die Ganzheit des Daseins aufleuchtet, wird zugleich als deren innerste Ermöglichung das Nichts sichtbar, das sich als der »Schleier des Seins«[27] erweist. Das Überwinden der Seinsvergessenheit geschieht andrerseits als das *Verwinden der Metaphysik* oder ebenfalls als deren Rückführen auf ihren Grund. Wenn sie nämlich »das Seiende als das Seiende vorstellt«, denkt sie es bereits »im Durchgang durch einen Hinblick auf das Sein« oder »im Lichte des Seins«[28]. Auf diese Wurzel richtet das Verwinden sein Augenmerk, wobei es »das Geschick ein-holen« wird, was besagt: »denkend erreichen und versammeln, was in einem er-füllten Sinn von Sein jetzt ist«[29]. Auf diese Weise aber dem ge-genwärtigen Seinsgeschick begegnen, heißt dasselbe wie das Sein nach seiner heute sich mittels der Zeit ereignenden Einheit mit dem Menschen fassen, welche Einheit erst dadurch das Sein ganz an den Tag bringt, daß es sich im Über-eignen an den Menschen zugleich durch die Differenz von diesem absetzt.

Von der Seinsvergessenheit her gewinnen wir für die *Verknüp-fung der beiden Richtungen* miteinander einen weiteren Ge-sichtspunkt. Wie wir sahen, kann sich der Mensch einzig des-halb zum Sein erheben, weil sich ihm das Sein immer schon mit-geteilt hat; demnach ist die erste Richtung durch die zweite *er-möglicht*. Jetzt gilt es beizufügen, daß der Mensch zu der zwei-ten Richtung nicht unmittelbar, sondern allein im Durchgang durch die erste vorzudringen vermag. Erst indem er sich mittels der Zeit zum Sein erhebt, geht ihm auf, wie sich das Sein immer schon mittels der Zeit auf den Weg zu ihm gemacht hat; dem-nach wird ihm die zweite Richtung durch die erste *zugänglich.* – Diese Abfolge entspricht genau der *Erfahrung*, nach der sich der Mensch aus der Vergessenheit emporzuringen hat, um auf das Sein zu treffen. Damit stimmen auch die *Phasen* zusammen, in denen sich Heideggers Denken entwickelt, das von der All-täglichkeit durch die Zeit zum Sein kommt und dann in der Kehre entdeckt, wie das Sein durch die Zeit zum Menschen kommt. Dabei ist das Zwischenglied des *Nichts* keineswegs ein Herausfallen aus dem Sein und ein Zurückfallen in den Men-schen, wie nihilistisch-anthropologische Deutungen meinten, sondern genau die erste Gestalt der Ankunft des Seins beim Menschen und auch die Rückkunft des Menschen zum Sein.

Thomas von Aquin

Die Fragestellung: Was hat die von Heidegger her entworfene Thematik mit Thomas von Aquin zu tun? Sein metaphysisches Denken scheint *ganz andere Wege* als die »existenziale Analytik« des Daseins zu gehen, in der die »Fundamentalontologie« zu suchen ist[30]. Nach Heidegger kommt auch der Aquinate nicht über die Vergessenheit des Seins hinaus, weshalb sein Philosophieren »humanistisch« bleibt[31]; ebenso ist es als essentialistisch anzusprechen, weil es mit Platon sagt: »die essentia geht der existentia voraus«[32]. Statt den Bezug des Menschen zum Sein angesprochen wird«[34]. Wenn aber so die *Gründung des* des Seins«[33]. Ja es »verschließt sich dem einfachen Wesensbestand, daß der Mensch nur in seinem Wesen west, indem er vom Sein angesprochen wird«[34]. Wenn aber so die *Gründung des Menschen im Sein nicht erreicht* wird, kann auch kaum von der zwischen beiden vermittelnden Rolle der Zeit die Rede sein, tritt die »Temporalität des Seins« nicht in den Gesichtskreis[35]. Dazu bemerken wir, daß Thomas die angezielte Thematik selbstverständlich noch nicht auf die Weise Heideggers gesichtet und entwickelt hat. Zugleich jedoch wagen wir zu behaupten, sein Grundansatz sei demjenigen Heideggers *nicht so fremd* und entgegengesetzt, wie es nach den obigen Andeutungen den Anschein hat.

»Ens« und »Esse«: Beginnen wir mit einigen Aussagen des Aquinaten, auf die auch Heidegger anspielt[36]. Danach tritt das *Sein* im Leben des Menschen als jenes auf, das er als erstes (primum) erkennt und das sich stets *als das bekannteste* (notissimum) erweist[37]. Außerdem ist das Verstehen des Seins immer schon in allem enthalten, was jemand erfaßt, weshalb er auch all sein Erfaßtes dadurch überprüft, daß er es auf das Sein zurückführt oder am Sein mißt[38]. Demgemäß ist die Offenbarkeit des Seins oder die *Ausrichtung auf das Sein,* das sich dem Menschen immer schon mitteilt, die *innerste bewegende Kraft* seines ganzen Lebens, die alle anderen Betätigungen als ihr erster Ursprung ermöglicht und diesen ihre Eigentlichkeit verleiht. Wie daher ohne das Verstehen oder die Wahrheit des Seins alles

Menschliche seine Wurzel verliert oder abstirbt, so wird dieses in dem Maße, wie es aus dem Sein herausfällt oder vom Sein abweicht, der Uneigentlichkeit überantwortet oder seiner Fülle beraubt. Unsere Auslegung dehnt das, was Thomas ausdrücklich vom Erkennen sagt, auf die anderen Bereiche des menschlichen Tuns, wie das sittliche Handeln und das künstlerische Gestalten, aus; das widerspricht nicht den Absichten des Aquinaten, weil nach ihm alle jene Bereiche vom erhellenden Erkennen getragen und durchseelt sind. Deshalb hat das Aufleuchten des Seins nicht allein den Charakter des Wissens, sondern ist ein *umfassendes Grundgeschehen*, das dem Auseinandertreten der verschiedenen menschlichen Betätigungen voraus- und zugrunde liegt.

Einen Schritt weiter führt die Beobachtung, daß die angeführten Texte vom »ens« statt vom »esse«, also (wörtlich übersetzt) vom *Seienden* statt vom *Sein* sprechen. Es liegt nahe, wäre aber voreilig, daraus zu entnehmen, Thomas komme über das Seiende nicht hinaus und sei daher nicht zum Sein vorgedrungen, wodurch Heideggers Seinsvergessenheit bestätigt werde. Das Seiende meint hier nämlich *nicht das Einzelne* unserer Erfahrung, sondern das Seiende in jener unbestimmten Bedeutung, die von jedem Einzelnen absieht und gerade dadurch jedes Einzelne umspannt und für jedes Einzelne gilt. Von dem so gefaßten Seienden sagt nun der Aquinate, es werde vom *Seinsakt* genommen[39], womit er es auf das Sein zurückführt und dieses als das letztlich Angezielte auftritt. Daß er wirklich durch das Seiende zum Sein gelangt, zeigen die Stellen, an denen er vom Sein selbst (ipsum esse) spricht und Gott als das subsistierende Sein selbst (ipsum Esse subsistens) bestimmt[40]. Warum zieht er trotzdem in den genannten Formulierungen das »ens« dem »esse« vor?

Die Antwort auf diese Frage liegt in der phänomenologisch aufweisbaren Feststellung, daß die dem Menschen nach seinem Wesen eigene Erkenntnis in den *Sinnen ihren Anfang* hat und sich so weit zu erstrecken vermag, wie sie durch sinnlich wahrnehmbare Gehalte geführt werden kann[41]. Weil nämlich dem Menschen kein angeborenes oder ohne Vermittlung durch die Welt innewohnendes Aufgehen der Wahrheit zukommt, muß er diese aus den sichtbaren Weltdingen auf dem Wege der Sinne sammeln oder herausholen[42]. Worin die dem Menschengeist, der als solcher verleiblicht oder »Geist in Welt« ist, zugewiesene Wahrheit genauerhin besteht, wird daran deutlich, daß er sich in der Washeit oder *Wesenheit* des materiellen und damit *sinnlich wahrnehmbaren Dinges* als dem ihm zukommenden Eigenbereich bewegt, durch den er auch zu einem gewissen Erkennen des Unsichtbaren aufsteigt[43]. Was hier sinnlich wahrnehmbares, materielles oder welthaftes Ding heißt, fällt mit dem zusammen, was Heidegger als das *Seiende* bezeichnet. Die ihm innewohnende Washeit oder Wesenheit nennt Heidegger oft die Seiendheit; sie umschreibt die Weise, auf die dem Seienden oder Ding Sein eigen ist, und macht so im strengen Sinne des Wortes das *Sein des Seienden* aus; dieser Bereich ist dem Menschen zunächst zugeordnet. Vermittelt durch das Sein des Seienden geht ihm als dessen Grund *das Sein selbst* auf; zu diesem hin ist der Mensch offen, obwohl es sich zugleich als ein ihn wesentlich überschreitender Bereich enthüllt, der in das eben genannte Unsichtbare einmündet.

Nun fällt das sichtbar Seiende nicht mit dem Sein selbst zusammen, da ihm ja Sein lediglich nach dem Ausmaß seiner endlichen Wesenheit zukommt und es folglich nur einiges Sein hat oder am Sein teil-hat; dementsprechend sagt Thomas, in ihm werde das Sein nach der Fassungskraft des Teil-nehmenden begrenzt, wodurch sich das Seiende durch *Teil-nahme* ergibt, das Sein hat: »habet esse«[44]. Indem aber der Mensch einzig vom sichtbar Seienden her dem Sein begegnet, erfaßt er dieses zunächst in der Prägung, die es in jenem aufweist, nämlich als »ens« oder als con-cretum, als ein aus dem Partizipierenden und dem Partizipierten *Zusammengewachsenes*. Dadurch ist er keineswegs vom »esse ipsum« oder vom Sein selbst ausgeschlossen, sondern gerade mit ihm *vermittelt*. Durch das »ens« mit dem »esse« vermittelt, hat der Mensch seine typisch menschliche Situation inne, vermöge der er weder ohne das »esse« im »ens« untergeht noch ohne das »ens« unmittelbar beim »esse« ist. Von hier aus wird verständlich, warum der Aquinate in den obigen Formulierungen das »ens« dem »esse« vorzieht.

Fragen wir weiter, ob in der Mittlerrolle des »ens« zwischen dem Menschen und dem Sein *auch die Zeit* enthalten sei. Das materielle oder welthafte Seiende tritt bei Thomas als das Körperliche auf, in dem zunächst das Räumliche akzentuiert wird, das aber zugleich das Zeitliche ist; denn das Räumliche ist wesentlich dem »motus«, der Bewegung oder dem Werden unterworfen, das in der Zeit verläuft. Deshalb ist das Körperliche *ebenso notwendig zeitlich wie räumlich* oder schließt das Nebeneinander stets das Nacheinander ein. Dabei finden wir die Zeit nicht als ein vom Werden verschiedenes Fließen vor, sondern als das innere Zeitigen des Werdens selbst oder als dessen inneres Maß. Insofern wir Menschen selbst werdende sind, vollziehen auch wir *das Zeitigen* oder verwirklichen wir in unserem Tun als dessen inneres Maß die Zeit. Daß den Menschen ein anderes Verhältnis zur Zeit als das übrige Seiende kennzeichnet, wird später zu erläutern sein; vom Zeitigen hebt sich das Sich-zeitigen ab, so viel sei schon hier bemerkt. — Wenn also das »ens« von der Eigenart des sichtbar oder körperlich Seienden geprägt ist, trägt es auch die Eigenart des *zeitlich Seienden* an sich. Wenn ferner das »ens« zwischen dem Menschen und dem Sein vermittelt, wird damit ohne weiteres die *Zeit* als das zwischen diesen Gliedern *Vermittelnde* angesetzt. Wie die Zeit auch den Raum umgreift, haben wir ebenfalls unten zu entwickeln.

Seinsverborgenheit und Überzeitlichkeit: Im Rückblick auf die beiden Textgruppen, die wir aus dem Aquinaten angeführt haben, entdecken wir eine Inkohärenz und vielleicht sogar einen *Widerspruch.* Nach der ersten Textgruppe nämlich bietet sich uns das Sein in der Gestalt des »ens« als das Ersterkannte dar; in der zweiten Textgruppe hingegen wird dasselbe vom sinnlich faßbaren oder körperlichen Seienden gesagt. Die beiden Behauptungen lassen sich allein dann miteinander vereinen, wenn sie eine je verschiedene Ebene anzielen. Vor allem handelt es sich dabei nicht um zwei verschiedene Erkenntnisse, sondern um *zwei wesentliche Aspekte* des einen menschlichen Erkennens, wie es vor jeder wissenschaftlichen Reflexion geschieht. Darin unterscheiden wir das welthafte Seiende als das, *was* erkannt wird, vom »ens« als dem, *wodurch* wir erkennen, weshalb wir das erstere als das thematisch Gewußte im Blick haben und das letztere als das athematisch Mit-Gewußte mitspielt. Da uns im Gewußten das Mit-Gewußte zugänglich wird, leuchtet uns im Ding das »ens« auf; da zugleich durch das Mit-Gewußte das

Gewußte eröffnet wird, geht vom »ens« die Ermöglichung des Dinges als des Gewußten aus. Danach tritt unter der Rücksicht der *Zugänglichkeit* das *Ding* als das Ersterkannte auf, unter der Rücksicht der *Ermöglichung* hingegen ist zweifellos das »ens« das Ersterkannte oder jenes Bekannteste, aus dem alle Lichtung der Erkenntnis stammt. Beide Richtungen fallen in dem einen Erkennen zusammen oder sind ein und derselbe Vorgang; daher handelt es sich nicht um ein Erstes nach der Zeit, sondern nach der Abhängigkeit sowohl bezüglich der Zugänglichkeit als auch bezüglich der Ermöglichung. — Doch greift die Zeit insofern in das Erkennen hinein, als das Sein allein in der Gestalt des *gezeitigten* »ens« die Ermöglichung des Ding-Erkennens zu gewähren vermag. Damit zeigt sich die Zeit als jenes Vermittelnd-Ermöglichende, das dem Sein Eingang in das Ding-Erkennen verschafft und so erst dieses als Erkennen konstituiert. Die Zeit ermöglicht also das Mitteilen des Seins an den Menschen und dadurch das Erkennen des Seienden als solchen.

Das eben Dargelegte hat uns zum »ens« und erst recht zum Sein selbst als dem nur *athematisch Mit-Gewußten* geführt, wodurch sich der Blick auf das Ding richtet oder dieses allein den Vordergrund des Bewußtseins bildet, während sich das »ens« lediglich im und als Hintergrund erhellt. Damit aber erweist es sich als für das menschliche Erkennen wesentlich, daß das »ens« in seiner Entbergung zugleich *verborgen* bleibt oder sich in seiner Mitteilung zugleich entzieht. Von der Zeit her gesehen, heißt das, unser Erkennen wende sich dem Gezeitigten zu, sei aber wenigstens zunächst von der *Zeitigung* selbst abgewandt, die infolgedessen nur in einer Rückwendung auf das »ens« uns ausdrücklich oder als solche greifbar werde. Indem wir so im Gegründeten leben, ohne dessen Gründung im Auge zu haben, bewegen wir uns in der uns zubestimmten und jederzeit unaufhebbaren *Seinsverborgenheit*, die aber nicht mit Seinsvergessenheit, wie im Unterschied zu Heidegger gesagt sei, zusammenfällt. Wohl jedoch wird das verborgene Sein leicht nicht hinreichend beachtet, verflüchtigt, verkannt, mißdeutet, schließlich vergessen und sogar geleugnet. Wie die Erfahrung zeigt, ist die Seinsverborgenheit immer schon in die Seinsvergessenheit abgesunken, die aber besonders durch die eben erwähnte Rückwendung überwunden werden kann und überwunden wird.

Da nun bei solchem Überwinden die Verborgenheit nicht aufgehoben wird, sondern gerade erst recht hervortritt, bestätigt sich hier das früher Gesagte, nach dem sich das Sein uns als das uns wesentlich Überschreitende enthüllt, und wird somit das Sein genau als das uns wesentlich *Überschreitende* sichtbar. Insofern wir hierbei das Sein in der Gestalt des »ens« ergreifen und diese dasselbe wie Zeitigung besagt, ist uns durch die Zeit selbst das Sein ebenso mitgeteilt oder entborgen wie entzogen oder verborgen. Zugleich wird deutlich, wie die Zeit zwar einerseits dem Sein gemäß ist, weil es sich in ihr zu enthüllen vermag, andrerseits aber ihm nicht gemäß ist, weil es in der ihr möglichen Weise des Enthüllens verhüllt bleibt. Darum läßt es nach seinem innersten Selbst die Zeit hinter sich oder kann von ihr nicht eingeholt werden, was auf eine letzte *Überzeitlichkeit* des Seins hinzudeuten scheint, die noch der Klärung bedarf.

Zeitliche Prägung und Transzendentalität: Dem über die im »ens« enthaltene *Zeitigung* Entwickelten *widerspricht* offensichtlich das Ansetzen des »ens« als des ersten und grundlegenden »transcendentale«, das als solches alles, selbst Gott, umgreift[45]. Wenn sich nämlich das »ens« auch auf das Überzeitliche erstreckt, schließt es die Zeitigung nicht ein oder sieht es wenigstens von dieser ab. Tatsächlich wird von Thomas und der ihm folgenden Überlieferung das »ens« in dem Sinne *transzendental* verstanden, daß in dessen entfalteter Umschreibung »etwas, dem Sein zukommt« das Zukommen im *weitesten* Umfang genommen wird. Danach meint »Zukommen« nicht nur Partizipation und Kon-kretion oder Zusammenwachsen aus dem Partizipierenden und dem Partizipierten als Teilfaktoren, sondern auch Subsistenz und absolute Identität des in sich selbst oder in seiner grenzenlosen Fülle ruhenden göttlichen Seins. Gewiß kann das so bestimmte »ens« von dem überzeitlichen Gott ausgesagt werden; doch bemerkt Thomas im Gegensatz dazu an einer Stelle, es sei wahrer, daß Gott *über* jedem »ens« stehe als daß er »ens« sei[46]. Wie wir hier spüren, haftet dem »ens« in seiner transzendentalen Bedeutung noch seine *nicht-transzendentale Herkunft* an, insofern es sogar in seiner Erweiterung auf die Subsistenz noch die vom zeitlichen Partizipierenden stammende Konkretion aufweist, die freilich in diesem Falle nicht mehr als eigentliche Kon-kretion zu verstehen ist. Streng-genommen ist daher von Gott zu sagen: »est esse«[47], nicht »est ens«, das heißt: er ist das Sein, nicht ein Seiendes, wie Heidegger von Gott spricht[48].

Infolgedessen liegt keine unüberwindliche Schwierigkeit vor; vielmehr verweist die weitere Sinngebung des »ens« auf seine ursprüngliche engere Sinngebung zurück, womit in seiner über-zeitlichen Gestalt eine anfänglich *zeitliche Prägung* nachklingt und diese von jener nicht ausgeschlossen, sondern einschlußweise mitvollzogen wird. Umgekehrt enthält die der zeitlichen Prä-gung eigene Kon-kretion bereits eine Andeutung der *überzeit-lichen Tiefe;* denn das Sein fällt als das partizipierte nicht mit dem Partizipierenden und so nicht mit seiner zeitlichen Prägung zusammen, sondern unterscheidet sich von dieser, wodurch die Vermutung naheliegt, es greife nach seinem innersten und eigen-sten Selbst über alle Zeitlichkeit hinaus. – Demnach stellt sich die *Zeit* als der Horizont dar, der uns zwar *zunächst* das Aufge-hen des Seins *vermittelt, zuletzt* aber kraft der Eigenart des aufgehenden Seins selbst notwendig über sich selbst hinaustreibt und den ihn gründenden Horizont der *Ewigkeit* eröffnet. Dem-entsprechend vollendet sich »Sein und Zeit« in »Sein und Ewig-keit«, wobei das Zweite immer schon im Ersten am Werke ist; so werden wir von Heidegger über Heidegger hinausgeführt.

Die zwei Grundrichtungen beim Aquinaten: Bevor wir diesen Weg weitergehen, ist noch kurz zu klären, ob und wie die bei-den Richtungen, die wir im Grundansatz von Heidegger finden, beim *Aquinaten* vorgezeichnet sind. Die eine Richtung, die uns *vom Menschen durch die Zeit zum Sein* geleitet, haben wir bereits skizziert. Der Mensch, der zunächst beim körperlich oder zeit-lich Seienden verweilt, durchdringt dieses immer schon auf das »ens« oder auf die zeitliche Gestalt des Seins hin, womit zugleich dessen überzeitliche Gestalt als letzter Hintergrund aufleuch-tet. Auf diesem durch das »ens« oder die Zeit vermittelten Gang vom Ding zum Sein verwachsen Objekt und Subjekt in einer immer tieferen Identität miteinander, weshalb die Bewegung der Verinnerlichung beide betrifft, freilich mit dem Unterschied, daß diese vom Subjekt aktiv ausgeht, während das Objekt pas-siv in sie hineingenommen mitgeht. Die andere Richtung, die *das Sein durch die Zeit zum Menschen* bringt, ist in der ersten als ihr ermöglichender Grund enthalten; denn der Mensch könnte nicht zum Sein aufsteigen oder es in der Zeit entwerfen, wenn es nicht zuvor zu ihm herabgestiegen wäre und sich ihm durch die Zeit zugeworfen hätte.

Daher begegnet er stets *dem mit ihm geeinten Sein;* erst und allein im Durchgang durch dieses oder im Fortgang vom »ens« zum Sein selbst und zum subsistierenden Sein gelangt er zu dem *ab-soluten* oder vom Menschen los-gelösten Sein, das der Ursprungsort der immer schon geschehenden Mitteilung ist. Beide Momente sind in ihrer unauflöslichen *Durchdringung* zu bedenken: das dem Menschen innewohnende Sein, ohne das ihn übersteigende Sein zu vergessen, was in Auseinandersetzung mit der von Heidegger nicht überschrittenen *Grenze* zu beachten ist; das den Menschen übersteigende Sein, ohne das ihm innewohnende Sein zu überspringen, was gegen die *voreilige Transzendenz* eines einseitigen Thomismus durchzustehen ist. Die Angel, um die sich dabei alles dreht, ist die *Zeitigung des Seins,* die in der Sicht des Aquinaten um so mehr zu betonen ist, weil sich das Sein in jener nicht erschöpft oder die Zeit aus der Ewigkeit lebt, was zur Verflüchtigung der Zeit führen kann und geführt hat.

Erster Teil
Vom Menschen
durch die Zeit zum Sein

Heidegger

Nachdem wir die Grundlinien unseres Themas sowohl bei Heidegger als auch bei Thomas gezogen haben, gilt es nunmehr, das so gewonnene Bild durch weitere Züge zu verdeutlichen.

Sorge-Angst-Nichts: Bei Heidegger ansetzend haben wir uns vor allem der »Sorge« zuzuwenden, in der und als die sich das Strukturganze des Daseins auseinanderlegt; denn in der *Sorge* enthüllen sich die Zeitlichkeit und die *Zeitigung* des Daseins, und zwar vermöge der Grundbefindlichkeit der *Angst.* Dabei ist die Sorge »rein ontologisch-existenzial«[49] oder als *Grundverfassung* des Dasein zu verstehen, in der ontische Gegebenheiten »wie Besorgnis bzw. Sorglosigkeit« wurzeln[50]. Die Ganzheit des Daseins tritt in der Sorge insofern zutage, als letztere die drei *Dimensionen der Zeit* in sich vereinigt und so den ekstatischen Charakter des Daseins zum Vorschein bringt. Zunächst liegt in der Sorge »das Sich-vorweg-sein«[51], weil sich das Dasein im »Verstehen ... zum eigensten Seinkönnen« entwirft[52], was dem auf dasselbe Zukommenden oder der *Zukunft* entspricht. Darin ist wesentlich eingeschlossen das »Schon-sein-in«[53], weil das Dasein vermöge seiner durch die Geworfenheit gegebenen »Faktizität« in einer Welt steht oder das »Worum-willen« des »Verweisungsganzen« seiner Welt bildet[54], was Gewesenheit oder *Vergangenheit* besagt. Damit verbindet sich das »Sein-bei«, nämlich bei »innerweltlich begegnendem Seiendem«, weil das Dasein »immer schon in der besorgten Welt aufgegangen« ist oder im Verfallen vor der »Unheimlichkeit« oder »Unvertrautheit« seiner selbst flieht, was der *Gegenwart* gleichkommt[55].

»Das Phänomen der Sorge in seiner wesenhaft unzerreißbaren Ganzheit«[56] wird von der *Angst* umgriffen, die alle seine Dimensionen betrifft und durch die das Dasein »vor es selbst gebracht« wird[57]. »Die Herausarbeitung dieser Grundbefindlichkeit und die ontologische Charakteristik des in ihr Erschlossenen als solchen nimmt den Ausgang von dem Phänomen des *Verfallens*«[58]. Dieses zeigt als das Sein-bei das Dasein auf der Flucht vor ihm selbst und seiner Eigentlichkeit[59], mit der seine Verlorenheit an das innerweltlich Seiende gegeben ist. Die Angst aber, deren Wovor »völlig unbestimmt« bleibt[60] und sich daher als »das Nichts«, näherhin als das »Nichts von Zuhandenem« erweist, macht die »Unbedeutsamkeit des Innerweltlichen« offenbar oder deckt auf, daß dieses »völlig belanglos ist«[61], was dem *Nichts der Gegenwart* gleichkommt. Indem nun das innerweltlich Seiende »versinkt« und »nichts mehr zu bieten vermag«, benimmt die Angst dem Dasein die Möglichkeit, sich »verfallend« daraus zu verstehen[62]. Damit wirft sie das Dasein auf »sein eigentliches In-der-Welt-sein-können« zurück, wovor und worum sich die Angst zuinnerst ängstet[63]. Weil Sein-können dasselbe wie »Möglichsein« besagt, wird das Dasein mit seinem Sich-vorweg-sein konfrontiert[64].
Hierbei hat das Dasein die »Unheimlichkeit« zu bestehen, die aus dem Versinken des innerweltlich Seienden oder aus dem »Nichts und Nirgends« entspringt, indem »die alltägliche Vertrautheit«, »die ruhige Selbstsicherheit, das selbstverständliche ›Zuhause-sein‹ . . . in sich zusammenbricht«[65]. Der so gegebene »existenziale ›Modus‹ des *Un-zuhause*« erreicht darin seine äußerste Schärfe, daß das Dasein seinem In-der-Welt-sein hierdurch »als vereinzeltes in der Vereinzelung« überantwortet ist[66]. Von hier aus stellt sich »die verfallende Flucht« als »Flucht vor dem Unzuhause« in das alltägliche Besorgen und die Verlorenheit des Man dar[67]. Das vereinzelte Unzuhause setzt das Dasein dem *Nichts der Zukunft* aus, weil unter all den entworfenen Möglichkeiten nur eine sicher verwirklicht wird, nämlich das Sein-zum-Tode. Dieses aber wird von der Angst offengehalten, in der »sich das Dasein vor dem Nichts der möglichen Unmöglichkeit seiner Existenz« befindet[68].
In dem Nichts der Gegenwart und dem der Zukunft ist immer schon das *Nichts der Vergangenheit* am Werke, insofern das

Dasein sich »als geworfenes«[69] ergreift. Die Geworfenheit aber meint das »nackte ›Daß es ist und zu sein hat‹«, wobei »das Woher und Wohin im Dunkel bleiben«[70]; das Wort »soll die Faktizität der Überantwortung andeuten«, die den »Lastcharakter des Daseins« einschließt[71]. Diese Befindlichkeit wird vom Menschen »zunächst und zumeist in der Weise der ausweichenden Abkehr« aufgenommen[72], durch die das Schon-sein-in in die Uneigentlichkeit abgleitet. Darüber führt die Angst hinaus, die den Menschen dem Nichts seiner Herkunft ausliefert, da ja das *Werfende ausbleibt;* sie enthüllt die »Rätselhaftigkeit« des Daseins als »des geworfenen Entwurfs«[73], die voll auszuschreiten ist, um der Lösung des Rätsels näherzukommen.

Nichts und Ganzheit des Daseins: Nach allem bringt die Angst das Dasein nach seiner *Ganzheit* vor es selbst, indem sie dasselbe der Verlorenheit an dieses oder jenes Seiende entreißt und auf dessen eigenstes Sein-können zurücknimmt. Damit nämlich tritt die Ganzheit hervor, weil sich in der Sorge die drei Dimensionen der Zeit zum Ganzen runden und vor allem der Tod das unüberholbare Ganz-werden setzt. Als den Grund solcher Ganzheit enthüllt die Angst in all den besprochenen Hinsichten *das Nichts.* Infolgedessen ist für das Dasein kennzeichnend »die Hineingehaltenheit in das Nichts auf dem Grunde der verborgenen Angst«, die »den Menschen zum Platzhalter des Nichts macht«[74]. Darin geschieht »die *Transzendenz*« oder »das Übersteigen des Seienden im Ganzen«[75], offenbar auf das Nichts hin, weshalb erst im Nichts das Seiende im Ganzen zu sich selbst kommt; hiermit im Zusammenhang formuliert Heidegger: »Ex nihilo omne ens qua ens fit«[76]. Das hier gemeinte *Nichts* hebt sich vom Seienden ab, schließt aber nicht das *Sein* aus, sondern gehört mit diesem zusammen, »weil das Sein selbst im Wesen endlich ist und sich nur in der Transzendenz des in das Nichts hinausgehaltenen Daseins offenbart«[77]. Damit übereinstimmend heißt es, die existenziale Analytik der Sorge bereite durch das Hinführen zum Nichts »die Frage nach dem Sinn von Sein überhaupt« vor[78].

Das Dasein ist durch das Vollziehen des Ganzen der Zeit mit dem in der Angst eröffneten Nichts vermittelt. Daß dieses mit dem Sein zusammenfällt, ist gegen alle nihilistischen Fehldeutungen genauer herauszustellen. Dafür maßgebend ist die Aussage: »Das Nichts als das Andere zum Seienden ist der Schleier des Seins«[79]. Demnach begegnet uns *das Nichts* als *das verschleierte Sein* und das Sein als das entschleierte Nichts. Was uns deshalb »das Nichts in der wesenhaften Angst zuschickt«, ist das »abgründige, aber noch unentfaltete Wesen« des Seins[80]. Die hier aufscheinende Bindung des Seins an das Nichts hat ihren Grund darin, »daß das Sein nie west ohne das Seiende«[81] und damit nur von diesem her zugänglich ist. Folglich »entschleiert sich das Sein als das von allem Seienden Sichunterscheidende«; »dies schlechthin Andere zu allem Seienden ist das *Nicht-Seiende*«; »aber dieses Nichts west als das Sein«[82]. Letztlich also ist das Dasein durch die Zeit mit dem Sein vermittelt, das kraft der *Zeit* an das *Seiende* und damit in das *Nichts* gebunden auftritt und deshalb von der Zeit ebenso ent-borgen wie ver-borgen wird.

Thomas von Aquin

Die erste Richtung, die vom Menschen durch die Zeit zum Sein führt und die wir hinreichend bei Heidegger verdeutlicht haben, ist im folgenden bei Thomas von Aquin herauszuarbeiten, soweit sich in seinen Schriften Ansätze dazu finden. Einen geeigneten Ausgangspunkt bildet die Textreihe, nach der das Erkennen und damit alles Verhalten des Menschen bei den sinnlich erfaßbaren und deshalb *welthaften Seienden*, seien es Dinge oder Mitmenschen, beginnt. Da solches Verhalten nur so weit zu gelangen vermag, wie es durch dieses Seiende geleitet werden kann, öffnet sich der für den Menschen bestimmte Weg nicht an der Welt vorbei, sondern einzig durch die Welt hindurch. Infolgedessen heißt Mensch-sein ähnlich wie bei Heidegger *In-der-Welt-sein*, wobei die Welt erstlich den Bereich meint, der und wie er vom Menschen angeeignet und in seinem Entwurf geprägt ist, letztlich aber die Welt anzielt, wie sie vorgängig zu jener Aneignung und jenem Entwurf an sich ist.

Dementsprechend vollzieht sich das Heranreifen des Menschen zur Fülle dessen, was und wer er ist, als wachsendes *Ausschöpfen* des In-der-Welt-seins, das nicht so sehr extensiv in die Weite als vielmehr intensiv in die *Tiefe* zu verfolgen ist. Auf diesem Gang sind stets der Mensch und die Welt in ihrer untrennbaren *Durchdringung* zu beachten, weshalb jede Stufe beide zugleich betrifft oder sich auf jeder Stufe beide zugleich befinden. Auch kommt auf jeder Stufe der *ganze Mensch* ins Spiel, nicht etwa seine Sinnlichkeit allein, die genaugenommen in der äußerlichsten Weise der Hinwendung des ganzen Menschen zur Welt besteht. Die eben erwähnten Stufen bringen ein fortschreitendes *Entfalten der Zeit* mit sich, die allmählich nach all ihren Dimensionen oder nach ihrer Ganzheit durchlaufen wird und damit das Ganze sowohl der Welt als auch des Menschen zum Vorschein bringt, was wiederum intensiv und dann erst auch extensiv gemeint ist. — Indem wir diese Stufen mitgehen, erfahren wir, wie sich Welt als Welt und Mensch als Mensch für uns konstituieren. Dabei nennen wir die Welt vor dem Menschen, weil es in dem angedeuteten Gange liegt, daß der Mensch zunächst in die Welt hinaus- und dann erst auf sich selbst zurück-blickt.

1. Abschnitt
Der ganze Mensch in der Sinnlichkeit

Einzelsinne und Gemeinsinn – *Gegenwart:* Der Mensch hält sich der Welt in den sogenannten *äußeren,* nach außen gewendeten oder der Welt zugewendeten *Sinnen* entgegen. Deren Tätigkeit hängt ganz davon ab, daß sie hier und jetzt Eindrücke aus der Welt empfangen, weshalb sie auf die *Gegenwart* beschränkt sind oder allein »ad praesentiam sensibilis« wirken[83]. Außerdem ist jeder dieser Sinne auf den ihm je eigenen Bereich eingestellt, dessen Grenzen er nicht zu überschreiten vermag; das »sensibile proprium« kennzeichnet sie, woraus sich der Name »sensus proprii« ergibt[84]. Wegen ihres eingeengten Feldes ist bei ihnen die Kraft des sinnlichen Erfassens (virtus sensitiva) in mehrere *Teilgebiete* zerlegt[85], wodurch sie selbst als »inferiores potentiae« erscheinen[86]. Näherhin sind die Teilgebiete nicht verschiedene Gegenstände, sondern verschiedene Seiten am selben Gegenstand, wie Farbe, Ton usw. Infolgedessen wird in den Eigen-sinnen jeder Gegenstand in ebenso viele *Teil-Gegenstände* aufgelöst, etwa in ein Farbiges, ein Tönendes, ein Hartes usw. – Hier kommt eine erste *Einigung* des Menschen mit der Welt zustande; dabei geht er in die Welt, wie sie sich auf dieser Stufe zeigen kann, ein, weshalb er den Schranken der Gegenwart und der Teil-Gegenstände unterliegt, und das um so mehr, als er noch nicht eigentliche Gegen-stände vor sich hat oder sich noch nicht von ihnen absetzt.

In den Teil-Gegenständen kündigt sich der *Gesamt-Gegenstand* an, womit sich der Mensch von den äußeren zu den *inneren Sinnen* fortbewegt, deren Aufgabe es ist, das von den äußeren Sinnen Empfangene tiefer zu durchdringen und weiter zu verarbeiten. Als erstes dieser Vermögen bietet sich der *Gemeinsinn* (sensus communis) dar, der die gemeinsame Wurzel und der Ursprung der äußeren Sinne ist[87] oder von dem die Kraft des sinnlichen Erfassens, die ihm ungeteilt zukommt, in jene zerteilt überströmt[88]; daher partizipiert jeder der Eigensinne etwas von der Kraft des Gemeinsinnes[89]. Ihm zugeordnet sind die »sensibilia communia«, die so heißen, weil sie die Eigen- oder Einzel-Sinne sowie die ihnen entsprechenden Gehalte durchziehen[90]; es gibt keine Farbe oder Härte ohne *Ausdeh-*

nung, ebenso keinen Ton ohne eine Richtung, aus der er kommt. Wie diese Beispiele zeigen, gehen sämtliche sensibilia communia auf die »quantitas« zurück[91], die wir im Anklang an Kant als *Raum* bezeichnen. Die räumlichen Bestimmungen werden von den Einzelsinnen nur sekundär oder wegen des ihnen eigenen Gehaltes und darum auch in dessen Grenzen mit-erfaßt, während sie der Gemeinsinn primär oder um ihrer selbst willen und darum in ihrem vollen Umfang direkt-erfaßt[92]. Damit greift dieser auf *alles Räumliche* überhaupt aus, weshalb er, verglichen mit den Einzelsinnen, die »superior potentia« ist[93], zu welcher deren Eigengehalte gelangen und die sie alle umspannt[94]. Die so umschriebene Eigenart des Gemeinsinns befähigt diesen, aus den Teil-Gegenständen den Gesamt-Gegenstand als ein *räumlich Geeintes* aufzubauen, ebenso die Vielheit der Gegenstände voneinander zu unterscheiden und miteinander in Beziehung zu setzen und damit eine *räumliche Welt* zu entwerfen. Das alles geschieht, insoweit es die hier und jetzt ankommenden Eindrücke gestatten, und greift daher in zeitlicher Hinsicht nicht über die *Gegenwart* hinaus. – Hier wird die *Einigung* des Menschen mit der Welt schon tiefer und *umfassender;* er geht in seine bisher entworfene Welt ein und unterliegt ihren Schranken, ja er verschmilzt sozusagen mit ihr, weil er sich noch nicht von ihr als seinem Gegen-stand absetzt und auch noch nicht Abstand von der Gegenwart gewinnt.

Phantasie und Gedächtnis – Vergangenheit: Über diese hinaus führt die Beobachtung, daß jede Gegenwart immer schon eine wenigstens geringe zeitliche Erstreckung einschließt, weshalb die sensibilia communia nicht nur den Raum, wie es bei Thomas nach dem oben Gesagten zunächst den Anschein hat, sondern auch die *Zeit* umspannen. Der Sache nach ist beim Aquinaten von der Zeit die Rede, wenn er sagt, daß neben dem Anwesenden auch das *Abwesende* erfaßt wird, das wir in der *Phantasie* und im *sinnlichen Gedächtnis* festhalten und aufbewahren[95]. Die Phantasie ist wie ein Schatz, in den wir alles früher Erfaßte oder Vergangene (praeterita) sammeln[96] und aus dem wir schöpfen können, wann und wie wir wollen[97]. Näherhin gibt die Phantasie oder die Imagination den Gehalt wider, *der* vergangen ist, während das Gedächtnis den Gehalt mit dem *Index* des Vergangenen vorstellt (ohne freilich das Vergangene als solches zu begreifen)[98]. In diesem Zusammenhang klingt bei Thomas die heutige Unterscheidung von Wahrnehmung und Vorstellung an, insofern die äußeren Sinne und der Gemeinsinn auf das, was *ist*, die Phantasie hingegen auf das, was *erscheint*, bezogen sind[99]; daher kann das von der Phantasie Vorgestellte falsch sein, während die Wahrnehmung immer wahr oder nur in geringem Maße der Falschheit ausgesetzt ist[100]. Auch das *Schöpferische* an der Phantasie zeichnet sich ab, weil wir etwas uns Erscheinendes zu bilden (apparens formare) imstande sind, das wir nicht wahrgenommen haben[101].

Nach allem erweitern Phantasie und sinnliches Gedächtnis die Zeiterfahrung, indem sie die Dimension der Gegenwart mit derjenigen der *Vergangenheit* vereinigen. Gewiß haben die äußeren Sinne und der Gemeinsinn die Zeit schon sekundär oder um des ihnen eigenen Gehaltes willen und darum nur in dessen Grenzen mit-erfaßt; das wird besonders am Hören des Tones deutlich, zeigt sich aber auch am Wahrnehmen des Farbigen oder Harten, das ein wenigstens kurzes Dauern der Eindrücke verlangt. Doch erst die Phantasie und das Gedächtnis vermögen die Zeit primär oder um ihrer selbst willen und darum in ihrem vollen Umfang direkt-zu-erfassen, freilich allein nach der Dimension der Vergangenheit. Damit greifen sie auf das *Vergangene überhaupt* aus und ergänzen so das gegenwärtig durch das früher Wahrgenommene, was dem Erfassen der Gegenstände nach ihrer Einheit in der Zeit oder als einem nicht nur räumlich, sondern auch *zeitlich Geeinten* gleichkommt. Indem zugleich die Gegenstände in ihrer Abfolge voneinander unterschieden und aufeinander bezogen werden, entwerfen wir die *zeitliche Welt*. – Hierdurch gewinnt die Welt zu der Weite des Raumes noch die Tiefe der Zeit; dem entspricht die *Einigung* des Menschen mit der Welt, der offensichtlich *umfassender* als auf den vorausgehenden Stufen mit ihr eins ist. Wiederum bringt es diese Einigung mit sich, daß er den *Schranken* der bisher entworfenen Welt unterliegt, womit er zwar die Gegenwart überschreitet, zugleich aber sein Bewußtsein allein nach der Vergangenheit hin erweitert. Davon kann er sich um so weniger befreien, als er auch auf dieser Stufe die Welt noch nicht als Gegen-stand von sich absetzt und vorerst noch in Gegenwart-Vergangenheit eingeschlossen bleibt.

Schätzungskraft bzw. Einigungskraft: Ein Ansatzpunkt für das weitere Voranschreiten liegt in der schöpferischen Phantasie, insofern sie *Neues* entwirft, nicht lediglich Gewesenes wiedergibt. Die Überlegungen des Aquinaten gehen davon aus, daß die sinnlich erfaßten Gehalte das Tier oder den Menschen affektiv bewegen und in ihm Regungen wie Freude, Trauer, Abscheu erzeugen[102]. Doch finden sich unter diesen Regungen solche, die sich nicht aus der anziehenden oder abstoßenden Eigenart jener Gehalte erklären, sondern durch die *Eigenart* des betreffenden *Tieres* bedingt sind, indem sie ihm das anzeigen, was für sein Leben nützlich bzw. schädlich ist, und ihm dadurch ermöglichen, sein Leben zu erhalten und zu entfalten; so sucht der Vogel das Material für den Nestbau, so flieht das Schaf vor dem Wolf als dem Feind[103], so spürt es die ihm bekömmlichen Kräuter auf, liebt und ernährt mit Milch sein Junges[104]. Alles derartige Abschätzen geschieht durch die *Schätzungskraft* (vis aestimativa), die aus ihrer eigenen Tiefe zu den empfangenen Gehalten jene *Deutungen* hinzufügt, die für das Leben des Tieres ausschlaggebend sind[105]. Dabei ist eine Ausrichtung auf *Ziele* am Werke, etwa auf den Nestbau oder auf die Erhaltung der Art, worin so etwas wie ein planendes Vorausschauen in die *Zukunft* liegt[106]. Das geschieht aber bei den Tieren nicht aus Einsicht, sondern aus einem naturhaften *Instinkt*[107]; vorgestellt werden die gegenwärtigen Tätigkeiten, die von Natur aus auf die betreffenden Ziele hingeordnet sind, nicht hingegen das Künftige selbst[108]. Ebenso erfaßt die Schätzungskraft alles einzig nach seiner *Bezogenheit* auf das Tun oder Erleiden des Tieres, also nur das Futter, nicht das Kraut, also nur das mit Milch zu Nährende, nicht das Lamm[109]; daher bleibt ihr verborgen, was keine solche Bezogenheit aufweist und was die Dinge nach ihrer inneren Eigenart sind[110].

Unsere Darlegungen sind bei der *höchsten Stufe* des sinnlichen Erfassens angelangt[111], die aber im Menschen eine besondere »eminentia« oder eine vollendetere Ausprägung als im Tier erreicht und »vis cogitativa« heißt[112]. Dieser Ausdruck ist nicht mit Denk-Kraft, sondern besser mit *Einigungs-Kraft* widerzugeben, da »cogitare« etymologisch auf »co-agitare« zurückgeführt wird, was »zusammen-bewegen« und damit eben »einigen« besagt. Sie ragt dadurch über das entsprechende Vermögen des Tieres hinaus, daß ihr eine einzigartige *Nähe zum geistigen Erkennen* eignet; deshalb kommt es zu einer »refluentia« vom geistigen auf den sinnlichen Bereich, womit letzterer etwas von der Eigenart des ersteren *partizipiert* und so eine gewisse Verwandtschaft mit ihm gewinnt[113]. Da nach einem neuplatonischen Grundsatz die untere Stufe mit ihrem Höchsten zu dem ersten Anfang der oberen Stufe, wenn auch unvollkommen, hinreicht[114], bildet die Einigungskraft die *Grenzscheide* als das Oberste des sinnlichen und das Unterste des geistigen Bereiches[115].

Infolge ihrer Eigenart erfaßt sie die Dinge nicht nur nach ihrer Bedeutsamkeit für menschliches Tun und Erleiden, sondern vor allem nach ihrer eigenen *inneren Bedeutung*, indem sie dieses Farbige als diesen Menschen, dieses Tier, dieses Holz vorstellt und so anschauliche Bilder von in sich stehenden *Dingen* formt[116]. Damit wird das bisher lediglich raum-zeitlich Geeinte zur Ding-Gestalt, die von der ihr eigenen *Wesenheit* her geeint ist[117] und vermöge dieses ihres inneren Einheitsprinzips erst wahrhaft Einheit innehat; das Vermögen, das solches leistet, heißt mit Recht Einigungskraft.

Wie man leicht sieht, beginnt sich hier von der auf das Tier bezogenen Um-Welt die dem Menschen gegenüber-stehende oder erst eigentlich *gegen-ständliche Welt* abzuheben; das ist mit dem beginnenden Sich-Absetzen des Menschen von der Welt gleichbedeutend. Da aber das Gegenübertreten von Mensch und Welt über erste Anfänge nicht hinauskommt, bleibt der Mensch in die Einigung mit der Welt hineingenommen, und zwar in eine *umfassendere Einigung* als auf den vorausgehenden Stufen, weil in der Weite des Raumes und in der Tiefe der Zeit das Innere der Wesenheit wirksam wird. Hieraus ergibt sich für die Einigungskraft der Name »*ratio particularis*«, der die »substantia particularis« zugeordnet ist[118]; denn sie nimmt durch die bildhaft vereinzelte Wesenheit an der allgemeinen Wesenheit oder Substanz teil, die nur von der »ratio universalis« erreicht wird. Zugleich kommt der Mensch, gerade weil die ratio lediglich »particularis« ist, nicht über die Grenzen der bisher entworfenen Welt oder der anschaulichen Dinggestalten hinaus, in denen die Wesenheit (und in ihr das Sein) zwar verborgen am Werke ist, jedoch nicht als solche hervortritt.

Zukunft – Zeitigung: Fragen wir weiter, wie es hier mit der *Zukunft* steht, die von der Schätzungskraft in einem ersten Ansatz berührt wurde; dazu finden sich bei Thomas keine ausdrücklichen Äußerungen, weshalb wir auf ein Weiterführen des von ihm Gesagten angewiesen sind. Hierbei hilft die Unterscheidung, nach der die Schätzungskraft vermöge eines naturgegebenen Instinkts wirkt, die Einigungskraft hingegen vermöge einer gewissen »collatio« oder eines ihrer Eigenart entsprechenden *Abwägens*, durch das sie die ihr eigenen Gehalte, also die anschaulichen Dinggestalten »adinvenit«, wörtlich »dazu-findet«[119]. Sicher meint der Aquinate ähnlich wie bei der Schätzungskraft einen auf seine unvollkommene Weise *schöpferischen* Vorgang, der zu dem raum-zeitlich Geeinten das hinzufügt, was die vorausgehenden Stufen nicht zu erfassen vermochten und was sich allein kraft des aufschließenden Einsatzes der »cogitativa« zeigt[120]. Von hier aus erklärt sich der Name »cogitativa« im Sinne von »collativa«, die durch Zusammen-bewegen im Sinne des abwägenden Zusammen-haltens der von den vorausgehenden Sinnen empfangenen Gehalte die ihr eigenen Dinggestalten herausformt[121]. In dieselbe Richtung weist die Bezeichnung »ratio particularis«, die darin mit der »ratio intellectiva« oder »universalis« übereinkommt, daß sie durch ein gewisses Abwägen der partikulären oder vereinzelten Gehalte an dem voll ausgebildeten Abwägen der allgemeinen Gehalte teilnimmt[122]. – Jetzt tritt deutlicher der Sinn der oben erwähnten »refluentia«, des *Zurückfließens* sowie dessen Zusammenhang mit der *Zukunft* hervor; es ermöglicht das herauslesende Konstituieren von Dinggestalten, deren Ziel es ist, daß aus ihnen künftig die »ratio intellectiva« (intus-lectiva) *die Wesenheiten und das Sein* entnimmt. Weil aber der Mensch aus der damit umschriebenen Tiefe lebt, ist die Tätigkeit der Einigungskraft auf die Zukunft des eigentlich *menschlichen Lebens* ausgerichtet und so in ihr die Zukunft als die sie kennzeichnende Dimension der Zeit eröffnet.

Herauszuarbeiten bleibt noch, *wie* die Zukunft in der Einigungskraft im Unterschied zur Schätzungskraft eröffnet ist; wiederum sind wir auf das Auswerten von anderweitigen Hinweisen angewiesen, nämlich auf jene, die das *Gedächtnis* betreffen. Dem Menschen kommt nicht nur Gedächtnis (memoria), wie es sich bei den Tieren findet, sondern auch Wiedererinnerung (reminiscentia) zu; das erstere befähigt lediglich zum *plötzlichen Auftauchen* des Gewesenen, während letztere sozusagen syllogistisch, also mit einem Vorangehen, das der Schlußfolgerung ähnelt, *nach dem Vergangenen sucht,* wobei es sich nicht um einen eigentlichen Syllogismus handelt, weil nur Einzel-Gehalte ins Spiel kommen[123]. Im Rückblick auf das vorhin Dargelegte gehen wir nicht fehl, wenn wir im Gedächtnis den naturgegebenen Instinkt am Werke sehen, in der Wiedererinnerung aber jenes Abwägen, das die »cogitativa« auszeichnet. – Wenden wir diese Andeutungen auf das Eröffnen der Zukunft an, so ergibt sich ein gewisses, dem Abwägen entsprechendes *Thematisieren des Zukünftigen,* das daher nicht lediglich in den Dinggestalten eingeschlossen bleibt, sondern an ihnen hervortritt. Genauerhin darf man sagen, das Zukünftige mache sich insofern beim Formen der Dinggestalten bemerkbar, als das Abwägen beim Abtasten der von den vorausgehenden Sinnen gelieferten Gehalte jene herausspürt und zusammenfügt, die ein möglichst *geeignetes Substrat* für die Tätigkeit der »ratio universalis« darbieten, von der auch die Weise des Zusammenfügens bestimmt ist.

Damit kommt die *Zeiterfahrung* zu einem *gewissen Abschluß,* indem zu den beiden anderen Dimensionen der Gegenwart und der Vergangenheit diejenige der Zukunft hinzutritt. Und wie die Gegenwart immer schon Vergangenheit einschließt, so *enthalten* beide immer schon Zukunft, weil sie durch das Kommende oder auf sie Zu-kommende, nämlich durch das geistige Leben, in ihrer Eigenart geprägt sind und bei ihrer Entfaltung ständig geprägt werden. Doch wird die Zukunft auf den vorausgehenden Stufen nur *sekundär* oder um deren eigener Gehalte willen und darum in deren Grenzen mit-vollzogen, während sie erst in der Einigungskraft *primär* oder um ihrer selbst willen und darum nach ihrem vollen Umfang vollzogen wird. Nach allem legt sich das sinnliche Erfassen wesentlich in den drei entwickelten Stufen und damit in Gegenwart, Vergangenheit und Zukunft aus, weshalb es notwendig als *Zeitigen* geschieht oder allein als Zeitigen seine Vollendung erreicht. Sein *Horizont ist die Zeit,* die es nicht hinter sich zu lassen vermag, wodurch auch alle seine Gehalte die zeitliche Prägung aufweisen. Das sinnliche

Erfassen ist *der Mensch selbst auf einer bestimmten Stufe* seiner Entfaltung, womit er sich im Horizont der Zeit bewegt und das Zeitigen für seine Eigenart kennzeichnend ist. Dazu gehört, daß er sich von den anschaulichen Gestalten der Dinge her oder in seiner Bezogenheit auf die Erscheinungen der Dinge versteht, was wohl den Positivismus als einen Niederschlag des auf dieser Stufe fixierten Menschen erklärbar macht. Freilich ist hier die Zeiterfahrung noch nicht in ihre letzte Tiefe und Fülle hineingereift; wir befinden uns in einer schwer zu beschreibenden *Zwischenphase*, deshalb schwer zu beschreiben oder in ihrer Eigenart freizulegen, weil sie immer schon in weitere Zusammenhänge eingegangen und von diesen durchleuchtet ist. Vorgreifend sprechen wir die Vermutung aus, das Zeitigen werde erst aus dem Sich-zeitigen verständlich.

Aufstieg und Abstieg: Bisher haben wir die Stufen des sinnlichen Erfassens so betrachtet, wie sie auf einem Gang wachsender Verinnerlichung durchlaufen werden. Darin geschieht ein *Aufstieg* vom Niederen zum Höheren, wobei wir nach dem Maßstab des Aquinaten urteilen, gemäß dem ein Vermögen um so höher ist, je weiter es ausgreift[124]. Hieraus ergibt sich eine Abfolge: die den äußeren Sinnen und dem Gemeinsinn eigene Gegenwart wird durch die Vergangenheit der Phantasie und des sinnlichen Gedächtnisses sowie durch die Zukunft der Einigungskraft zum Ganzen der Zeit vollendet. Dabei *umfassen* die höheren Vermögen kraft des ihnen eigenen Gehaltes indirekt auch die Gehalte der niederen Vermögen, weil sie sonst die ihnen zukommende Leistung nicht vollbringen könnten. Folglich muß der Gemeinsinn die Gehalte der Einzelsinne vor sich haben, um sie im Raume einigen zu können; dasselbe gilt von der Phantasie, die ihre Einigung in der Zeit nur dann zu vollziehen vermag, wenn sie mit ihren eigenen Gehalten das von den Einzelsinnen und dem Gemeinsinn vorbereitete räumlich Geeinte zusammenschaut; ähnliches ist von der Einigungskraft zu sagen, die jene anschaulichen Dinggestalten, die ihr zugeordnet sind, allein dadurch zu formen imstande ist, daß ihr das räumlich-zeitlich Geeinte der vorausgehenden Stufen zur Verfügung steht. Demnach wird die *Gegenwart* in die *Vergangenheit integriert* und beide in die *Zukunft*, weshalb einzig durch das

Eingehen der niederen Gehalte in die höheren das Ganze der Zeit zustande kommt. Anders ausgedrückt, durchdringen sich die vielen Gehalte samt den ihnen entsprechenden Vermögen in dem *einen Menschen;* demgemäß wirken nicht sie selbst, sondern der eine Mensch entfaltet durch sie oder mittels ihrer sein viel-einheitliches Wirken, womit genau das in ihren drei Dimensionen geschehende Vollziehen der einen Zeit zusammenstimmt. Zeit ist eine eindeutig menschliche Gegebenheit, was sich im folgenden noch klarer zeigen wird, sobald sich die bisher erst anfängliche Zeiterfahrung im Leben des Geistes voll ausgelegt hat.

Tiefer geschaut, liegt dem Aufstieg vom Niederen zum Höheren der *Abstieg* vom Höheren zum Niederen zugrunde; das faßt der Aquinate in den programmatischen Satz, nach dem vermöge der inneren Wesensordnung das *Vollkommene dem Unvollkommenen vorausgeht,* obwohl in der Abfolge des tatsächlichen Vollzugs das Unvollkommene früher als das Vollkommene hervortritt[125]. Noch schärfer zugespitzt heißt es, daß nach der Wesensordnung das Unvollkommene aus dem Vollkommenen hervorgehe wie aus seinem Ursprung[126]. Das wendet Thomas auf das sinnliche Erfassen an, das nach ihm am geistigen Erkennen teilnimmt, freilich wesentlich dahinter zurückbleibend, und zugleich ganz auf dieses ausgerichtet ist oder um seinetwillen sich entfaltet[127], weshalb diesem auch ein leitender und bestimmender *Einfluß* auf jenes zukommt[128] oder jenes von diesem abhängt[129].

Wie also seinem wesensgemäßen Ursprung nach das Sinnliche vom Geistigen ist[130], so haben wir nach dem eben erläuterten Grundsatz anzunehmen, daß die *niederen* Stufen des *Sinnlichen* ebenfalls von den *höheren* sind oder aus diesen *entspringen,* freilich wiederum sie nicht ausschöpfend. In dieser Hinsicht hebt Thomas, wie oben gesagt, ausdrücklich das Entspringen der äußeren Sinne aus dem Gemeinsinn hervor, wobei jenen jeweils ein Anteil an der Kraft des Erfassens zukommt, die dieser ungeteilt in sich enthält[131]. Indem wir diesen Ansatz zu Ende denken, gelangen wir zu der Schätzungskraft des Tieres bzw. zu der Einigungskraft des Menschen als jenem höchsten Vermögen, das sich in den niederen Vermögen auseinanderlegt, diese aus sich entläßt und sie zugleich in seinen Dienst nimmt. Danach stellt sich der Stufenbau der sinnlichen Vermögen genau als die sich *voll entfaltende* Schätzungs- bzw. *Einigungkraft* dar, woraus sich das Zusammenspiel dieser Vermögen sowie ihr gegenseitiges Sich-durchdringen erklärt. Folglich *zielt* alles auf das Konstituieren der lebenswichtigen Vorstellungen beim Tier (Futter, Feind usw.) bzw. der anschaulichen Dinggestalten beim Menschen hin, worauf die anderen Vollzüge vorbereiten und ausgerichtet sind oder wozu sie ihren Beitrag liefern. Daher weisen auch die niederen Stufen beim Tier bzw. beim Menschen sowie bei den verschiedenen Tierarten trotz generischer Übereinkunft eine jeweils andere *spezifische Prägung* auf, weil sich in ihnen die Schätzungs- bzw. Einigungskraft auswirkt, die letztlich die jeweilige Wesensart widerspiegelt. Wie die tagtägliche Erfahrung lehrt, sind das Antlitz und besonders das Auge des Menschen von wesentlich anderem Bau und Ausdruck als die entsprechenden Partien beim Tier; im ersteren Fall spricht eine Tiefe uns an, die im letzteren Falle fehlt.

Zukunft als grundlegende Dimension: Bezüglich der Zeit ergibt sich aus dem Gesagten, daß die *Zukunft* zweifellos die *erste und grundlegende Dimension* ist, von der die beiden anderen ausgehen und bestimmt sind oder der die beiden anderen dienen. Von der Zukunft der eigenen Lebensbahn und der Artgruppe sind die Gegenwart und die Vergangenheit *des Tieres* geprägt oder ist festgelegt, was und wie etwas für dasselbe Gegenwart und Vergangenheit werden und als solche eine Rolle spielen kann. Infolgedessen nimmt es aus dem Gegenwärtigen und dem Vergangenen nur das auf und verarbeitet es nur das zu seinem eigenen Gegenwärtigen und Vergangenen, was sein Zukünftiges fordert und fördert, näherhin sein eigenes Wachsen und Dauern sowie das Erhalten seiner Art. Darin ist die dem jeweiligen Tier eigene *Wesensart* am Werke, die sich in den drei Dimensionen der Zeit auslegt, um sich zu dem in ihr angelegten Ganzen zu vollenden oder das in ihr *vorgezeichnete Ganz-werden* zu erreichen. Im Ausgriff auf das Ganze sind das Individuum und seine Artgruppe miteinander verkettet; weil sich nämlich das Ganze im Individuum nur *relativ* verwirklicht, treibt es unaufhörlich über dieses hinaus von einem Individuum zum andern ohne absehbares Ende, wobei sich das Ganze *nie absolut* verwirklichen kann und so die Zukunft von der Vergeblichkeit gezeichnet ist oder der Versuch des Ganzen, sich ganz zu verwirklichen, *scheitert.* Die Zukunft als die nie zum Abschluß kommende Reihe enthält auch das *Sterben* als Ver-enden des Tieres, dessen Ganzheit sich gerade dadurch als nur relative erweist, daß sie vom Ganzen seiner Wesenheit nicht bewahrt und in die weitere Zukunft mitgenommen, sondern wieder fallengelassen und ausgeschieden wird, womit sie der Verwesung verfällt oder nach einer kurzen Gegenwart in das Ge-wesene oder Vergangene abgleitet. Hier öffnet sich das *Nichts,* dem das Tier immer neu entgegenstürzt und von dem es sich nie zu befreien imstande ist; seine Zukunft ist das Nichts, das von dieser her auch seine Gegenwart und seine Vergangenheit bestimmt oder unter das Zeichen des Nichts stellt, weshalb sie immer schon das Nichts in sich tragen, bis es im Ver-enden offen ausbricht.

Was im Tier auf die Weise der Schätzungskraft und damit des Naturinstinktes zu finden ist, prägt sich im *Menschen* auf die Weise der *Einigungskraft* und damit des für diese kennzeichnenden *Abwägens* aus. Hieraus ergibt sich die neue Weise der *Zukunft,* bei der es nicht nur um das biologische, sondern um das gesamtmenschliche Leben geht, von dem das Formen der anschaulichen *Dinggestalten* einen ersten Anfang bildet. Von dieser Zukunft her empfangen die Gegenwart und die Vergangenheit ihre ausgesprochen menschliche Eigenart, indem in der Gegenwart das aufgenommen und aus der Vergangenheit das ergänzend beigefügt wird, was zu jenem Formen beiträgt. Dabei spielt das erwähnte Abwägen eine entscheidende Rolle, insofern ein gewisses Auswählen stattfindet, das im Lichte der zu konstituierenden Dinggestalten die Gegebenheiten der Gegenwart und der Vergangenheit sichtet und zugleich rückwirkend den Dinggestalten selbst ihre letzte Konkretisierung verleiht; das hier wesentliche Ineinandergreifen läßt sich kaum im einzelnen auseinanderlegen. Letztlich jedoch umfaßt die Zukunft nicht nur diese oder jene Gestalt, sei es von Dingen oder auch von Menschen; vielmehr umgreift sie immer schon das Ganze solcher Gestalten oder das *Ganze von Welt,* das fortschreitend auf sich selbst zukommt oder seinem Ganz-werden entgegenstrebt. Davon werden ständig Gegenwart und Vergangenheit erfaßt und wird das von ihnen gebotene Material ausgewählt und durchgeprägt, was keineswegs Verfälschen, sondern Erwecken und Lichten besagt. Mit der Welt ist aber der Mensch trotz und in dem beginnenen Gegenübertreten eins, weshalb die Zukunft als das Ganze der Welt das *Ganze des Menschen* anzielt oder das Ganze als das von der Eigenart dieser Stufe bestimmte Ineinander von Mensch und Welt umfaßt; daraufhin werden die Gegebenheiten von Gegenwart und Vergangenheit geprüft und verarbeitet. Darin ist die dem Menschen eigene Wesensart am Werke, die sich als Welt oder in den *Dimensionen der Zeit* auslegt, um zu ihrem Ganz-werden zu gelangen. Infolge des für den Menschen kennzeichnenden Abwägens beginnen sich diese Dimensionen *als sie selbst* abzuzeichnen, während sie beim Tier in dessen Tätigkeiten eingeschlossen bleiben.

Sorge–Angst–Nichts–Ganzwerden: Mit dem angedeuteten Hervortreten der Zeitdimensionen unter dem Primat der Zukunft nähern wir uns jener Struktur des In-der-Welt-seins, die bei Heidegger »Sorge« heißt und in der oder als die sich das Ganz-werden des Daseins vollzieht. Wie sich in der *Sorge* das Dasein als hineingehalten in das *Nichts* enthüllt, läßt sich von der Stufe der »cogitativa« her erläutern; insofern diese nämlich dem *sinnlichen* Bereich angehört, macht sie die Zeitdimensionen als *Gegebenheiten* zugänglich, ist sie aber nicht imstande, zu deren Gründen vorzustoßen. Daher wird in der Zukunft des einzelnen das Stürzen zum Tode hin, das Herausstürzen aus der Welt und das Hineinstürzen in das Nichts des In-der-Welt-Seins ohne ein Auffangendes erfahren; ebenso sehen wir in der Zukunft des Menschen überhaupt ein Schritt um Schritt weiterdrängendes Strömen vor uns, dessen einzelne Gestalten im Nichts des In-der-Welt-seins unaufhaltsam verschwinden und das als Ganzes nirgends oder in nichts einmündet, nichts als Ziel, kein Ziel, das Nichts vor sich hat. Daher zeigt sich in der Vergangenheit der Ursprung nicht, verläuft sich der Rückgang in sie hinein in nichts oder im Nichts. Daher bricht auch in der Gegenwart das Nichts auf, weil das Nichts ihrer Zu-kunft und das Nichts ihrer Her-kunft auch das Nichts ihrer An-kunft mit sich bringen, das nur so lange verschleiert werden kann, wie die Gegenwart aus dem Ganzen der Zeit herausgerissen und als ein scheinbar rein Positives verselbständigt wird. – Der Überwältigung durch das

in sämtlichen Dimensionen der Zeit oder der Sorge sich melden-
de *Nichts* entspricht die alles erschütternde *Angst*, der einer um
so mehr ausgeliefert ist, je entschiedener er die Stufe der »cogitativa« in sich ausprägt und je weniger er zugleich über sie
hinauslangt. In diesem Zusammenhang kommt es uns darauf
an, herauszustellen, daß den hier berührten Analysen Heideggers eine bestimmte *Stufe der Entwicklung* des Menschen zur
Fülle seiner selbst zugeordnet ist, nämlich die dem sinnlichen
Bereich nach seiner vollen Entfaltung eigene Zeiterfahrung,
durch die auch eine Begegnung mit dem Aquinaten ermöglicht
wird.

Noch bleibt ein Wort über das *Ganz-werden* des Daseins zu
sagen, das nach Heidegger als die Sorge auf dem Grunde des
von der Angst offengehaltenen Nichts geschieht. Wie wir sahen,
scheitert das Ganz-werden beim Tier; die Frage drängt sich auf,
ob es beim Menschen *gelingt*, ob es überhaupt gelingen kann, solange es im Horizont der *Zeit* angegangen wird. Zwischen Tier
und Mensch spannt sich der wichtige, im »Abwägen« verdich-
tete Unterschied, vermöge dessen beim Menschen die Zeitdimensionen selbst hervortreten; daher könnte die in ihnen liegende
Ganzheit beim Tier verborgen bleiben, während sie im Menschen sichtbar wird. Oder bringt gerade das Hervortreten der
Zeitdimensionen deren wesentlich Fragmentarisches erst recht
an den Tag? Als Antwort bietet sich dar, daß die Zeit zwar *ontisch* im Fragmentarischen verharrt und so nie das Ganze verwirklicht, *onto-logisch* aber immer schon alles nur Fragmentarische hinter sich läßt und so das Ganze einholt. Nun ist der Logos oder Grund, der sich im Ontischen der Zeit meldet, das
Nichts, weshalb die Zeit dadurch das Fragmentarische über-holt
und das Ganze ein-holt, daß sie vom *Nichts* umfangen ist. Insofern dieses im Tier unentdeckt am Werke ist, im Menschen
hingegen entdeckt zur Wirkung kommt, wird in jenem das Ganze vom Fragmentarischen verschlungen, in diesem hingegen das
Fragmentarische vom Ganzen aufgefangen.

Diese Antwort wird jedoch wieder in Frage gestellt, weil das
Nichts eine *Zweideutigkeit* enthält, die es herauszustellen gilt;
einerseits ist das Nichts der leere Abgrund, in dem alles Ontische *unter-geht*, andrerseits der erfüllte Abgrund, in dem das Ontische gründet und so erst *auf-geht*. Der erste Sinn des Nichts

klang bei dem über das Tier Gesagten an und kommt dem Untergehen des Ganzen im Fragmentarischen gleich; ihn allein scheint das Abwägen der »cogitativa« zu erreichen, die als *sinnliches* Vermögen beim faktisch Gegebenen stehenbleibt, ohne den gründenden Grund zu eröffnen. Doch ist die »cogitativa« zugleich jene höchste Aufgipfelung des sinnlichen Bereiches, kraft der dieser über sich hinausgreift, weil ihn ein vorauswirkender *Einfluß des Geistes* durchdringt; deshalb geht im ersten Sinn des Nichts dessen zweiter Sinn und damit im Fragmentarischen das Ganze auf, indem das faktisch Gegebene auf den gründenden Grund hin durchstoßen wird. – Hier zeigt sich der Ansatzpunkt, der früher zur nihilistischen Deutung Heideggers verführte; ebenso wird deutlich, wie die fundamental-ontologische Deutung, die Heidegger selbst dem Nichts und damit der Zeit gibt, von innen aus den Gegebenheiten erwächst, statt nur nachträglich von außen hinzugefügt zu werden.

Das zeitliche Schema des Seins: Im zweiten Sinne des Nichts oder im Nichts als dem tragenden Grund der Sorge tritt uns das Sein entgegen, das selbst ein *zeitliches* Gepräge aufweist. Das Sein, verborgen im Nichts, entspricht der »cogitativa« als einem (dem höchsten) sinnlichen Vermögen; das Sein, entborgen aus dem Nichts, entspricht der »cogitativa« als dem Teilnehmen am geistigen Vollziehen. Freilich macht sich das Sein in der »cogitativa« *allein* nach seiner *Wirkung*, noch nicht nach seinem Selbst bemerkbar, insofern es zwar das Formen von Dinggestalten ermöglicht, sich aber noch nicht von diesen ab-löst. Dieses nur anfängliche Entbergen des Seins stimmt genau damit zusammen, daß die »cogitativa« gewiß am geistigen Vollzug teilnimmt, diesen jedoch keineswegs ausschöpft oder mit ihm identisch ist. Wie das Sein steht der Mensch noch im Dienst der Dinge, ist also die *Wende noch nicht* erfolgt, vermöge deren der Mensch mit den Dingen in den Dienst des Seins tritt; erst dieser Dienst ist die *Zukunft*, auf die hin der Mensch das Gegenwärtige und das Vergangene verarbeitet.

Nun scheint Heidegger die hier angedeutete Wende bereits in die bisher erreichte Stufe hereinzunehmen und damit *in der* »*cogitativa*« *zu verharren*, wie vor allem das Kant-Buch bezeugt, dessen grundlegende Auffassungen er in seiner späteren

Entwicklung aufrechterhalten hat[132]; danach sind gemäß der ersten Auflage der »Kritik der reinen Vernunft«, auf die sich Heidegger beruft, Vernunft und Verstand in die transzendentale Einbildungskraft zu integrieren, womit der Horizont der Zeit alles einschließt. In Folge davon kehrt sich die *Abhängigkeit*, gemäß der sich nach dem Aquinaten das sinnliche Vollziehen vom geistigen herleitet, in dem Sinne um, daß eher das Geistige eine Seite am Sinnlichen ist oder beides unter Akzentuieren des letzteren in eins fällt. Ferner gibt es *nicht ein Übergeordnetes*, an dem die »cogitativa« teilnimmt; oder das, was von dem Übergeordneten in sie einstrahlt, wird als dessen Ganzes und als ihr nicht auf einen andern Quell zurückzuführender Eigenbesitz genommen. Dementsprechend wird das *Sein* insofern in der Weise gesehen, die ihm in der »cogitativa« zukommt, als es einzig *zeitlich* oder nach seinen zeitlichen Mitteilungen ins Spiel kommt, ohne daß diese aus der überzeitlichen Gestalt des Seins begriffen werden. Von Kant her gefaßt, kommt Heidegger über das *zeitliche Schema des Seins* nicht hinaus und dringt er nicht zu dem sich darin zeigenden innersten Kern des Seins vor.

Dagegen läßt sich einwenden, den hier umschriebenen Raum überschreite Heidegger durch das ihm eigene wesentliche Denken und durch das diesem zugeordnete Sein selbst[133]; während ersteres jedem Vorstellen des Seienden überlegen ist, ordnet sich letzteres als der Grund, der Ab-grund ist, alles Seiende unter. Selbstverständlich ist Heidegger in diese zweifache *Wende eingetreten*, wobei er aber, was das Entscheidende ist, *nicht* zu deren *voller Entfaltung* gelangt, weil er den Horizont der Zeit nicht zur Ewigkeit hin übersteigt und damit nicht die letzte Tiefe des Geistes erreicht. Zwar überwindet er die Seinsvergessenheit, die der Wende vorausliegt und für die das Sein im Seienden verschwindet; zugleich ist jedoch in der Wende, wie er sie vollzieht, jene *höherstufige Seinsvergessenheit* enthalten, die im zeitlichen Sein nicht dessen überzeitlichen oder ewigen Kern ent-deckt. Heideggers Verdienst ist das Herausarbeiten des zeitlichen Seins; seine Grenze liegt darin, daß er dabei bleibt und das hier sich ankündigende überzeitliche Geheimnis für *unzugänglich* hält. So schreitet er gewiß von der ontischen Zeit des Seienden zur ontologischen Zeit des Seins fort, wobei jene in dieser gründet; insofern jedoch die ontologische Zeit überhaupt Zeit ist, betrifft sie das bereits auf das Seiende ausgerichtete und daher von dessen Eigenart bestimmte Sein. Trotz seiner Wende zum Sein selbst kommt Heidegger also nicht wahrhaft zum Sein selbst, weil *das Sein dem Modus des Seienden*, nämlich der Zeitlichkeit, unterworfen bleibt und nicht den ihm zuinnerst eigenen Modus, nämlich die Ewigkeit, gewinnt. Anders ausgedrückt, verläßt er den Raum der »cogitativa« nicht, deren Kennzeichen eben die Zeit ist; vielmehr stattet er das Höchste des sinnlichen Bereiches mit dem Eigenen des geistigen Bereiches, soweit dieser ihm zugänglich wird, so sehr aus, daß jener zum *Höchsten-überhaupt* erhoben wird, worin das Sinnliche und das Geistige ein untrennbares Ganzes bilden. Wenn der Aquinate das Höchste des Sinnlichen als das Niederste des Geistigen sieht, zerreißt er dadurch das Ganze nicht, sondern *verinnerlicht* es bis zu jener von Heidegger nicht erreichten innersten Tiefe, in der die Gründung des menschlichen Ganzen im überzeitlichen Geistigen und damit im überzeitlichen Sein sichtbar wird, die erst alles Zeitliche ermöglichen.

2. Abschnitt
Der ganze Mensch in Verstand und Vernunft

Zeit – Ewigkeit: drei Stufen: Als Eingangstor vom ersten in den zweiten Abschnitt unserer Untersuchung mag die zusammenfassende Formulierung des Aquinaten dienen, nach der zwar das sinnliche Bewußtsein offensichtlich der Zeit unterliegt, während die *geistige Lebensstufe* an sich *über die Zeit* emporragt[1]. Damit befindet sich der Mensch im Horizont (in horizonte) der Berührung von Zeit und Ewigkeit[2] oder auf der Grenzscheide (in confinio) von Zeit und Ewigkeit[3], indem er vom Untersten sich entfernt und dem Höchsten sich nähert[4]. Dementsprechend weisen diejenigen seiner Tätigkeiten, die ihn mit dem unteren Bereich, der in der Zeit ist, verbinden, ein zeitliches Gepräge auf; jene Tätigkeiten hingegen, die ihn mit dem höheren Bereich, der über der Zeit ist, verbinden, *nehmen an der Ewigkeit teil*[5]. Der Stufenfolge, die sich hier abzeichnet, liegt die Einsicht zugrunde, daß eine Wirkkraft um so höher steht, je inniger sie geeinigt ist[6]; nun liegt in der Zeit die Zerstreuung des Nacheinander, in der Ewigkeit aber die allem Nacheinander überlegene *Sammlung des Zugleich*, weshalb die an die Zeit gebundenen sinnlichen Vermögen an Vollkommenheit von den über die Zeit hinausgreifenden geistigen Vermögen überschritten werden. Indem wir beachten, daß in den Wirkvermögen, Tätigkeiten und Lebensstufen es jederzeit der Mensch ist, der sich nach der ihm eigenen Fülle auslegt und zu deren voller Entfaltung unterwegs ist, sehen wir einen Entwicklungsgang vor uns, durch den er aus der Zerstreuung, die in den vielfältigen Eindrücken der »sensus proprii« in ihr äußerstes Außen hinausgegangen ist, in wachsende Einigung hineinwächst, die mit der Ewigkeit der »pars intellectiva« ihr innerstes Innen erreicht.

Auf diesem Gang treten im einzelnen *drei Stufen* hervor. Untersucht haben wir bereits die »*vis cogitativa*«: sie hat es mit den Einzeldingen nach ihrer sinnlich wahrnehmbaren Gestalt zu tun und heißt, weil sie diese formt, Einigungskraft; sie vollzieht ein gewisses Abwägen, indem sie von einem Gehalt zum andern eilt, und wird deshalb »ratio particularis« genannt; man darf ihr auch in einem abgeschwächten Sinn den Namen »intellectus« beilegen, insofern sie, wie Thomas sich ausdrückt, ein absolutes Urteil über Einzelgehalte hat[7]. Hier werden wir nachdrücklich auf die Mittelstellung und *Vermittlerrolle* dieser merkwürdigen Stufe hingewiesen, die gemäß dem oben Gesagten alle ihr vorausgehenden Stufen in sich enthält und die nach einem gewissen Anteil die ihr nachfolgenden Stufen vorausnimmt, was bezüglich »ratio« und »intellectus« genauer zu entwickeln bleibt. Zu der »cogitativa« als der ersten Stufe kommt als zweite Stufe eben die »*ratio*«, der das *Fortschreiten* von den Ur-einsichten zu den Schlußfolgerungen zugeschrieben wird[8]. Die zweite Stufe führt zur dritten, nämlich zum »*intellectus*«, dem das absolute Urteil über die *Ureinsichten* selbst eigen ist[9].

Wie nun die sinnliche Sphäre an die *Einzelseienden* gebunden bleibt, so erheben sich die beiden anderen Stufen zu den »universalia«[10], zu den übereinzelnen, gemeinsamen oder *umfassenden Gründen*, die jene Seienden als das ihnen innewohnende Sein ermöglichen und tragen. Und wie die erste Stufe mit dem

Einzelseienden in die *Zeit* gebannt ist, so wird auf der zweiten und der dritten Stufe fortschreitend das dem Zeitlichen innewohnende *Ewige* sichtbar, wobei sich ferner die Frage nach dem alles Zeitliche übersteigenden Ewigen meldet. Umgekehrt gehört zur Konstitution des Zeitlichen, wie es sich in der ersten Stufe als dem »altissimum« des Sinneslebens zeigt, wesentlich das *Teilnehmen am Ewigen* der zweiten und auch der dritten Stufe[11]. Wie sich der Abglanz des Ewigen in der ersten Stufe zu dem noch verschatteten Ewigen der zweiten Stufe und zu dem enthüllten Ewigen der dritten Stufe verhält, wie schließlich das der Zeit immanente Ewige in dem die Zeit transzendierenden Ewigen gründet, bedarf der eingehenden Erläuterung. Dabei wird sich auch zeigen, wie sich das sinnliche und das geistige Bewußtsein durch ihren jeweils anderen Bezug zu Zeit und Ewigkeit unterscheiden, wie namentlich der Unterschied zwischen dem im Zeitlichen implizierten Ewigen und dem explizit oder als es selbst hervortretenden Ewigen ausschlaggebend ist.

Das Geistige in das Sinnliche eingebettet: Beim Vollziehen des *Übergangs* vom sinnlichen zum geistigen Bewußtsein oder (besser) vom sinnlichen Außen zum geistigen Innen des Bewußtseins, da es ja nicht um zwei Bewußtseine, sondern um zwei Entfaltungsweisen desselben Bewußtseins geht, kann die Aussage des Aquinaten dienlich sein, die *sinnliche Stufe sei bekannter als die geistige*[12]. Das wird offenbar durch alle sensistischen Strömungen bestätigt, die das geistige Er-kennen im sinnlichen Kennen untergehen lassen oder wenigstens nicht zureichend davon unterscheiden; das gilt insofern sogar für Heidegger, als er wenigstens in seinem Kantbuch dem über die Einbildungskraft hinausgreifenden Eigenen von Verstand und Vernunft nicht gerecht wird. Freilich läßt sich auch umgekehrt beobachten, wie die geistige Stufe wegen ihrer reflexen Bewußtheit als die bekanntere genommen wird, von der aus man die nicht so reflexe sinnliche Stufe bestimmt und durchleuchtet, was etwa bei *Leibniz* der Fall ist. Vergleicht man die beiden Betrachtungsweisen miteinander, so durchdringen sie sich, jedoch so, daß das Geistige zunächst vom Sinnlichen abgehoben werden muß, damit dieses durch jenes erläutert werden kann.
Jedenfalls ist es für die Grundeinstellung von Thomas auf-

schlußreich, daß er die sinnliche Seite des Menschen so sehr für die *bekanntere* hält, daß sich das bis in die *Terminologie* hinein auswirkt. Weil sich nämlich im Sinn kein volles Abwägen findet und er sich daher nicht zu vielem, sondern bestimmt zu einem verhält, wird auch die Bestimmtheit des geistigen Bereiches vom Sinn (sensus) her benannt; danach heißt die Bestimmtheit des Denkens as-sensus sowie jene des Willens con-sensus (Zu-stimmung), worin das Zusammenstimmen der letzteren mit der ersteren liegt[13]. Auf ähnliche Weise werde das eigentliche oder volle Abwägen des Geistes von dem gewissen Abwägen her benannt, das wir im »altissimum« der sinnlichen Stufe fanden[14]; hier geht es um das Wort »cogitatio«, das wegen der Ähnlichkeit des Vollzugs von der sinnlichen auf die geistige Stufe übertragen wird[15]. Ob nun diese Ableitungen etymologisch vertretbar sind oder nicht, sicher zeigen sie, wie sehr Thomas die geistige Stufe in die sinnliche *eingebettet* sieht und damit die *Ganzheit* des Menschen jederzeit vor Augen hat, diese also bei seinem Herausarbeiten des geistigen Lebens nicht zerreißt, sondern auf ihr *Innerstes zurückführt*, was oben bereits betont wurde, aber seiner Wichtigkeit halber noch einmal unterstrichen sei.

Gemäß dem eben aufgezeigten Zusammenhang treten wir in den weiteren Gang unserer Untersuchung mit der Aussage von Thomas ein, der Menschengeist sei zwar *an sich über der Zeit, tatsächlich aber der Zeit unterworfen,* insofern sein Vollzug an die sinnlichen Gestalten gebunden ist und daher mit Raum und Zeit zu tun hat[16]. Doch stellt diese Bindung den geistigen Vollzug nur sehr indirekt (valde indirecte) in die Zeit hinein[17]; denn er wird nur insoweit durch die Zeit gemessen, als er der Bewegung oder dem Werden (motus) beigesellt ist[18], das in den *sinnlichen Gestalten* an ihn herantritt. Näherhin sind in der genannten Bindung zwei Momente enthalten; zunächst *schöpft* der Geist seine Gehalte aus den Dinggestalten (abstrahit), und dann vermag er seine weiteren Vollzüge nicht ohne immer wieder *neue Hinwendung* oder Rückwendung zu jenen Gestalten zu vollenden[19].

Schärfer zugespitzt wird der hier gemeinte Zusammenhang bezüglich des *Urteilens*, das auf zwei Extreme oder Urgründe verweist, auf die es zurückzuführen ist und von denen her es seine

Rechtfertigung empfängt[20]. Erster Ursprung sind einerseits die obersten *Ureinsichten* des Geistes, von denen später die Rede sein wird, sind andrerseits die sinnlichen Dinggestalten und überhaupt die Sinnesgegebenheiten, auf die alles zurückzuführen ist, worüber wir urteilen[21]. Offensichtlich liegen diese Formulierungen des mittelalterlichen Denkers nahe bei der Auffassung, die *Wittgenstein* heute in seinem »Tractatus logico-philosophicus« vorlegt, freilich mit dem Unterschied, daß für Thomas die Rückführung auf die erwähnten Ureinsichten den Vorrang hat. Nach allem gibt es im Menschen kein vom Sinnlichen losgelöstes Geistiges; vielmehr wohnt dieses jenem als gründende Tiefe inne, wodurch beiden erst ihre spezifisch menschliche Prägung zuteil wird. Dementsprechend ist *das menschlich Ewige als gründende Tiefe in die Zeit eingebettet*, wie auch umgekehrt das menschlich Zeitliche wesentlich das Ewige als gründende Tiefe in sich trägt. Hiermit treten wir in den Fortgang vom Zeiten zum *Sich-zeitigen* ein.

Zeit als vollzogenes Nacheinander: Nunmehr haben wir die dem Menschen eigene Zeiterfahrung näher zu bestimmen. Nach Thomas ist die Zeit als Folgeerscheinung mit der Ortsbewegung gegeben; daher unterliegt allein das dem Maß der Zeit, was irgendwie im Raum ist[22]; demnach ist das *Zeitliche* an das *Räumliche* gebunden. Was die Bewegung betrifft, so umfaßt sie nicht nur die Ortsveränderung, sondern jede Veränderung oder jedes Werden von Räumlichem; auch Thomas bemerkt, die Zeit sei das Maß aller Bewegungen[23], also jeder Weise des körperlichen Werdens. – Genauer gesprochen, kommen an der Zeit ein *materialer* und ein *formaler* Aspekt zum Vorschein; nach dem ersteren gründet sie in der Bewegung oder im Werden, nach dem letzteren hingegen wird sie durch das Tun der »zählenden Seele« vollendet[24]. Auf diese beiden Momente, die zur Voll-Konstitution der Zeit gehören, weist schon *Aristoteles* hin, wenn er sie als den »numerus motus secundum prius et posterius« beschreibt[25]; das besagt wörtlich: Zahl der Bewegung nach früher und später. Etwas ausführlicher: einzig dadurch, daß es durch die Seele *gezählt* wird, nimmt das *Früher und Später* das Gepräge des Maßes an, das im Voll-Sinne des Wortes Zeit ist[26]. Damit geht aus dem von der Seele vollzogenen Zählen (numerus numerans)[27] die Zählung oder Gezähltheit der Bewegung (numerus numeratus) hervor[28], wobei sich diese konkrete Zahl von der abstrakten dadurch unterscheidet, daß sie sich im Gezählten, nicht außer ihm findet[29]. Weil das hier verdeutlichte Zählen für die Zeit wesentlich ist, hat schon *Aristoteles* die Folgerung gezogen: wenn die Seele nicht wäre, gäbe es keine Zeit[30]. Zweifellos liegt in dieser Formulierung ein gewisser Anklang an *Kant*, von dessen transzendentaler Idealität sie freilich durch die Realität der Bewegung abgehoben ist.

Indem wir das Früher und Später mit *Nacheinander* wiedergeben, stellen wir fest, daß für den Aquinaten das bloße Nacheinander noch nicht Zeit ist; erst das »gezählte«, in der Abfolge seiner Momente sozusagen abgetastete oder eben *als solches vollzogene* Nacheinander ist Zeit. Da aber dazu allein der Mensch imstande ist, besteht eine Korrelation zwischen dem Menschen und der Zeit, gibt es also in unserer Welt Zeit einzig durch den Menschen und für den Menschen, gäbe es ohne ihn keineswegs Zeit. Infolgedessen entfaltet sich alles Untermenschliche zwar im Nacheinander, doch nicht in der Zeit, weil ihm das »Zählen« oder das reflexe Vollziehen des Nacheinander versagt ist. Dementsprechend gelangt die Schätzungskraft (vis aestimativa) des Tieres lediglich zum instinktiv gelebten Nacheinander, während allein die dem Menschen vorbehaltene Einigungs- und *Abwägungskraft* (vis cogitativa) das Nacheinander einigt oder abwägt (abtastet) und so Zeit erfährt. Freilich bleibt das Erfahren der Zeit auf dieser Stufe noch unvollständig oder, wie wir sahen, in eine schwer zu bestimmende Zwischenphase gebannt, die über sich hinausdrängt; denn hier wird das Sinnliche durch ein gewisses Teilnehmen am Geistigen über sich selbst hinausgehoben, ohne daß das Geistige als es selbst hervortritt, obwohl erst vermöge dieses Hervortretens jenes Teilnehmen begriffen werden kann. Darüber haben nun die im vorigen Abschnitt zusammengefaßten Darlegungen des Aquinaten hinausgeführt und in die voll entfaltete Zeiterfahrung hineingestellt, indem das gewisse Abwägen in das *ganz ausgebildete* »Zählen« oder *Abwägen* fortschreitet und so nach einer seiner Äußerungen *das Geistige als es selbst* hervortritt. Dasselbe gilt von dem Einigen der Vielheit des Nacheinander, wobei wiederum sich das gewisse Einigen in dem ausdrücklichen Einigen des Nacheinander zu der einen Zeit vollendet und so ebenfalls nach einer seiner Äußerungen das Geistige als es selbst hervortritt. – Mit anderen Worten, gehört zur Voll-Konstitution der Zeiterfahrung und damit der Zeit das reflexe Vollziehen des Nacheinander und damit das reflex vollzogene Nacheinander; das reflexe Vollziehen aber von etwas als etwas kommt dem ausdrücklichen, wenn auch noch nicht ausgeschrittenen Hervortreten des Geistigen gleich.

Folglich hat die Zeiterfahrung ihren Sitz noch nicht in der »cogitativa« allein mit dem ihr innewohnenden gewissen Teilnehmen am Geistigen, sondern erst in dem Zusammenspiel zwischen der »cogitativa« und dem als es selbst hervortretenden Geistigen oder in der von diesem *Geistigen durchformten »cogitativa«*. Thomas spricht von der Leitung der »ratio particularis« durch die »ratio universalis«[31], also von einem Zusammenwirken, indem jene von dieser bestimmt oder eben durchformt wird. Die so beschriebene *Zeiterfahrung* fällt nicht mit dem Zeitbegriff zusammen; vielmehr geht es um das anschauliche Erleben der Zeit, das aber als solches nicht ohne das beginnende Sich-absetzen des Geistigen vom Sinnlichen gegeben und daher von allmählich sich herauskristallisierenden *intelligiblen Strukturen* durchzogen ist. Obwohl sich auf dieser Stufe im Gegensatz zur »cogitativa« das Intelligible langsam vom Sensiblen abhebt, bleibt jenes noch ganz in dieses *eingebettet* und wird es noch nicht in einen eigenen Begriff gefaßt. Im weiteren Fortschreiten desselben Vorganges bildet sich schließlich auch der *Zeitbegriff* heraus, der jene Einbettung hinter sich lassend die ihm eigene Vollgestalt erreicht. Dabei tut er jedoch die Bezogenheit auf das Sensible nie von sich ab[32], weil er sonst der rationalistischen Erstarrung verfiele und sich dem Leben des menschlichen Ganzen entfremdete.

Zeit nach Heidegger und Thomas: Die so im Anschluß von Thomas verdeutlichte Zeiterfahrung stimmt erst mit dem Lebensraum des Menschen zusammen, wie ihn *Heidegger* uns nahebringt. Namentlich führt allein das reflex vollzogene Nacheinander vom Zeitigen zu dem *Sich-zeitigen* hin, das den Menschen kennzeichnet; das läßt sich im einzelnen aufzeigen. Während die bloß »cogitativa« bei dem Ineinanderspiel der drei Dimensionen der Zeit stehenblieb, kommt es jetzt zu dem *Sich-auslegen* des Menschen in denselben Dimensionen und besonders zu dem Sich-entwerfen in die Zukunft. Auf ähnliche Weise hat die »cogitativa« zwar schon das Ganze der Zeit erreicht, indem sie zu einem Vorspiel des abwägenden Einigens gelangte; hier jedoch wird dieses selbst vollzogen, wodurch der Mensch befähigt wird, das *Ganze als Ganzes* so in den Blick zu nehmen, wie es in Heideggers Analysen der Fall ist. Ebenso rührt die »cogitativa« bereits an die Endlichkeit der Zeit; vermöge des in ihr wirksamen Geistigen hingegen wird die Zeiterfahrung ausdrücklich mit der *Endlichkeit* konfrontiert, wonach die Zeit wesentlich Anfang und Ende hat, weil sie das Maß lediglich des anfangenden und endenden Seienden ist[33]. Mit der Endlichkeit wetterleuchtete das *Nichts* in die »cogitativa« herein, das nunmehr selbst auf den Menschen zukommt und in seiner erschütternden und befreienden Wucht ihn bedrängt. Schließlich entbindet das Geistige in der *Angst,* die schon den Menschen der »cogitativa« erzittern ließ, durch das Akzentuieren des Nichts deren eigentliches Selbst. Mit einem Wort: das dem Sich-zeitigen innewohnende Geistige läßt den Menschen wahrhaft *sich* zeitigen, indem es die Zeit als solche und damit die in ihr liegenden Gegebenheiten ebenfalls als solche in die Erfahrung hebt.

Nach allem bewegen sich die Zeitanalysen von *Thomas* und *Heidegger* auf der *gleichen Reflexionsstufe,* freilich mit einem wichtigen *Unterschied.* Nach Heidegger gehört diese Stufe noch dem Bereich der transzendentalen Einbildungskraft an, der bei Thomas die »cogitativa« entspricht; darauf nimmt ja das Kant-Buch den Verstand und die Vernunft zurück. Nach dem Aquinaten hingegen ist diese Stufe dem Durchformen zu verdanken, mittels dessen das als es selbst hervortretende Geistige in die »cogitativa« hineinwirkt, also letztlich dem Verstand und der Vernunft, in welche die »cogitativa« eingegründet ist. Folglich ist der Mensch zum Vollziehen der Zeiterfahrung nach Heidegger schon durch die *Einbildungskraft* allein befähigt, die also sich selbst *genügt;* nach Thomas hingegen genügt die »cogitativa« keineswegs sich selbst, ist sie vielmehr erst kraft des *Mitwirkens* jener anderen sie *überschreitenden* Vermögen imstande, die Zeiterfahrung zu vollenden.

Damit *genügt* für Heidegger auch *die Zeit sich selbst,* wodurch sie sich als der oberste Horizont ausweist, während für den

Aquinaten die Zeit keineswegs sich selbst genügt, sondern eines andern, sie einigenden und *gründenden Prinzips* bedarf, das allein als der oberste Horizont angesetzt werden kann. Anders ausgedrückt, ist bei Heidegger die Zeit durch sich selbst konstituiert[34], bei Thomas jedoch durch einen sie übersteigenden Grund, der als solcher von überzeitlicher Art sein muß. In der Sicht des Aquinaten ist also *Zeit mehr als Zeit*, insofern sie einzig dadurch Zeit ist, daß sie immer schon ein Anderes, d. h. *Ewiges* enthält; und Zeiterfahrung erfährt immer schon mehr als Zeit, insofern sie die Zeit einzig dadurch erfährt, daß sie in ihr ein Anderes, d. h. das Ewige, erfährt. Dieses zeigt sich bisher noch nicht als das Ewige, sondern lediglich im abwägenden Einigen als das *Einigende* des Nacheinander, das dazu befähigt, letzteres als solches zu vollziehen.

Das Zugleich als Einigendes des Nacheinander: Der Eigenart des gesuchten *Einigenden* kommen wir näher, wenn wir bedenken, daß es letzlich nicht selbst wieder ein Nacheinander sein kann; denn sonst wiederholt sich bei diesem die Frage nach dem Einigenden und die Antwort ist nur verschoben, nicht aber gefunden. Demnach muß das Einigende in einem *Nicht-Nacheinander* bestehen, das dem Nacheinander als sein Anderes oder als sein Nichts gegenübertritt; es kündigt sich in dem Nichts an, dem wir bei Heidegger als dem gemeinsamen Grund der Zeitdimensionen begegneten und über das die »cogitativa« nicht hinauskommt. Positiv gewendet, fällt das Nicht-Nacheinander mit dem *Zugleich* zusammen, das nicht lediglich ein Moment aus der Abfolge des Nacheinander heraus-greift, sondern alle Momente in ein einfaches Jetzt gesammelt um-greift[35]. Damit stimmt die Umschreibung der *Ewigkeit* bei Thomas zusammen, nach dem sie auf einfache Weise die gesamte Vollkommenheit umschließt, die sich in der Zeit zerteilt und in verschiedenen Momenten findet; dabei bildet die Zeit, soweit sie es vermag, auf ihre zerteilte Weise die einfache Vollendung der Ewigkeit nach[36]. Von hier aus wird verständlich, daß die Dauer der Ewigkeit das *fließende Jetzt* der Zeit überschreitet[37]; denn dieses geht wegen seiner Einschränkung auf nur einen Moment vorüber und macht dem nächsten Moment Platz, während das Jetzt der Ewigkeit wegen seines Umspannens aller Momente nicht dem Kommen und Gehen unterworfen ist und daher bleibt oder als das bleibende, *stehende Jetzt* auftritt; bei ihm davon zu sprechen, daß es einem nachfolgenden Moment oder Jetzt weiche, ist völlig sinnlos. Werden diese Zusammenhänge auf das Wirken übertragen, so ergibt sich: ein in die Abfolge der Zeit gebanntes Wirken kommt in die verschiedenen Momente zerteilt zur Entfaltung, wodurch es an Vollendung hinter jenem andern zurücksteht, dessen Vollzug ohne jede Abfolge als ganzer zugleich geschieht[38] oder in unzerteilter Gesammeltheit seine Fülle innehat.

Demnach ist der Mensch allein dadurch imstande, das abwägende *Einigen* des Nacheinander zu vollziehen, daß er zu dem *Zugleich* des Ewigen vordringt. Suchen wir diese Feststellung weiter zu verdeutlichen. Solange einer jeweils in einen der Zeitpunkte eingeschlossen ist, gleitet er vom einen zum andern, ohne je deren Abfolge in den Blick zu bekommen. Die Abfolge vermag allein der zu erfassen, der eine ganze Reihe von Zeitpunkten *mit seinem Blick* umspannt und damit jenes *Gedächtnis* hat, das mit dem gegenwärtigen Zeitpunkt die früheren festzuhalten und zu vereinigen imstande ist. Wie wir sahen, kommt ein solches Gedächtnis (memoria) bereits den Tieren zu und ist dieses im Menschen zur Wiedererinnerung (reminiscentia) vertieft. Wie wir ebenfalls sahen, werden vom Gedächtnis die früheren Gehalte instinktiv-unbewußt erweckt, während die Wiedererinnerung mittels eines gewissen bewußten Abwägens, ja einer Art von Schlußfolgerung nach den früheren Gehalten sucht, und zwar dazu durch ein Vorauswirken des Geistigen befähigt. Fragen wir nach dem Grund, der Gedächtnis und Wiedererinnerung ermöglicht, so kommen wir zum *Darüberstehen* über den einzelnen Zeitpunkten oder zum Darinnenstehen in einer Tiefe, die viele Zeitpunkte umgreift und die als derart umgreifende notwendig Einfachheit besagt oder *etwas Einfaches* ist; sie stellt also im Gegensatz zum Nacheinander ein Nicht-Nacheinander oder ein Zugleich oder eben etwas Ewiges dar. – Hier ist auf zwei Seiten des Ewigen aufmerksam zu machen, deren eine das *Zugleich* und deren andere das *Immer-dauern* ohne Anfang und Ende meint. Nach unseren obigen Andeutungen sind im vollendeten Ewigen diese zwei Seiten untrennbar miteinander verbunden; in den Spuren des Ewigen hingegen, auf die es im Tier und im Menschen ankommt, tritt zunächst nur das Zugleich hervor, das aber zuletzt auf die grenzenlose Dauer des Ewigen als des absoluten Ursprungs verweist.

Die Wesenheit als einigendes Zugleich: Die Tiefe aber oder der innere Grund, der im *Tier* alle Zeitpunkte seiner Entwicklung durchwaltet und das ihm eigene Nacheinander nach seiner spezifischen Eigenart bestimmt und einend zusammenhält, ist dessen *Wesenheit.* Von dieser also wird das Tun des Tieres geprägt, weshalb es nicht im einzelnen Zeitpunkt versinkt, sondern den gegenwärtigen Zeitpunkt mit vergangenen verbindet und auf die zukünftigen hin entwirft; darin gründet ebenso das Gedächtnis wie eine gewisse Vorschau, die etwa beim Nestbau der Vögel sich am Werke zeigt. Das eben Gesagte gilt auch vom *Menschen,* freilich mit dem durch die Vollendung der »memoria« in die »reminiscentia« bedingten Unterschied. Die hier das Nacheinander durchwaltende, einende und prägende *Wesenheit umfaßt* nämlich das schon öfter erwähnte *Geistige,* dessen Einfluß sich schon in der »reminiscentia«, die mit der »cogitativa« zusammengehört, und erst recht in der darüber hinausgreifenden eigentlich menschlichen Zeiterfahrung bemerkbar macht. Hierbei geschieht nicht nur tatsächlich wie im Tier das Einigen des Nacheinander, sondern das abwägende Einigen und damit das Einigende beginnen selbst hervorzutreten, wodurch die Wesenheit des Menschen einem ersten Anfang nach als sie selbst gefaßt wird und ihrer Fülle nach faßbar wird. Demnach *enthüllt* das als solches vollzogene Nacheinander oder die spezifisch menschliche und so erst eigentliche Zeit stets *die menschliche Wesenheit* als ihren einigenden und ihre Ganzheit konstituierenden Grund. – Die bei *Heidegger* entwickelte Ganzheit, die aus der Struktureinheit der Sorge und aus dem Ganzwerden im Tode entstammt, weist auf die Wesensganzheit hin, weil sie in dieser grundgelegt und enthalten ist, wird aber nicht bis zu ihr hin durchgeführt. Wenn man hierauf erwidert, eine solche Wesensganzheit sei gerade bei Heidegger überwunden, und an ihre Stelle trete das Angerufen-werden des Menschen durch das Sein, so können wir darauf erst im folgenden antworten.

Gegen unsere Darlegungen erhebt sich ein *schweres Bedenken.* Das Einigende haben wir als Nicht-Nacheinander oder als Zugleich gekennzeichnet, während doch die Wesenheit eines Tieres und auch des Menschen auf den ersten Blick *dem Nacheinander unterliegt*, weil sie das Leibliche oder Körperliche einschließt, das nach dem früher Gesagten sich im Werden entfaltet. In dieses Dunkel leuchtet ein merk-würdiges Wort des Aquinaten: Mensch-sein ist sowohl in der *Zeit* als auch im (unteilbaren) *Augenblick*[39], und zwar ist es von sich aus (per se) im unteilbaren Augenblick und nur wegen eines Dazukommenden (per accidens) in der Zeit[40].

Nach der näheren Erklärung ist nur das von sich aus in der Zeit, dessen Eigenart eine in der Zukunft zu erwartende Ergänzung verlangt[41]; dementsprechend ist das nicht von sich aus in der Zeit, dessen Eigenart eine solche künftige Ergänzung nicht erfordert, weil sie in einem unteilbaren Augenblick ganz gegeben ist[42]. Das gilt vom Mensch-sein oder von der *innersten Wesenstiefe* des Menschen, die im ersten unteilbaren Augenblick seines Entstehens ganz da ist und deshalb in den weiteren Augenblicken seines Lebens keine Ergänzung erfährt, die also im Zugleich ohne Nacheinander die Fülle des Menschen umfaßt. Im Gegensatz dazu ist dasselbe von Anfang an und jederzeit Ganze vermöge eines Hinzutretenden oder in sekundärer Hinsicht doch der Zeit unterworfen, insofern es dem Werden verbunden oder eingesenkt ist und daher der *Veränderung unterliegt*[43]. Das gilt für das Mensch-sein, insofern zu seiner innersten Wesenstiefe sein leibliches und geistiges Werden hinzukommt[44]; obwohl dieses in jener Tiefe vorgezeichnet ist, also in ihr wurzelt und aus ihr hervorgeht, wird dadurch die Tiefe selbst nicht ergänzt und verändert; folglich hat das Nacheinander in den Tätigkeiten das Zugleich in der Wesenstiefe zum Grunde.

Darüber hinaus sagt Thomas sogar von dem einzelnen *Tätigkeitsakt*, er sei von sich aus nicht in der Zeit, weil er im unteilbaren Augenblick (in instanti) oder sofort (statim) vollendet geschehe oder als *plötzlicher* Akt (actus subitus) sich ereigne[45]; hierher gehören das geistige Erkennen und Wollen, auch die Bewegung der freien Entscheidung, auch das sinnliche Erfassen und Streben[46]. Doch sind solche Tätigkeiten in der Zeit, insofern sie in das *Werden* eingesenkt werden, indem sie sich in einem der Zeit unterworfenen Seienden entfalten; das ist aber bei dem entstehenden und vergehenden Körperlichen der Fall, das jene sinnlichen Vermögen als Organ benutzen, von denen unser geistiges Erkennen empfängt[47]. Anderswo heißt es, die geistigen Tätigkeiten seien nur dadurch in der Zeit, daß sie auf leibliche Vermögen hingeordnet sind, von denen unser Verstand Wissen empfängt und durch deren Leidenschaften unser Wille bewegt wird[48].

Physische Verwirklichung und metaphysische Tiefe: Die Erläuterungen des Aquinaten könnte jemand als Spitzfindigkeit oder als Reste einer in den Frühschriften noch nicht überwundenen übersteigerten Trennung des Zugleich oder des Ewigen vom Nacheinander, die an den *Platonismus* gemahnt, abtun. Mit *Hegel* ließe sich dagegen einwenden, die Wesenstiefe selbst werde deshalb, weil aus ihr Werden hervorgehe und der Mensch in das Werden eintrete, aus dem Zugleich in das Nacheinander überführt; dieses werde nicht äußerlich an jenes angelagert, sondern greife innerlich in jenes ein und wandele es daher um; die noch statisch-undialektische Auffassung des Aquinaten habe sich zu der dialektisch-dynamischen Sicht Hegels fortentwickelt, wodurch die Unterscheidung zwischen dem »per-se« und »per-accidens« In-der-Zeit-sein überholt und gegenstandslos geworden sei. – Die Antwort auf die hier skizzierten Bedenken und Fragen liegt in der zwischen den beiden Extremen *vermittelnden Mitte.* Weder wird durch das Nacheinander des Werdens das Zugleich der innersten Wesenstiefe völlig *unberührt* gelassen, noch wird dieses Zugleich von jenem Nacheinander dialektisch verschlungen. Im ersteren Falle wird das Werden zu einem Beiwerk herabgesetzt, dem für das Wesen keine wirkliche Bedeutung zukommt; im letzteren Falle hingegen wird das Zugleich in das Nacheinander hinein verflüchtigt, da jenes ja in diesem seine Wahrheit oder seine Erfüllung findet: was das Zugleich in Wahrheit ist, zeigt sich im Nacheinander. Beide Extreme treiben über sich hinaus und dazu hin, daß die Wesenstiefe oder das Zugleich nicht nur *in dem*, sondern auch *über dem* Werden oder dem Nacheinander waltet als der eine die Vielheit der Entfaltungsschritte umfassende und tragende Grund. Dementsprechend zeigt sich, was das *Nacheinander in Wahrheit* ist, *erst im Zugleich*, während *das Zugleich* zwar *im Nacheinander* seine Fülle auslegt und so verwirklicht, jedoch darin *nie seine letzte Wahrheit* erreicht, was noch darzutun bleibt. – Auf das Zugleich in den einzelnen Tätigkeitsakten gehen wir nicht näher ein.

Wenn Thomas die menschliche Wesenstiefe als Zugleich faßt, könnte es ferner so aussehen, als ob er die *Wesenheit* mit der *einfachen Seele* gleichsetze und so doch in platonisierenden Vorstellungen hängenbleibe. Im Gegensatz dazu *verwirft* der Aquinate ausdrücklich Platons Auffassung, der Mensch falle mit der intellektiven oder geistigen Seele zusammen; vielmehr ist der Leib ein Teil des Menschen und dementsprechend seine intellektive Seele notwendig die bestimmende Wesensform des Leibes[49]. Damit aber gehört das *Körperliche*, das Träger des Werdens und folglich der Zeit unterworfen ist, *in das Wesen des* Menschen hinein, weshalb dieses nicht dem Zugleich, sondern dem Nacheinander zuzurechnen sei, und zwar »per se«, nicht nur »per accidens«. Das wird dadurch unterstrichen, daß der Mensch ein schlechthin Eines ist, dessen Wesenheit als die eine aus Materie und Form zusammengesetzt ist[50]; daher kommt es der Seele von sich aus oder kraft ihres ureigenen Wesens zu, mit dem Körper vereint zu sein[51].

Dazu bemerken wir, daß selbstverständlich der Mensch als ganzer ein zeitliches, näherhin ein geschichtliches Seiendes ist. Was seine Wesenheit betrifft, so bietet sich der Unterschied zwischen deren letzter *metaphysischer Tiefe* und deren *physischer Verwirklichung* an; diese ist der nächst-bestimmende Grund für das geschichtliche Leben und deshalb mit ihm »per se« der Zeit oder dem Nacheinander unterworfen; jene aber ist als der letztbestimmende Grund des geschichtlichen Lebens das Zugleich, das dem Nacheinander seiner Entfaltungsschritte innewohnt, sie bestimmt und eint.

Im Text des Aquinaten finden wir diese Zweiheit angedeutet, insofern er das eine Mal vom Leib und das andere Mal von der Materie spricht, wobei er die Erst- oder Urmaterie, d. h. das Ur-Prinzip alles Körperlichen meint, nicht hingegen die unseren Sinnen zugängliche Zweitmaterie oder den physikalischen Stoff. Wenn also gesagt wird, zum Wesen des Menschen gehöre der *Leib*, so trifft das auf die *physische Verwirklichung* des Wesens zu und damit auf den als Zweitmaterie ausgeprägten Körper; wenn hingegen die *Materie* als Wesensteil des Menschen bezeichnet wird, so bewegen wir uns in der letzten *metaphysischen*

Tiefe und damit in der allem Körperlichen zugrunde liegenden Erstmaterie. Während nun das physische Wesen kraft des Leibes von sich aus in das Nacheinander hineingebannt ist, zeigt sich das metaphysische Wesen kraft der Urmaterie lediglich als das *Prinzip des Nacheinander,* das erst mittels der physischen Verwirklichung in das Nacheinander selbst eintritt. Nach allem lassen sich die beiden Lehrstücke des Aquinaten sehr wohl miteinander vereinen; der zukünftigen *Ergänzung* strebt die Wesenheit des Menschen nach ihrer physischen Verwirklichung entgegen, wodurch sie im Nacheinander oder in der Zeit ist; hingegen braucht dieselbe Wesenheit ihrer metaphysischen Tiefe nach *keine Ergänzung* oder ist sie »in instanti« ganz da, wodurch sie als das dem Nacheinander überlegene und es umfassende Zugleich auftritt.

Unsere Untersuchung der Wesenheit des Menschen hat zu dem Ergebnis geführt, daß das Nacheinander ihrer physischen Verwirklichung durch das Zugleich ihrer metaphysischen Tiefe geeinigt oder zusammengehalten wird. Darüber hinaus treibt die Beobachtung, nach der es sich *nicht* um *zwei Wesenheiten,* sondern lediglich um zwei Aspekte oder höchstens *Entfaltungsstufen* einer und derselben Wesenheit handelt. Dementsprechend hat das Zugleich seine volle Wahrheit scheinbar im Nacheinander oder fällt das voll entfaltete Zugleich gänzlich mit dem Nacheinander zusammen. – Das damit im Nacheinander *verschwindende* Zugleich deckt sich aber nur mit der *uneigentlichen* Zeit des Tieres, während die *eigentliche* Zeit des Menschen nach dem oben aus dem Aquinaten Entwickelten gerade das *Hervortreten* des Zugleich aus dem Nacheinander einschließt. Anders ausgedrückt, ist das als solches vollzogene Nacheinander erst durch das als solches hervortretende und vom Nacheinander abgehobene Zugleich gegeben, weshalb sich das scheinbare Ergebnis von eben umkehrt und das *Nacheinander* seine volle *Wahrheit* oder, was es zuinnerst ist, *im Zugleich* findet. Damit stimmt ein leuchtendes Wort von Thomas zusammen, der sagt, die Einheit der Zeit stamme aus der Einheit der Ewigkeit, und diese sei der Urgrund jeglicher Dauer; die anderen Seienden empfangen ihre verschiedenen Weisen des Dauerns aus dem Einfluß des ersten Urgrundes[52].

Wesenheit als Teil-habe am Sein: Blicken wir an diesem Punkt unserer Überlegungen auf *Heidegger* zurück, so bleibt er bei der *physischen Verwirklichung* des Menschen mit der darin eingeschlossenen metaphysischen Tiefe stehen, ohne den in dieser sich anbahnenden Weg zu Ende zu gehen; das stellen wir fest, obwohl er das Wesen des Menschen in der Offenbarkeit des *Seins* sieht und daher die eben beschriebene Stufe zu übersteigen sowie in die gleich zu verdeutlichende weitere Entwicklung einzutreten scheint.

Diese geht den in der metaphysischen Tiefe der menschlichen Wesenheit sich anbahnenden Weg zu Ende, indem sie bedenkt, daß jene Tiefe sich allein insofern nicht in der physischen Verwirklichung erschöpft, als sie in einem *noch Tieferen* gründet, das ihr Zugleich über dem Nacheinander hält. Als solches Tiefere (profundius) oder als das Innerste (magis intimum) in allem nennt Thomas *das Sein* (esse)[53], das auch die erste Vollkommenheit (perfectio prima) genannt wird[54], und somit als der tragende Grund der anderen Vollkommenheiten, die dem Seienden zukommen, auftritt. Namentlich ist das Sein der tragende *Grund der Wesenheit,* die ebenso vom Sein selbst unterschieden ist wie sie ganz und gar in ihm gründet[55]; einerseits ragt das Sein über die Wesenheit hinaus, weil jenes alle Weisen-zu-sein ohne jede Begrenzung umfaßt, diese aber nur einige Weisen-zu-sein (modi essendi) herausgrenzt; andererseits gründet die Wesenheit völlig im Sein, weil die von ihr umgriffenen Weisen-zu-sein ihre Quelle nur in dem Sein selbst haben können[56].

Daher ist das Seiende durch *Teil-habe am Sein* selbst gekennzeichnet, indem ihm Sein einzig nach dem Ausmaß seiner endlichen Wesenheit zukommt; dadurch *hat* es einiges Sein, *ist* es aber nicht das Sein selbst, dem keine Weise-zu-sein fehlen kann[57]. Nach dem Gesagten sind die Seienden mit ihren endlichen Wesenheiten eine Vielheit, die das eine Sein nachbildet, soviel sie es vermag, obwohl sie es nie vollkommen erreicht[58]. Hierin liegt eine Art von Grundgesetz, wonach das, was *eines und einfach* ist, nur durch *vieles* dargestellt werden kann[59]; die einfache Fülle des einen Seins wird erst im Zusammenspiel der vielen Teil-Ausprägungen im Seienden einigermaßen widergespiegelt. Somit zeichnet sich das Sein durch den *In-eins-Fall der Gegensätze* (»coincidentia oppositorum«: Nikolaus von Kues) aus, insofern das, was im Seienden verschieden und entgegengesetzt ist, vom Sein als Eines ohne Minderung seiner Einfachheit umgriffen wird[60]. Für unser Thema ergibt sich hieraus, daß das Sein als die einfache Fülle dasselbe wie das *absolute Zugleich* ist, in dem jegliches Nacheinander des Seienden gründet, wobei dieses auf jenes *zurückgeführt*, keineswegs jedoch jenes von diesem verschlungen wird. Infolgedessen wird im Menschen die metaphysische Tiefe der Wesenheit mit ihrem Zugleich durch das absolute Zugleich des Seins *über* deren physischer Verwirklichung mit ihrem Nacheinander gehalten.

Drei Weisen des Seins: Hier erhebt sich die Frage, ob wir mit unserer bisherigen Bestimmung des Seins bereits zum absoluten Zugleich gelangt sind. Der Aquinate jedenfalls hat das Sein weiter ausgearbeitet; und wir werden gut daran tun, seinen Ansätzen nachzuspüren, wobei wir auf *drei Weisen des Seins* stoßen. Zunächst begegnen wir dem *Sein des Seienden* (esse rei), dem ihm eigenen Sein (esse suum), das sich zu seiner Wesenheit wie der Akt zur Potenz (sicut actus ad potentiam) verhält[61]. Davon unterscheidet sich *das Sein selbst* (esse ipsum), der Seinsakt (actus essendi) oder das gemeinsame Sein (esse commune), das sich in allen Wirklichen findet[62], ohne aber zu einem von ihnen bestimmt zu sein, das also von sämtlichen derartigen Bestimmungen absieht oder sich in der Schwebe zwischen ihnen befindet. Darüber erhebt sich das *göttliche Sein* (esse divinum), das als das subsistierende Sein selbst (ipsum esse subsistens) gekennzeichnet wird[63].

Das *Sein des Seienden* ist das etwa dem Menschen zukommende, ihm eigene und damit innewohnende Sein, das die Wesenheit ebenso aktuiert wie es von ihr geprägt und begrenzt wird. Indem sich das Sein von der Wesenheit *unterscheidet*, hält sich sein Zugleich über deren Nacheinander; indem sich aber das Sein an die Wesenheit *mit-teilt* und von ihr bestimmt wird, ist es einerseits dem Nacheinander der physischen Verwirklichung unterworfen und andrerseits Bestärkung für das Zugleich der metaphysischen Tiefe, das ohne das Sein im Nacheinander unterginge. Offensichtlich zeichnen sich am Sein zwei Aspekte ab, die den an der Wesenheit gefundenen vergleichbar sind: das sich an die Wesenheit mit-teilende und das sich von ihr unterscheidende

Sein. Wenn sich das Sein nicht von der Wesenheit unterschiede, wäre das ihm eigene Zugleich dem Nacheinander der physischen Verwirklichung *ausgeliefert*, weil auch das Zugleich der metaphysischen Tiefe seinen Halt verlöre; wiederum wäre die Wahrheit des Zugleich im Nacheinander zu suchen statt umgekehrt. Um diese Folgerungen, die der Zerstörung des Seins gleichkommen, zu entgehen, ist in der Einigung des Seins mit der Wesenheit dessen Unterschied von dieser zu wahren; dieser aber läuft darauf hinaus, daß die *endliche Wesenheit nicht zum innersten Selbst des Seins* gehört, weshalb das Sein die ihm eigene Wahrheit nicht im Seienden findet. Damit reicht, was unser Thema betrifft, das Nacheinander nicht in das innerste Selbst des Seins hinein, wodurch dieses von sich aus mit dem *absoluten Zugleich* zusammenfällt und auch das Zugleich der metaphysischen Tiefe gesichert ist.

Mit dem Unterschied des Seins von der Wesenheit zeigt sich *das Sein selbst* (esse ipsum), das, von der dem Seienden eigenen Begrenzung befreit, die *Fülle aller Weisen-zu-sein* umfaßt; denn die Vollkommenheit des Seins enthält alle nur erdenklichen Vollkommenheiten[64], weshalb das Sein das Allervollkommenste (perfectissimum) ist, das sich zu irgendeiner Vollkommenheit nie wie die aufnehmende Potenz, sondern immer allein wie der aufgenommene Akt verhält[65] und so stets Akt (actus essendi) ist[66]. Das Sein selbst ist nicht mehr als ein in der Wesenheit eines Seienden aufgenommener und noch nicht als der subsistierende Akt bestimmt; das solchermaßen *un-bestimmte Sein* kann wegen seiner Unbestimmtheit nicht als eigene Realität auftreten, sondern prägt sich einzig im Geist des Menschen aus. In diesem ist es als der dynamische *Übergang* am Werke, der ihn vom partizipierten zum subsistierenden Sein emporgeleitet und dem die transzendentale Bezogenheit des ersteren auf das letztere zugrunde liegt. Damit haben wir das *gemeinsame Sein* (esse commune) berührt, das darauf hindeutet, daß die grenzenlose Fülle aller Weisen-zu-sein, die ursprünglich und notwendig als subsistente bestimmt ist, auch den Hintergrund des davon abgeleiteten Teilhabens am Sein bildet. Im Lichte unserer Thematik sehen wir die einfache Fülle des Seins selbst als das jedem Nacheinander *überlegene Zugleich*, das im selben unendlich reichen Augenblick alles Nacheinander des Seienden umgreift, gründet und einigt. In der Gestalt seines eigenen Seins wohnt jedem Seienden das vom Sein selbst herkommende *Zugleich* inne, durch das die metaphysische Tiefe ihren Bestand hat und die physische Verwirklichung in ihrer Einheit zusammengehalten wird.

Das subsistierende Sein: Die vorstehenden Überlegungen zeichnen bereits den Schritt zum *subsistierenden Sein* vor. Sie bleiben nämlich ein *leeres Begriffsspiel,* das von der innersten Eigenart des Seins nichts enthüllt, wenn jener Schritt nicht vollzogen werden könnte und müßte und es daher das subsistierende Sein nicht gäbe. Dann wäre ja die physische Verwirklichung des Seins die einzigmögliche und folglich mit dessen innerster Eigenart notwendig gegebene, was genau besagt, daß die Wahrheit des Seins im physisch Seienden liegt, keineswegs aber in der Fülle aller Weisen-zu-sein. Wie ohne weiteres einleuchtet, wird damit in Hinsicht auf unsere Problematik das Nacheinander als die Wahrheit des Zugleich gesetzt und geht auf die oben besprochene Art dieses in jenem unter, wodurch unserer Zeiterfahrung der Boden entzogen wird. Diese verlangt demnach als *letzte Bedingung ihrer Möglichkeit* den Schritt zum subsistierenden Sein und damit dieses selbst. Es ist das ab-solute oder von allem Seienden los-gelöste, von diesem unabhängige oder ihm überlegene, in sich selbst stehende oder ruhende Sein; das Sein selbst, von sich aus subsistierend wirklich (ipsum esse subsistens), ist naturgemäß die einfache Fülle aller Weisen-zu-sein ohne jede Minderung. Im Hinblick auf unsere Problematik haben wir damit das *absolute Zugleich* erreicht, das von keinerlei Nacheinander berührt und zerteilt wird, das eine allumfassende Jetzt, in dem alles Nacheinander letztlich gründet und geeint ist.

Hier erst zeigt sich und ist endgültig unterbaut das Sein selbst (ipsum esse) als die einfache Fülle und damit als das absolute Zugleich: *Sein ist letztlich Ewigkeit,* nicht Zeit, wodurch allein Zeit ermöglicht ist; der Horizont des Seins ist die Ewigkeit, nicht die Zeit; wer die Zeit dem Sein als Horizont zuordnet, hebt das Sein auf, läßt das Sein nicht wirklich als das Sein zu, erniedrigt es zum Seienden und unterliegt folglich der *Vergessenheit* des Seins, wenigstens was dessen eigenstes Selbst betrifft. Danach *widerspricht Heideggers* Entdecken des Seins sich selbst oder hebt es sich selbst auf, indem er zwar bis zu dem im Horizont der Zeit sich zeigenden Sein vordringt, den hier sich öffnenden Weg aber nicht zu Ende geht und so das Sein in die Zeit einschließt. Dieser Folgerung kann man nur dadurch entgehen, daß man die in der Zeit verborgene Ewigkeit entbirgt, womit der dem Sein zuinnerst allein angemessene Horizont hervortritt und in ihm das eigenste Selbst des Seins aufleuchtet; das aber ist mit dem Fortgang vom Sein selbst zum subsistierenden Sein gleichbedeutend. Weil bei Heidegger ein solcher Fortgang ausbleibt, verharrt das Sein selbst in seiner Bindung an den Menschen und folglich in seiner *Zeitlichkeit:* Temporalität des Seins[67].

Im subsistierenden Sein prägt sich die Ewigkeit *allseitig* aus, weil das Zugleich auch ohne Anfang und ohne Ende ist; denn die allumschließende Fülle des Seins fällt mit dem *all-umfassenden Jetzt* zusammen; wenn vor diesem oder nach diesem etwas möglich wäre, das es nicht umgreift, könnte es nicht all-umfassend genannt werden. Wenn wir zu jenem absoluten Zugleich aufsteigen, ist es, ohne seine Ab-solutheit zu verlieren, immer schon *an das Nacheinander mitgeteilt.* Von ihm ausgehend und in ihm gehalten, bewahren die den einzelnen Seienden innewohnenden Seinsakte sowie die durch sie aktuierte metaphysische Tiefe der Wesenheiten das ihnen eigene Zugleich, wodurch wiederum das Nacheinander der physischen Verwirklichung der Wesenheiten und damit des Seienden selbst in der Einheit gehalten werden. In dem dynamischen Übergang, durch den das partizipierende Seiende vom subsistierenden Sein herabsteigt, spielt das Sein selbst die ihm eigene vermittelnde Rolle als das Zugleich, das zum Nacheinander hin als dessen *einigender Grund offen* ist. Indem sich der Mensch durch Vermittlung der Wesenheit dazu erhebt, vermag er die ihm eigene Zeiterfahrung zu machen oder das Nacheinander im Zugleich zu einigen.

Hierbei enthüllt sich das in der Zeiterfahrung mit Heidegger aufgewiesene *Nichts als das Sein;* im Nichts der *Zukunft* oder des Todes meldet sich die einfache Fülle oder das absolute Zugleich, in welches das begrenzte Nacheinander einmündet; durch das Nichts der Vergangenheit oder *Herkunft* kündigt sich derselbe Grund als der Quell an, aus dem das vielfältige Nacheinander strömt; und das Nichts der flüchtigen Gegenwart oder

Ankunft gewinnt aus demselben Grund Gehalt und Gewicht, wodurch ein Bleibendes reift, das den Einsatz lohnt. Freilich bleibt das Sein immer *vom Nichts umdroht*, zumal das subsistierende Sein als dessen sublimste Gestalt den kühnsten Aufschwung über das Seiende verlangt; dabei kommt es dem Menschen immer wieder so vor, als ob er das Gesicherte verlasse und sich dem Ungesicherten ausliefere. Das vermag er nur in dem Maße zu leisten, wie er erfährt, daß er sich hier dem anvertraut, was mehr als jedes Seiende das Vertrauen verdient.

Im Nichts gründet nach Heidegger die *Ganzheit der Zeit*, besonders im Nichts der Zukunft mit dem Sein-zum-Tode. Im Tod liegt zwar ein faktisches Ganz-werden des einzelnen Menschenlebens, ist aber ebenso das Abbrechen oder das Fragmentarische nicht zu verkennen. Darüber führt das Sein als die grenzenlose, einfache Fülle und das absolute Zugleich hinaus, weil es das *Ganze-schlechthin* ist, das alles Fragmentarische hinter sich läßt. Darin ist das wesentlich fragmentarische Nacheinander gehalten und so mit dem Ganzen versöhnt und vom Ganzen durchleuchtet, wodurch der Tod sich als das Durchbrechen des Ganzen im Fragmentarischen und das Aufnehmen des letzteren in das erstere darstellt.

Danach ist die Zeit das *in das Zugleich strebende Nacheinander* oder das *in das Nacheinander sich ergießende Zugleich*. Anders ausgedrückt: Zeit ist das sich in das Sein bewegende Seiende oder das an das Seiende sich mitteilende Sein. Hiermit ist ein Vorspiel der Zeit in jedem Seienden, eigentliche Zeit aber erst in jenem Seienden gesetzt, das imstande ist, das Nacheinander als solches zu voll-ziehen und so es auf das Zugleich zu be-ziehen, nämlich im *Menschen*. Dieser vermag solches allein dadurch, daß er »Platzhalter des Nichts«[68], also des Seins, also des subsistierenden Seins ist, das als das absolute Zugleich allererst jedes Nacheinander ermöglicht.

Verstand im Nacheinander: Nunmehr haben wir noch genauer zu verdeutlichen, wie der Mensch in den Vollzug des Zugleich gelangt oder in der Zeit die Zeit überschreitet. Früher haben wir bereits kurz die drei Stufen umschrieben, die Thomas in diesem Aufstieg heraushebt, nämlich die *Einigungskraft* (vis cogitativa), den *Verstand* (ratio) und die *Vernunft* (intellectus).

Wenn wir fragen, ob es sich dabei um drei verschiedene Vermögen handelt, so antwortet der Aquinate mit aller Entschiedenheit, daß die beiden letzten Stufen keinesfalls zwei Vermögen bilden können, sondern lediglich als *zwei Betätigungen* desselben Vermögens zu nehmen sind[69]. Das ist für unser Thema von nicht geringer Bedeutung, insofern aus der Einigungskraft als der zusammenfassenden Spitze der sinnlichen Vermögen das geistige Vermögen hervortritt, das mit dem Verstand anhebt und sich in der Vernunft vollendet; während nämlich das sinnliche Vermögen *in der Zeit* ist, greift das geistige über die Zeit hinaus. Für diesen Unterschied gibt Thomas eine tiefsinnige *Erläuterung;* je feiner eine Wesensform ist, desto stärker herrscht sie über das Körperliche, desto weniger ist sie darin eingetaucht und desto mehr geht sie mit ihren Vermögen und deren Tätigkeiten darüber hinaus[70]. Nun ist die menschliche Seele zweifellos die feinste oder edelste der Wesensformen; deshalb hat sie neben den an das Körperliche und damit an die Zeit gebundenen Vermögen andere, die das Körperliche hinter sich lassen und damit die Zeit übersteigen[71]. Von solcher Art ist das intellektive Vermögen, das seiner eigensten Tiefe nach über die Zeit hinausgreift, als menschliches aber noch *indirekt mit der Zeit* zu tun hat[72].

Der Einigungskraft am nächsten steht der *Verstand* (ratio), der darum auch noch am meisten den *Einfluß der Zeit* erkennen läßt. Seine Tätigkeit ist mit den Bewegungen des Sinneslebens verknüpft, die an körperliche Organe gebunden und damit der Zeit unterworfen sind[73]. An einer andern Stelle erklärt Thomas das Hineingreifen der Zeit in den Verstand aus einer zweifachen Wurzel, zunächst daraus, daß er *Gehalte* aus den Sinnen und der Einbildungskraft und so aus Raum und Zeit empfängt, und zuletzt daraus, daß er es mit *Gegenständen* zu tun hat, die in der Zeit sind[74]. Nach dem Aquinaten ist es für unsern Verstand (ratio) das Naturgemäße (connaturale), daß das Empfangen seiner Gehalte in der Zeit geschieht, und zwar deshalb, weil sein Erkennen von den Sinnesgegebenheiten her entsteht, die in der Zeit sind[75]. Hierdurch kommt eine Abfolge oder ein *Nacheinander in die Tätigkeit* des Verstandes hinein[76], die deshalb »cogitatio« heißt, ein Ausdruck, der von dem bekannteren Bereich der Sinne herkommt[77], namentlich von jenem höchsten der Sinnesvermögen, das den Namen »cogitativa« trägt[78]. Für die »cogitatio« kennzeichnend ist das *vergleichende Abwägen* (collatio), das die »cogitativa« bezüglich Einzelgehalten, die »ratio« aber bezüglich allgemeinen Gehalten vollzieht[79]. Daher findet sich für die »ratio« auch die Bezeichnung »ratio universalis«, von der die »cogitativa« den Titel »ratio particularis« empfängt, wobei diese von jener bewegt und geleitet wird[80]. Überhaupt ist die »ratio particularis« nur dadurch imstande, das ihr eigene Abwägen zu leisten, daß sie mit der »ratio universalis« in Verbindung steht und auf ihre geminderte Weise an jener teil-nimmt[81]. Offenbar strahlt etwas von dem einsichtigen Abwägen der allgemeinen Wesensgehalte, das als vom *Verstand* vollzogenes auch *verstehendes* heißen darf, in die Einigungs- oder Abwägungskraft hinein, die bei ihrem Abwägen der sinnlichen Gestalten ein ihr eigenes Einleuchten erfährt, das dem lediglich vom Naturinstinkt getriebenen Tier abgeht[82]. Das, woran das Höchste des sinnlichen Bereiches teilnimmt, ist das *Unterste der geistigen Stufe*, das als »discursus« vom einen Gehalt zum andern läuft, was ja im Abwägen enthalten ist, und so sich im *Nacheinander entfaltet*; das Wort »entfalten« ist hier am Platze, weil es sich um eine Art des Erkennens handelt, die sich einzig im Durchlaufen mehrerer Gehalte vollenden kann[83].

Weise des Nacheinander: Das Nacheinander zeigt sich grundlegend in der Tätigkeit des einenden (componens) und trennenden (dividens) Verstandes; das *Einigen* geschieht im Bejahen, das *Trennen* aber im Verneinen, nämlich im »ist« bzw. »nicht ist«, auf jeden Fall im *Urteil*[84]. Dabei weist unser Verstand eine gewisse Ähnlichkeit mit den Organismen auf, insofern die volle Entfaltung nicht von Anfang da ist, sondern nacheinander erworben wird (successive)[85]. Mit seinem ersten Zugriff schöpft unser Erkennen seine Gegenstände noch nicht aus; zunächst erfaßt es nur etwas von ihnen, wozu es immer wieder anderes *fügt* oder wovon es immer wieder anderes *scheidet*[86]; so wird allmählich ein immer umfassenderes Bild der Gegenstände aufgebaut. Von dieser Art des Erkennens sagt Thomas ausdrücklich, daß es *in die Zeit gebettet* sei, und zwar deshalb, weil es der Hinwendung zu den sinnlichen Gestalten bedarf[87], die es nie mit einem Blick, sondern allein in ständig erneutem Hinblicken auszuschöpfen vermag. Die Zeitlichkeit kommt noch deutlicher im Fortschreiten von einer Bejahung bzw. Verneinung zu anderen Zusammenfügungen bzw. Scheidungen zum Vorschein, nämlich im *Schlußfolgern* (ratiocinari)[88], das wie im Syllogismus ein Urteil mit einem anderen verbindet, wodurch ein drittes, sonst nicht zugängliches Urteil einleuchtet; hier ist das *Nacheinander* mit Händen zu greifen. Demnach kommt dem Verstand, den es im strengen Sinne des Wortes einzig im Menschen gibt, das diskursive und damit zeitgebundene Erfassen zu, während der reine Geist mit seinem einfachen Zugriff all das im Zugleich erfaßt, was wir uns mühsam im Nacheinander erringen müssen, und damit sich als intuitive oder schauende und zeitüberlegene Vernunft darstellt[89].

Vertiefend stellt der Aquinate in einem andern Zusammenhang fest, das diskursive Erkenntnisgeschehen sei eine Art von *Bewegung*, nämlich ein *Fortschreiten* von einem Früheren zu einem Späteren; näherhin geht es darum, daß die Erkenntnis von einem früher Bekannten zu einem andern später Bekannten, das vorher unbekannt war, gelangt[90]. Daher wird der Menschengeist *rational* genannt im Unterschied zum reinen Geist, der intellektual heißt; der Grund für diesen Unterschied liegt darin, daß dem letzteren das geistige Licht in seiner Fülle, dem ersteren aber nur *abgeschwächt* zukommt[91]. In Folge davon erfaßt der intellektuale Geist schauend (intuendo) in jedem Gehalt sofort (statim) und mit dem ersten Zugriff (in primo aspectu) alles darin Eingeschlossene oder damit Zusammenhängende, alles davon Auszusagende oder davon Ableitbare[92]; der rationale Geist hingegen sucht dieses *Zugleich durch sein Nacheinander* einzuholen, ohne je mit ihm zur Deckung zu kommen. Zusammenfassend formuliert Thomas, der reine Geist erfasse das Zusammengesetzte auf einfache Weise (composita simpliciter) und das Bewegte auf unbewegte Weise (mobilia immobiliter)[93] und nehme so durch sein eines einfaches Erkanntes (per unum suum simplex intellectum) alles Folgende voraus[94]; an diesem seinem Gegenbild gewinnt das menschliche Erkennen klare Konturen, das eher umgekehrt sogar das dem Werden Überlegene auf die Weise des Werdens und das Einfache auf die Weise des Zusammenfügens sich aneignet.

Nacheinander und Zugleich oder Verstand und Vernunft: Das diskursive und das intuitive Erkennen verhalten sich wie *Nacheinander* und *Zugleich* und damit wie Bewegung und Ruhe, wie Erwerben und Haben, wie Werden und Sein zueinander; letztlich sind in all diesen Gegensatzpaaren *Zeit* und *Ewigkeit* am Werke. Genauer besehen, hängt nun nach Thomas das jeweils zweite Glied nicht vom ersten ab, während das jeweils erste Glied wesentlich im zweiten gründet, ja dieses bis zu einem gewissen Ausmaß in sich enthält. Demnach umfaßt das diskursive Erkennen im Nacheinander notwendig einen *Anteil* an dem intuitiven Erkennen im Zugleich; nur einen Anteil, weil das intuitive Erkennen in seiner Fülle, wie bereits gesagt, dem diskursiven Erkennen zuvorkommt und es daher überflüssig macht. Wenn wir das mit »An-teil« Gemeinte zu Ende denken, sehen wir das Intuitive nur als den *Hintergrund* des für den Menschen kennzeichnenden Diskursiven, was sich darin ausprägt, daß Verstand und Vernunft für den Aquinaten nicht zwei selbständige Vermögen sind, sondern die Vernunft allein als die innerste Tiefe des Verstandes auftritt. Als solcher Hintergrund oder solche Tiefe bedarf die Vernunft der Wegbereitung und der *Auslegung* durch den Verstand, obwohl sie sich niemals in ihm auflöst und er ganz von ihr lebt. Ebenso kann sich die Vernunft, solange wir nur den Anteil von ihr, der dem Verstand innewohnt, beachten, *nie von diesem lösen;* auf dieser Stufe scheint Heidegger stehenzubleiben, wenn er davon spricht, daß sich das Sein in der Zuwendung zum Menschen erschöpfe und die Zeit der letzte Horizont sei. Letztlich jedoch läßt sich der dem Menschen eigene Anteil von Vernunft einzig aus der *Vernunft selbst* begreifen, die als reine Intuition den Menschen überschreitet und als obersten Horizont die Ewigkeit eröffnet, die allererst die Zeit ermöglicht.

Nach einem oben gegebenen kurzen Hinweis entfaltet sich das diskursive Erkennen zwischen *zwei Extremen* oder *Urgründen*, von denen jeder auf seine Weise ein Anteil an der Intuition ist, nämlich das Anschauen der sinnlichen Dinggestalten und das Vollziehen der obersten Ureinsichten[95]. Die *sinnliche Intuition* ist auf das Körperliche beschränkt, kommt nicht über dessen sichtbaren Anblick hinaus und ist deshalb ganz dem Nacheinander unterworfen, das sich noch nicht zur eigentlichen Zeit vollendet. Zu den *obersten Ureinsichten* führt die Überlegung, daß nicht jedes Erkannte durch ein anderes Erkanntes vermittelt sein kann, weil sonst ein Fortgang ins Endlose entstünde, der jede Erkenntnis unmöglich macht[96]. Also muß es für den Menschen Erkanntes geben, das *unmittelbar* oder ohne Vermittlung durch ein anderes ergriffen wird. Die Gehalte, die so erfaßt werden, sind die obersten Einsichten oder Grund-sätze (principia prima), um die sich unser gesamtes Erkennen wie um seine Angel dreht[97]; sie sind dessen Ursprung oder Keimgrund (seminarium)[98], worin demnach alle unsere Erkenntnisse angelegt und vorgezeichnet sind, woraus sie hervorgehen und wodurch sie ermöglicht werden. Das Entfalten dieser Samenkörner, die der *Vernunft* zugehören, zur vollendeten Erkenntnis geschieht durch den *Verstand,* dessen Bewegung ebenso von ihnen ausgeht und aus ihnen erwächst wie zu ihnen zurückkehrt und in sie einmündet[99].

Hiermit sind der *absteigende* und der *aufsteigende Weg* gegeben, deren zirkelmäßiges Durchschreiten erst jeder Erkenntnis ihre volle Einsichtigkeit verleiht; das noch unentfaltete Zugleich wird im Nacheinander entfaltet und so in das entfaltete Zugleich erhoben, was an Hegels *dialektische Methode* erinnert. Der absteigende Weg ist der des *Suchens* und Findens (inveniendi, inquisitio), der von den Grundeinsichten her neue Erkenntnisse gewinnt; der aufsteigende Weg ist der des *Urteilens (iudicandi),* der die gefundenen Erkenntnisse auf die Grundeinsichten zurückführt und in deren Lichte prüft, weil nur so das volle Einleuchten und die wahre Gewißheit erreicht werden kann[100]. Nach allem hängt die Bewegung des Verstandes ganz von dem unbewegten Urbestand der Vernunft ab, ohne den jene Bewegung weder in Gang noch zum Abschluß kommt. Und obwohl der Verstand beim Menschen den Vordergrund, die *Vernunft* aber nur den Hintergrund bildet, hat diese doch den *Primat* inne, oder ist das Nacheinander des Verstandes wesentlich etwas von ihrem Zugleich Abgeleitetes und ihm Untergeordnetes. Das Nacheinander wird durch das Zugleich oder das Zeitliche durch einen Anteil am Ewigen ermöglicht, nicht aber umgekehrt.

In sämtlichen Urteilen und Schlußfolgerungen sind die obersten Einsichten am Werke, auch wenn jene zunächst aus der Erfahrung geschöpft oder aus anderen Urteilen hergeleitet werden, die selbst noch nicht auf die Ureinsichten zurückgeführt sind. Ein letztes Klären und Sichern erwächst einzig aus dem *Durchleuchten mit den Ureinsichten*, was aber nicht besagt, wie es der Rationalismus versucht, daß alle Erkenntnisse aus den Ureinsichten analytisch deduziert werden können; im Gegenteil ist immer wieder der Rückgriff auf die Erfahrung vonnöten. In dieser Hinsicht wird der *Verstand* durch die *Einigungskraft* ergänzt, die erst zusammen imstande sind, die Vernunft bis in das konkrete Leben hinein auszulegen. Aus den ersten Prinzipien und anderen allgemeinen Sätzen die Folgerungen für den Einzelfall abzuleiten, ist Sache nicht der einfachen oder im Zugleich verweilenden Vernunft, sondern des sich im Nacheinander bewegenden Verstandes, wobei die Einbildungskraft, die das Einzelne erfaßt, eine unersetzliche vermittelnde Rolle spielt; sie ist es auch, die den Entschlüssen des Geistes in den Antrieben des sinnlichen Strebens zur Wirksamkeit verhilft[101].

Verstand und Wesenheit der materiellen Dinge: Die Zweiheit von Verstand und Vernunft entspringt aus der *innersten Konstitution des Menschen*, die ihn auf die Grenzscheide von Zeit und Ewigkeit stellt: seine Seele ist *Geist*, nimmt aber unter den Geistern die *unterste Stufe* ein[102]; von dieser seiner Wesensart wird die Art seines Erkennens bestimmt[103]. Als Geist ist seine Seele über den körperlichen Stoff erhaben, indem sie nicht innerlich von ihm abhängt[104], womit die *zeitüberlegene Vernunft* gegeben ist; als unterste Stufe des Geistigen hingegen ist sie in die körperliche Materie eingesenkt[105] oder immer schon in die Zerstreuung von Leib und Welt fortgegangen, wodurch der *zeitbedingte Verstand* gegeben ist. Mit diesem ist der Mensch auf den Bereich ausgerichtet, dessen Wesen ebenfalls der materiellen Zerstreuung unterliegt, sowie auf solches, was dadurch erreichbar ist[106]. Insofern dem Verstand das körperliche Seiende als der ihm eigene Gegenstand zugeordnet ist, setzt seine Tätigkeit bei den *sinnlich anschaulichen Gestalten* an; insofern in ihm jedoch zugleich die Vernunft am Werke ist, bleibt er bei diesen nicht stehen, sondern dringt zu dem darin sich zeigenden und sich verbergenden *Wesen* vor. Daher richtet sich der Blick unseres Verstandes auf das Wesen der sinnlich wahrnehmbaren Dinge[107], wobei er deren sinnliche Gestalt auf das ihnen zugrunde liegende Wesen hin und von diesem her versteht, jenes *Auslegen* oder Interpretieren, also jene Hermeneutik vollzieht, ohne die sich das eigentlich menschliche Leben niemals entfalten kann. Näherhin schreitet der Verstand von den Erscheinungen zum Wesen, vom Einzelnen oder Besonderen zum Allgemeinen, vom Gegründeten zu dem ihm innewohnenden Grund, vom *Seienden* zu der ihm eigenen *Weise zu sein*[108]. Allein durch das Hereinwirken dieses Geschehens in die »cogitativa« wird deren Formen anschaulicher Dinggestalten möglich und kommt auch deren von der Schätzungskraft des Tieres sich abhebende Eigenart zustande. So erst gelangen wir nicht lediglich zu dem für das tierische Leben Bedeutsamen, sondern zu dem auf seine innere Bedeutung hin transparenten In-sich-Stehenden.

Wie der Verstand die Einigungskraft durchformt, so *trägt er immer schon die Vernunft in sich* und mündet seine Tätigkeit nach dem Aquinaten in diese ein. Während unsere Sinne und unsere Einbildungskraft über die Erscheinungen, die das *Wesen* der Dinge sozusagen umgeben, nicht hinauskommen, dringt unser Verstand zum Wesen der Dinge selbst oder zu ihrem Innersten (intimum) vor[109]; darin zeichnen sich zwei Aspekte ab. Der *erste* Aspekt besagt einen »discursus«, also ein *Durchlaufen* mannigfacher Momente, weil wir durch das, was um das Wesen herumliegt oder worin dieses sich auslegt und darstellt, wie durch Türen in das Innerste (intima) eintreten; anders ausgedrückt, schreiten wir von den Eigenheiten (proprietates), die aus dem Wesen resultieren, und aus den Wirkungen, die von ihm ausgehen, zu diesem selbst fort[110]. Darüber greift der *zweite* Aspekt hinaus, insofern die Untersuchung (inquisitio) zum Wesen der Dinge hinführt oder das Schlußfolgern des Verstandes im Wissen zum Abschluß kommt[111]. Hier vollendet sich der Verstand in der Vernunft, in der jener sein naturgegebenes Ziel erreicht[112]; denn als Frucht des Durchlaufens vieler Schritte leuchtet das Wesen in einem *einfachen Vernehmen* (simplex acceptio) oder im schauenden Blick unserer Vernunft (intuitus nostri intellectus) auf[113]. Doch unterscheidet sich dieser »intuitus« immer noch von dem des reinen Geistes, weil dieser seinen Gegenstand sofort ganz umfaßt und deshalb keines »discursus« bedarf, jener hingegen stets als *Ergebnis* des »discursus« erwächst und daher nie das *Fragmentarische* überwindet.

Damit zeigt sich deutlicher als früher, daß die Vernunft im Menschen als Hintergrund des Verstandes auftritt und folglich sich von diesem nur als eine andere Betätigung innerhalb desselben Vermögens unterscheidet. Was unsere Thematik betrifft, so arbeitet sich das einfache Zugleich der Vernunft einzig aus dem Nacheinander des Verstandes heraus, von dem es auch untilgbar geprägt bleibt; umgekehrt lebt das Nacheinander des Vernunft nach ihrem ureigenen Selbst den Verstand braucht und so in das Nacheinander gebannt ist, oder ob es die vom Verstand ist die Vernunft auf dem Wege zu sich selbst oder der Weg der Vernunft zu sich selbst, weshalb der Verstand ohne die Vernunft nicht sein kann. Daß auch die auf den Verstand angewiesene Vernunft nicht ohne diesen sein kann, ist eine Tautologie; doch ist damit die Frage noch keineswegs entschieden, ob die Vernunft nach ihrem eigensten Selbst den Verstand braucht und so in das Nacheinander gebannt ist oder ob es die vom Verstand freie und so als das absolute Zugleich wirkliche Vernunft gibt. Durch die *Vernunft als Verstand* öffnet sich der Ausblick auf die *Vernunft als Vernunft,* was dasselbe besagt wie: durch das in das Nacheinander eingesenkte Zugleich leuchtet das *reine Zugleich;* durch den in Gestalt der Vernunft dem Verstand mitgeteilten Anteil am Ewigen wirkt entborgen-verborgen das Ewige selbst. – Von hier aus kann man *Heidegger* in die Kurzformel fassen: Vernunft als Verstand, ja als Einbildungs- oder Einigungskraft, also Verschwinden der Ewigkeit in der Zeit, wodurch folgerichtig auch diese zerfällt.

Verweilen wir noch ein wenig dabei, daß dem Verstand zunächst das Verstehen der anschaulichen Gestalten und damit die *Wesenheit der materiellen Dinge* zugeordnet ist. In dieser Wesenheit haben wir oben deren physische Verwirklichung von deren metaphysischer Tiefe unterschieden; während jene noch ein Werden und so ein Nacheinander besagt, haben wir in dieser ein einfaches Zugleich, das die Vielheit des Nacheinander umspannt, einigt und durchwirkt, entdeckt. Bei jener *Verwirklichung* setzt der *Verstand* mit dem ihm eigenen »motus collativus« an, der nicht im Zugleich sein kann, weil er ein *Laufen* von einem in ein anderes enthält[114]; durch solchen »motus« gelangt der Verstand zur *metaphysischen Tiefe,* was mit seinem Einmünden in die *Vernunft* gleichbedeutend ist. Von der Vernunft aber gilt, daß sie über der »cogitatio« steht[115] und sich daher über das Nacheinander in das *Zugleich* erhebt; damit zusammenstimmend heißt es, das aktuell geistig Erkannte sei nicht nur ohne Raum, sondern auch ohne Zeit[116].

Hier halten wir eine *kritische Bemerkung zu Thomas* für angebracht; denn für den frühen, aber auch noch für den späteren Aquinaten scheint sich das Nacheinander nur auf das zu beziehen, was die Wesenheit umgibt, während diese selbst ohne Nacheinander, *auf einmal ganz* oder im Zugleich aufleuchtet, was seiner Theorie von der Urmaterie als dem Individuationsprinzip entspricht. Obwohl wir diese Theorie in ihren Grundzügen annehmen und darin ein mittelalterliches Erfassen der Geschichtlichkeit des Menschen sehen, meinen wir, die Erfahrung zeige, daß auch die Wesenheiten selbst uns erst im Nacheinander und nie erschöpfend aufgehen, also das Durchlaufen einer *Vielheit von Schritten* und das Zusammenfügen von mehreren Merkmalen erfordern; dadurch ist das Zugleich noch mehr in das Nacheinander eingesenkt, als es bei Thomas den Anschein hat, keineswegs jedoch verloren.

Die Vernunft und das Sein: Die metaphysische Tiefe der Wesenheit ist die Weise, auf die dem welthaften Seienden Sein zukommt. In der »Weise-auf-die« liegt der Übergang zur physischen Verwirklichung und so das Hineingehören der Wesenheit in die Welt; insofern es sich hingegen um eine *Weise des* »*Seins*« handelt, greift die Wesenheit über ihre physische Verwirklichung hinaus und überschreitet sie dementsprechend die Welt. Die Weise-auf-die ist der Vernunft als Verstand zugeordnet, wobei dessen Tätigkeit zunächst auf Innerweltliches gerichtet ist; das Sein hingegen ist der Bereich der *Vernunft als Vernunft*, die als solche dem der Welt Überlegenen zugewandt ist. Demnach hebt sich die Vernunft vom Verstand in zweifacher Hinsicht ab, nämlich bezüglich der Art des *Vollziehens* und bezüglich des *Vollzogenen;* was die Art des Vollziehens betrifft, so kennzeichnet den Verstand das Nacheinander, die Vernunft aber das Zugleich; und was das Vollzogene angeht, so hat es der Verstand mit der Wesenheit zu tun, die *Vernunft* aber mit dem Sein. Offensichtlich bedingen sich die Vollzugsart und das Vollzogene gegenseitig; der auf das Nacheinander ihrer physischen

Verwirklichung hinzielenden Wesenheit ist der Verstand ebenso angepaßt wie die Vernunft dem Zugleich des Seins. Für diese trifft das Wort des Aquinaten zu, nach dem ein Wirken, das alles Werden übersteigt, nicht von der Zeit, sondern von der überzeitlichen Dauer gemessen wird[117], nämlich von der Ewigkeit[118]. Und je mehr sich unsere Seele vom Körperlichen und damit vom Nacheinander löst, desto befähigter wird sie zum Erfassen von Gehalten, die allem Körperlichen überlegen sind[119]; nun geschieht solches Sich-lösen am meisten in der Vernunft, weshalb sie sich zu dem, was am meisten alles Welthafte übersteigt, zu erheben vermag und daher *das Sein* erreicht.

Nunmehr haben wir die *Korrelation* von *Vernunft und Sein* genauer zu entfalten. Das *Allererste*, was die Vernunft ergreift, ist das Sein in der Gestalt des »ens«; es hat unter den Urgegebenheiten (prima) den Primat inne[120]; es leuchtet von Natur aus (naturaliter) in der Vernunft auf und ist allen Menschen bekannt (omnibus notum)[121] als das Allerbekannteste (notissimum)[122]. Im »ens« erreicht uns das Sein im Sinne des »esse« als das *Innerste* und Tiefste der Vernunft, als ihr eigentlicher Lebensraum; in all ihren Betätigungen ist das Sein immer schon enthalten, weil sie alle ihre Gehalte als Entfaltungen des Seins, vom Sein her und zum Sein hin vollzieht[123]; daher meldet sich das Sein in allen, die Vernunft haben, und fällt nie gänzlich aus, obwohl es nicht immer beachtet, ja übersehen und abgestritten wird. Wie das Gesagte zeigt, ist das Sein in der Vernunft ohne eine Vielheit von Schritten und folglich durch einen *einfachen Hinblick*, also nicht im Nacheinander, sondern im Zugleich enthüllt. Dieser Vollzugsart entspricht das Vollzogene, insofern das Sein nach dem früher Dargelegten die *einfache Fülle* aller möglichen Weisen-zu-sein und damit das reine oder absolute Zugleich ist. Das Zugleich des Seins und das Zugleich unserer Vernunft-Schau (intuitus nostri intellectus) fordern einander und sind *einander angemessen*[124]. Hierin tritt der *Anteil des Ewigen* hervor, den die Vernunft für den Menschen darstellt, der so immer schon in das Ewige hineingeschritten ist.

Das Sein und die Ureinsichten: Indem die Vernunft das *Sein* erfaßt, tritt sie immer schon in die *obersten Ureinsichten* ein, weil diese zum Sein wesentlich gehören[125]. Unter ihnen ist die erste der allerfesteste Grundsatz (principium firmissimum) oder das Axiom aller Axiome (dignitas omnium dignitatum), nach dem *Sein und Nicht-sein* absolut einander ausschließen oder absolut *unvereinbar* sind[126] und das mit dem Verstehen des Seins unmittelbar gegeben ist[127]. Dieser Grundsatz ist wirklich Grund-Satz, weil er nicht durch Beweisführung, also nicht durch den Verstand erworben wird[128]; er kann auch überhaupt nicht durch Schlußfolgern erworben werden, da er ja jedem derartigen Verfahren voraus- und zugrunde liegt und jeglicher Beweisversuch entweder einen fehlerhaften Zirkelschluß oder einen Fortgang ins endlose mit sich bringt[129]. Daher leuchtet die oberste Ureinsicht in der Vernunft auf als ihr *Bekanntestes* (notissimum), das jeder erfaßt, der überhaupt etwas erfaßt[130]; an die Stelle des schrittweisen Erwerbens tritt das blitzartige *Soforteinleuchten* von Natur aus (per naturam), das aus unserem naturgegebenen Geisteslicht erblüht[131]. Näherhin erwächst jenes Einleuchten aus dem zusammenhaltenden Vergleichen der Gegebenheiten, nämlich von Sein und Nicht-Sein, die in den obersten Grundsatz eingehen, wodurch dieser als aus sich selbst einleuchtender Satz zustande kommt[132]. Da aber die fraglichen Gegebenheiten keinem nicht zugänglich sind, hat jeder den obersten Grundsatz *immer schon vollzogen*[133]; selbst wenn er ihn mit dem Munde leugnet, bejaht er ihn verborgenerweise in eben dieser Leugnung, *widerlegt* er also sich selbst. Inhaltlich gesehen, bietet der oberste Grundsatz die *Selbstauslegung des Seins*; in ihm sagt die Vernunft aus, was das Sein nach seiner grundlegenden Eigenart ist: es bejaht absolut sich selbst und schließt deshalb das Nicht-sein absolut aus, soweit es als Sein verwirklicht ist[134].

Mit dem obersten Grundsatz vom Sein sind *andere Ureinsichten* wie der Satz vom Grunde gegeben, die zusammen die »principia prima« ausmachen. Sie alle werden von der Vernunft ohne Nacheinander oder im *Zugleich* vollzogen und greifen auch inhaltlich vom Zeitlichen in das Ewige hinein; ja sie sprechen das dem *Zeitlichen innewohnende Ewige* aus, ohne das dem Zeitlichen sein tragender und einigender Grund entzogen würde. Weil so von jenen Prinzipien alles abhängt, müssen sie am meisten gesichert und gefestigt sein, müssen sie ständig oder habituell und mit spontaner Leichtigkeit einleuchten[135]. Das aber wird durch den »*intellectus principiorum*« gewährleistet, nämlich durch die mittels eines »habitus naturalis« vollendete Vernunft[136]. Es handelt sich um einen »habitus«, d. h. um eine bleibende Ausstattung der Vernunft, und zwar um einen habitus »naturalis«, d. h. um einen solchen, der nicht allmählich erworben, sondern von Anfang an der Vernunft eingeboren ist. Vermöge dieses »habitus« ist die Vernunft in besonderer Weise dazu befähigt, gerade die *ersten Prinzipien* durch einen *einfachen* und absoluten Hinblick zu erfassen[137]. Infolgedessen wird die im Verstand enthaltene Vernunft erst durch jenen »habitus« zur Fülle ihrer selbst erhoben und in den Stand gesetzt, durch ihre einfachen Ureinsichten den vielfältigen Abläufen des Verstandes den *Wurzelgrund*[138] oder dem Nacheinander den nährenden Boden des Zugleich zu bieten.

Ewigkeit in der Zeit: Nachdem wir das Eigene der Vernunft gegenüber dem Verstand herausgearbeitet haben, bleibt zu bedenken, daß jene als *Hintergrund* von diesem mit ihrem Zugleich an dessen Nacheinander gebunden ist und sich deshalb daraus *emporzuringen* hat. Obwohl die Vernunft mit ihrem einfachen Ergreifen jedem schrittweisen Suchen (inquisitio) überlegen und das so Ergriffene der Wurzelgrund des gesamten folgenden Erkennens ist, vermag sie doch ihr Werk allein dadurch zu vollbringen, daß sie von den *Sinnen* empfängt[139]. Wenn also das Sein und die obersten Ureinsichten das Erste sind, das in unserer Vernunft aufleuchtet, so werden sie trotzdem nicht durch ein unmittelbares, von der Vermittlung durch die Sinne unabhängiges Schauen erreicht, sondern durch einen Gang der *Verinnerlichung,* der vom äußersten Außen zum innersten Innen geleitet und durch die Türen eintritt, von denen oben die Rede war[140]. Das ist schon am Sein offenkundig, insofern uns das »esse« zunächst in der Gestalt des »ens« begegnet[141]; das ist damit gleichbedeutend, daß wir das *Sein aus dem Seienden* entnehmen und uns dabei erst von der diesem eigenen Konkretion befreien müssen; daher gelangen wir allein durch das vom welthaften Seienden her vordringende Nacheinander zu dem einfachen Zugleich des Seins.
Außerdem tritt die mit dem Sein gegebene Fülle am Anfang noch nicht hervor, weshalb wir zunächst mit dem *unbestimmten*

Sein zu tun haben, das erst durch einen Fortgang oder ein Nacheinander seine Fülle für uns zeigt, nicht aber diese an sich erreicht. Das *Nacheinander* fällt also in *unser Erfassen* des Seins oder in die Mitteilung des Seins an uns, keineswegs jedoch in das innerste Selbst des Seins; die gegenteilige Sicht unterwirft das Sein ganz der Zeit und entzieht der Ewigkeit den Boden. – Erste Schritte auf dem Wege des Fortbestimmens im Nacheinander sind die obersten *Grundsätze*, die als Sätze ein vergleichendes Abwägen der sie aufbauenden Glieder und damit ein »discurrere« verlangen, das aber in das Zugleich des unmittelbaren Einsehens oder Bejahens einmündet und so das Nacheinander hinter sich läßt. In paradoxer oder dialektischer Formulierung darf man sagen, die das Sein auslegenden Sätze seien *Sätze, die keine Sätze* mehr sind, weil sie das Nacheinander setzen und in eins damit aufheben; indem sie das Zugleich in der Gestalt des Nacheinander vollziehen, sagen sie im selben Vollzug, das Nacheinander des Satzes sei dem Zugleich des Seins *nicht angemessen* oder das Sein könne auf die ihm völlig angemessene Weise einzig von jener Vernunft erreicht werden, die sich, von jedem Nacheinander frei, als das reine Zugleich verwirklicht. Weil wir diese Unterscheidungen vorzunehmen imstande sind, haben wir mit unserer Vernunft immer schon die Zeit überschritten und den Raum des *reinen Zugleich* oder des Ewigen betreten.

Obwohl demnach im Menschen der Verstand auch in die Vernunft und damit das Nacheinander in das Zugleich oder die Zeit in die Ewigkeit hineingreift und so aller platonische Dualismus überwunden wird, darf der Philosophierende nicht der in diesem Ansatz lauernden *Versuchung* erliegen. Dieser erliegt, wer den Modus des Menschen mit dem Modus des Seins gleichsetzt und daher die *Ewigkeit auf die Zeit* oder das Zugleich auf das Nacheinander zurücknimmt, wodurch schließlich die Vernunft in die Einbildungskraft übergeht und dieser einige ihrer Wesenszüge mitteilt, während der Verstand ihr gegenübertritt; vieles spricht dafür, daß sich *Heideggers* Denken in dieser Richtung bewegt. Der erwähnten Versuchung hält *Thomas* stand, indem er den neuplatonischen Grundsatz aristotelisch ergänzt und vertieft, die niedere Stufe rühre mit ihrem Höchsten an etwas, das der höheren Stufe eigen ist, unvollkommen daran teilnehmend[142]. Teil-nehmen besagt: einerseits nur ein *geringer*

Anteil (tenuis participatio), andrerseits aber *wahrhaft* ein Anteil[143]; träfe das erste für den Menschen nicht zu, so wäre er die übermenschliche Vernunft selbst; hätte das zweite für ihn nicht Geltung, so käme ihm überhaupt nicht Vernunft zu. Was einem aber auf diese Weise verliehen wird, hat er nicht als seinen Eigen-Besitz inne oder als etwas, das völlig in seiner Macht steht; das wird an dem Erkennen erläutert, das Gott zum Inhalt hat und von sich aus etwas Göttliches (divinum) ist, nicht aber menschlicher Besitz[144]. Für die Vernunft ergibt sich daraus, daß sie im Menschen *nicht* ein besonderes, vom Verstand *verschiedenes Wirkvermögen* ist, da ein solches ja seinem Wesen nach etwas ihm Eigenes besagt, sondern zu dem einen Wirkvermögen nur den oben besprochenen »habitus naturalis« hinzufügt[145].

Auf die damit umschriebene geringe Weise nimmt der Mensch wirklich an der Einfachheit des reinen Geistes teil[146] und hat er folglich wahrhaft Vernunft, in der die Einfachheit des Vollziehens letztlich der Einfachheit des Vollzogenen, namentlich des Seins, entspricht. Das Zugleich des Geistesblickes steht mit dem Zugleich des Seins in Korrelation, wodurch die *Ewigkeit in der Zeit* aufbricht, keineswegs jedoch die Zeit übersprungen oder verflüchtigt wird; vielmehr wird die Korrelation zwischen der Vernunft als Vernunft und dem »esse« im Raume der Ewigkeit stets nur im Durchgang durch die Korrelation zwischen der Vernunft als Verstand und dem »ens« erreicht, worin die Zeit am Werke ist[147]. *Heidegger* verweilt offenbar in der zweiten Korrelation und zieht in diese das Sein selbst herein, das so in der Temporalität eingeschlossen wird.

Aufstieg zum absoluten Zugleich: Die Korrelation zwischen der Vernunft als Vernunft und dem Sein selbst, die bereits den Raum des Ewigen öffnete, bereitet den Weg zum *subsistierenden Sein,* zum Ewigen selbst oder zum absoluten Zugleich vor. Während der Verstand (ratio) auf die Wesenheit der materiellen oder welthaften Dinge hingeordnet ist, weist der Aquinate der *Vernunft* den Bereich dessen zu, was alle Materie hinter sich läßt und darum *über die Welt* hinausliegt[148]. Innerhalb der Vernunft unterscheidet Thomas an der hier herangezogenen Stelle zwischen »intellectus« und »intelligentia«, wobei ersterem ein gewisses Erkennen der reinen geschaffenen Geister, letzterer hingegen ein gewisses Aufsteigen zu Gott selbst zugeschrieben wird[149]. Genauerhin meint »intelligentia« den Akt oder *Vollzug* des Vermögens, das »intellectus« heißt und in Gott mit dem Akt zusammenfällt, der als reiner Akt jede ihm vorausliegende Potenz ausschließt. Nun ist das Erkennen, das Gott zum Inhalt hat, Gott eigen und von diesem mit der »intelligentia« vollzogen, weshalb auch unser daran teilnehmendes Gott-Erfassen unserer ebenfalls teilnehmenden »intelligentia« zugeschrieben wird. Auf die Vernunft deutet auch der andere Text hin, nach dem wir zum geschaffenen reinen Geist und erst recht zu Gott mehr mit jener Tiefe unserer selbst gelangen, durch die wir unvollkommen *an der höheren Ordnung*, nämlich an der des reinen Geistes, *teilnehmen*, als mit dem, was uns als das uns Eigene vollkommen zukommt und zur Verfügung steht[150] Indem also unsere Vernunft nach Thomas am Wissen des reinen geschaffenen Geistes und vor allem Gottes auf ihre abgeschattete Weise teilnimmt, wahrhaft teilnimmt, strahlt dessen reines Zugleich auf sie über, steht sie durch das ihr *mitgeteilte Zugleich* mit dem sich ihr mitteilenden *absoluten Zugleich* in einer Korrelation, die sich ebenso notwendig aufhebt. Die Klärung dieses merkwürdigen Verhältnisses in seiner einzigartigen Verschränkung setzt das nun Folgende voraus.

In seiner Bezogenheit auf das absolute Zugleich des subsistierenden Seins erreicht das Zugleich unserer Vernunft seine höchste Vollendung oder seine reinste Ausprägung. Doch auch in seiner äußersten Aufgipfelung vermag sich das Zugleich unserer Vernunft nicht völlig vom Nacheinander zu lösen oder muß der *Aufstieg zum Ewigen* selbst im *Durchgang durch die Zeit* geschehen. Wäre das nicht erforderlich, so bliebe unsere Vernunft nicht menschlich, sondern würde eine übermenschliche Vernunft an ihre Stelle treten; weil uns die Schau des subsistierenden Seins versagt ist, kann unsere Vernunft zu diesem nur dadurch gelangen, daß sie das Sein selbst mit den Mitteln des *Verstandes* auslegt. Daher ist sie nach dem Aquinaten zwar imstande, sich zum rein Geistigen (spiritualia), somit zum Überweltlichen und vor allem zu Gott zu erheben, aber einzig durch Vermittlung des Körperlichen oder Welthaften und mittels der analogen Übereinstimmung mit dem sinnlich Wahrnehmbaren[151]. Bei diesem ansetzend, sind wir schon zum Sein selbst und den obersten Prinzipien fortgeschritten, die eine erste Auslegung des Seins darstellen; nun reicht unser Geisteslicht (lumen intellectuale) nicht dazu aus, mit einem Blick die ganze Kraft der Prinzipien auszuschöpfen und so alles zu schauen, was daraus syllogistisch abgeleitet werden kann[152]. Daher obliegt es dem Verstand, das Ungenügen des anfänglichen Zugriffs der Vernunft durch die ihm eigene *Vielfalt von Schritten* zu ergänzen oder die erste Auslegung des Seins in der zweiten weiterzuführen. Während jene sich des *Urteils* zum Entwickeln der ersten Prinzipien bediente, wendet diese das *Schlußfolgern* zum Entfalten des in den Prinzipien Enthaltenen an, was namentlich für das Vordringen zum subsistierenden Sein gilt. Hierher gehört die Feststellung des Aquinaten, wer zu Gott kommen wolle, bedürfe der Beweisführung (indiget demonstrari), die von den Wirkungen zur ersten Ursache aufsteigt[153]; weil nämlich die Wirkung von der Ursache abhängt, ist, wenn die Wirkung gesetzt ist, notwendig auch von der Ursache zu sagen, daß sie ist[154]; dieser Zusammenhang ist in den ersten Prinzipien vorgezeichnet.

Der angedeutete Gedankengang erreicht das *absolute Zugleich durch das Nacheinander*, zieht jenes jedoch nicht in dieses herab, was dem Verschwinden oder wenigstens Entschwinden des Ewigen gleichkäme. Daß dem nicht so ist, zeigt schon die *logische Struktur* der hier erörterten Beweisführung, insofern sie eine »demonstratio-quia«, nicht aber »propter-quid« ist; letztere schreitet vom Früheren zum Späteren oder vom Ursprünglichen zu dem daraus Abgeleiteten voran, während es sich bei ersterer umgekehrt verhält[155]. Das ist deshalb bedeutsam, weil in der »demonstratio-quia« zwar das Abgeleitete vom Ursprünglichen abhängt oder ohne dieses nicht sein, das Ursprüngliche hingegen nicht notwendig vom Abgeleiteten abhängt und daher in dem entsprechenden Fall auch ohne dieses sein kann. Mit anderen Worten: es wird *nicht* notwendig eine *Korrelation* gesetzt, die freilich das Zugleich in das Nacheinander herabholen würde. Eine Korrelation kommt einzig dann in Frage, wenn die beiden Glieder derselben Ordnung angehören; das trifft nun auf das endlich-welthafte Seiende und das unendliche subsistierende Sein nicht zu. Darauf weist Thomas dadurch hin, daß die Wirkungen nicht der ersten göttlichen Ursache angemessen sind, weshalb aus ihnen zwar bewiesen werden kann, daß diese ist, ihr Wesen aber nur unvollkommen enthüllt wird[156], ja nach seiner innersten Eigen-art uns unbekannt bleibt[157].

Damit tritt uns das absolute Zugleich im Nacheinander entgegen, indem es sich zuinnerst *über jedem Nacheinander* hält; und unsere Vernunft stößt in das absolute Zugleich vor, obwohl sie sich den Weg dazu auf die Art des Nacheinander zu bahnen gezwungen ist. Jetzt verstehen wir erst die obige Formulierung von der Korrelation, die sich selbst aufhebt; das *absolute Zugleich* bindet sich *nicht in die Korrelation*, weil es als das ab-solute trotz des Nacheinander ständig in sich selbst ruht (subsistit); und unsere Vernunft ist nicht imstande, das absolute Zugleich in die Korrelation zu binden, weil sie trotz ihres Vordringens zu diesem unendlich hinter ihm zurückbleibt. Unsere Vernunft ist *über der Zeit immer noch in der Zeit*, weshalb sie das Ewige so enthüllt, daß dieses nur unendlich verhüllt erreicht wird. Indem sie das Ewige enthüllt, zeigt sich unsere Vernunft wahrhaft als Vernunft, was von all denen verkannt wird, die uns den Zugang zum Ewigen abstreiten; selbst *Heideggers* »wesentliches Denken« wird der so gefaßten Vernunft nicht gerecht. Indem sie in der Verhüllung des Ewigen verharrt, zeigt sich unsere Vernunft als jene *endlich-menschliche*, die dem Ewigen nicht angemessen ist oder von ihm unendlich überschritten wird. Hier ist wiederum die paradox-dialektische Formulierung am Platze, es handle sich um ein *Schlußfolgern*, das *keines* mehr ist; denn in der Bezogenheit zwischen dem Nacheinander und dem absoluten Zugleich, von der die Beweisführung lebt, geht auf, daß jenes Zugleich als das ab-solute letztlich jede derartige Bezogenheit hinter sich läßt.

Wie folgerichtig Thomas die Hinordnung der Vernunft auf das Ewige zu Ende denkt, erhellt aus einem abschließenden Ausblick. *Vernunft als Vernunft* besagt das Zugleich, unsere menschliche Vernunft aber erreicht dieses nur gebrochen, weil sie sich nie gänzlich vom Nacheinander zu befreien vermag. Nun setzt sich in der menschlichen Vernunft die Vernunft als Vernunft insofern über das Nacheinander hinaus durch, als sich in ihr das untilgbare *Verlangen* (desiderium) regt, dem *absoluten Zugleich auf die Weise des Zugleich* zu begegnen, was dem nicht durch Welt und Zeit vermittelten und so unmittelbaren *Schauen* gleichkommt (incitatur ad divinam substantiam videndam)[158]. Dieses Verlangen kommt nie zur Ruhe (non quiescit) und lebt nicht nur in den reinen Geistern, sondern auch im Menschen kraft seiner Vernunft[159]. Obwohl die welt- und zeitgebundene Eigenart des Menschen dem Erfüllen dieses Verlangens einen Riegel vorschiebt, von dem wir selbst nicht sehen, wie er zurückgeschoben werden kann, läßt sich das Verlangen nicht als Illusion abtun, ja bezeugt es uns die *Möglichkeit* jenes Schauens (possibile est substantiam Dei videre)[160]. Zu erläutern, wie das Verlangen tatsächlich in die Erfüllung oder die Möglichkeit des Schauens in dessen *Wirklichkeit* durch gnadenhaftes Teilnehmen am Schauen Gottes selbst überführt wird, überschreitet den Rahmen unserer Darlegungen. Für uns aufschlußreich ist das Verlangen nach dem Schauen allein deshalb, weil es das äußerste Hinausgreifen unserer Vernunft über das Nacheinander der Zeit in das Zugleich der Ewigkeit vollzieht.

Ontische, ontologische Zeit, Ewigkeit: Wenn der Aquinate nach allem bei der Eröffnung des Seins durch den Horizont der Zeit zu dem der Ewigkeit durchgestoßen ist, so hat *Heidegger* in anderer Hinsicht wohl einen Schritt über Thomas hinaus getan. Dieser betrifft das Abheben des Onto-logischen oder des Seins vom Ontischen oder Seienden, wobei sich auch eine zweifache Zeit abzeichnet. Die *ontische Zeit* des Seienden geht den Ablauf der Geschehnisse in ihrer sozusagen horizontalen Abfolge an, während die *ontologische Zeit* des Seins dessen immer neue gleichsam vertikale und Epochen gründende Mitteilungen meint; selbstverständlich liegt in der ontologischen Zeit der Ursprung der ontischen, die sich, scholastisch gesprochen, nicht univok, sondern analog zueinander verhalten. Der damit umrissenen Zweiheit entspricht eine solche des Denkens; während dem Seienden das *vorstellende Denken* zugeordnet ist, das »in der Betrachtung der Gegenständlichkeit des Seienden seine Quelle findet«[161], ist dem Sein »das *wesentliche Denken*« zugewandt, das »aus dem Anderen des Seienden bestimmt« ist und »in der Erfahrung der Wahrheit des Seins« wurzelt[162]. Das Vorstellen des Seienden verharrt wegen dessen Gegenständlichkeit in der Subjekt-Objekt-*Spaltung*; das Denken des Seins hingegen hat

163

diese Spaltung immer schon überwunden, da »im Wesen des Ereignisses, als welches das Sein den Menschen für die Wahrheit des Seins in den Anspruch nimmt«[163], beide so zusammengehören oder eins sind, daß man *kaum mehr im Plural* von ihnen sprechen kann[164].

Obwohl nun Thomas das Sein vom Seienden bis zum innersten Innen des subsistierenden Seins hin abhebt, entwickelt er doch seine *fünf Wege* des Aufstiegs zu Gott (quinque viae) auf eine ziemlich *ontische Weise*[165]. Vor allem spricht er von »Verursachung« und »Ursache«, die Heidegger dem ontischen oder vorstellenden Denken der Metaphysik zuweist[166], ohne zwischen ontischer und *ontologischer Kausalität* zu unterscheiden[167], indem er allzu unvermittelt von der Kausalität innerhalb des Seienden zu jener, kraft deren alle Seienden vom subsistierenden Sein abhängen, übergeht. Wie hierin die vom Aquinaten vertretene *Analogie* nicht ganz zur Auswirkung kommt, so auch nicht im Überwinden der gegenständlichen Art des Denkens, weshalb vom Sein und vor allem vom subsistierenden Sein allzu sehr auf die *Weise von Gegenständen* die Rede ist, wenn auch der letzten Absicht nach das übergegenständliche (analoge) Denken angezielt wird. Daher bleibt auch die thomanische Metaphysik in eine gewisse Zwiespältigkeit gebannt, weil sie zwar das *vollzogene Sein* bis in seine letzte Tiefe ausschreitet, die *Weise des Vollziehens* aber nicht hinreichend von der Gegenständlichkeit des Seienden löst. Für unsere Thematik heißt das, es werde gewiß *das Ewige* erreicht, doch noch zu sehr auf die *Weise des Zeitlichen* gedacht; auch hafte der übergegenständlichen Vernunft noch einiges von der Gegenständlichkeit des Verstandes an.

Auf der andern Seite ist der *volle Ineinsfall* mit dem subsistierenden Sein oder dem schlechthin Ewigen einzig für jene Vernunft gegeben, die gänzlich reine Vernunft ist und damit jegliche Zeitlichkeit und Gegen-ständlichkeit des Verstandes übersteigt, also für die *übermenschliche Vernunft*, die das absolute Zugleich lebt. Daran nimmt die *menschliche* Vernunft zuinnerst teil durch ein wahres, aber auch bloßes Teil-nehmen, weshalb sie das absolute Zugleich zwar erreicht, aber vermöge des für sie unaufhebbaren Nacheinander (Beweisführung) hinter ihm zurückbleibt. Folglich ist sie im Eins-werden mit dem absoluten

Zugleich notwendig *von ihm unterschieden;* dieser Unterschied besagt aber nicht ein Vergegen-ständlichen des absoluten Zugleich, was beim Aquinaten noch nicht hinreichend gewahrt zu werden scheint. Im Gegensatz dazu sieht *Heidegger* »das Walten der Differenz«[168] als das Zu-bedenkende, indem das ihm eigene wesentliche Denken über jede Vergegenständlichung des Seins hinausschreitet; doch dringt er nicht bis zum subsistierenden Sein als dem ab-soluten Zugleich vor, wodurch die Zeitlichkeit des Denkens auf die *Zeitlichkeit des Seins* übergreift und das Sein so sehr mit dem Denken eins wird, daß es sich in der »Zuwendung« zu diesem auflöst[169]. Darüber gelangt Heidegger noch hinaus, weil er die Kehre vollzieht, nach der das zeitlich sich mitteilende Sein erst das Denken in seine Zeitlichkeit stimmt; so rührt ihn das der menschlichen Vernunft *überlegene Sein* an, das er aber für unzugänglich hält[170], womit er den Horizont der Zeit nicht auf die Ewigkeit hin durchbricht.

Die von Heidegger gesichtete, jedoch nicht letztlich gegründete *Kehre* erfährt beim Aquinaten ihre tiefste Entfaltung. Solange die Vernunft auf den Verstand und beide auf die Einbildungskraft zurückgeführt werden, herrschen die zeitlichen Dinggestalten vor und ist der Mensch um der Dinge willen da; diese Einstellung hat in unserem technischen Zeitalter weithin die Oberhand gewonnen. Soweit das Sein überhaupt erreicht wird, kommt man über das *Sein des Seienden* nicht hinaus oder ist das Sein sozusagen nicht mehr als eine Funktion des Seienden und deshalb zeitlich im Sinne der *ontischen Zeit*. Heidegger dagegen erhebt sich zum *Sein selbst,* wodurch umgekehrt das Seiende sozusagen als Funktion des Seins angesetzt wird und namentlich der Mensch um des Seins willen da ist, insofern ihm als dem »Hirten des Seins«[171] »die Wächterschaft des Seins« übertragen und er für die »Verschwendung des Menschenwesens in die Wahrung der Wahrheit des Seins für das Seiende« bestimmt ist[172]. Damit ist die ontische Zeit überwunden und die *ontologische Zeit* gewonnen, nämlich jener Bereich, den das dem Menschen sich zuschickende Sein eröffnet. Weil nun das derart genommene Sein »nie ohne das Seiende west«[173] und vor allem »den Menschen in den Brauch für es selbst ereignet«[174] oder als das in die Zuwendung zum Menschen sich auflösende auf diesen angewiesen ist, bleibt auch das in der ontologischen Zeit sich mitteilende Sein doch zuletzt Sein des Seienden, wodurch es *dem Menschen statt sich selbst* gehört und nicht mehr recht einzusehen ist, wie und warum der Mensch zuletzt ganz dem Sein gehört.

Das Ergebnis von Heidegger weist über sich hinaus in die Richtung, die *Thomas* einschlägt. Wenn nämlich der Mensch ganz dem Sein gehört, muß das Sein in der innersten Tiefe sich selbst gehören; dementsprechend öffnet sich in und hinter der Zone, in der das Sein dem Menschen gehört und ihn braucht oder Sein des Seienden (Menschen) ist, jener Abgrund, in dem das *Sein ganz sich selbst* gehört und den Menschen nicht braucht oder das *subsistierende*, in sich selbst ruhende und sich selbst genügende Sein ist. Damit erreichen wir durch das sich mitteilende Sein hindurch und über dieses hinaus erst das *eigentliche Selbst* des Seins, während das sich mitteilende Sein schon das Herausgehen des Seins aus sich selbst besagt, wobei es freilich stets und unaufhebbar in seinem eigensten Selbst verharrt. Wie nun nach Heidegger dem sich mitteilenden Sein die ontologische Zeit entspricht, so fällt das subsistierende Sein mit der ganz als solcher ausgeprägten *Ewigkeit* zusammen, wodurch es sogar die ontologische Zeit hinter sich läßt. Allein diesem absoluten Zugleich, das unzerteilt alle Zeiten umspannt, *gehört der Mensch* mit der ihm eigenen Zeit *ganz*; daher ist er um seinetwillen da; seinem Aufleuchten und seiner Ermächtigung zu dienen, ist seine Aufgabe; dazu wird er nun doch gebraucht. Hierbei wird er nicht auf eine bloße Funktion des absoluten Zugleich reduziert, was dem Nacheinander gleichkäme, in dem das Zugleich verborgen bleibt; vielmehr hat er vermöge des Zugleich, das in seinem Nacheinander als solches hervortritt, seinen *Eigenstand*, ist er so *für das absolute Zugleich* da, daß er darin ohne weiteres und unaufhebbar *für sich selbst* da ist. Heidegger hingegen werfen manche vor, er funktionalisiere den Menschen vor dem Sein selbst, was sich daraus erklärt, daß wegen des Ausfallens der Ewigkeit weder das Sein selbst noch infolge davon der Mensch letzten Eigenstand gewinnt.

Unsere gesamten Darlegungen lassen uns das *Sich-zeitigen* des Menschen verstehen. Er zeitigt sich, indem er seine Zeit ganz durch-lebt, d. h. bis in ihre innerste Tiefe lebt, indem er *im Nacheinander das Zugleich* entdeckt und dieses bis zum *absolu-*

ten Zugleich verinnerlicht, indem er daran teilnehmend sich dafür verschwendet und so sich selbst vollendet; er ist der *Durchbruch des Zugleich im Nacheinander,* des Ewigen in der Zeit; das ist seine Zukunft, auf die hin er sich ständig entwirft.

Zweiter Teil
Vom Sein durch die Zeit des Menschen

In der Gesamtthematik »Mensch-Zeit-Sein« haben unsere ein-
leitenden Erörterungen *zwei gegenläufige* und doch wesentlich
miteinander verknüpfte *Richtungen* aufgewiesen[1]. Gemäß der
einen Richtung erhebt sich der Mensch durch die Zeit zum Sein;
gemäß der andern Richtung steigt das Sein durch die Zeit zum
Menschen herab oder teilt es sich durch sein Eingehen in die Zeit,
durch seine Zeitigung dem Menschen mit. Während die erste Richtung den Zugang zu der zweiten eröffnet, ist es die zweite Richtung, die das Geschehen der ersten ermöglicht. Weil also das Sein
immer schon durch die Zeit zum Menschen gekommen ist, vermag
dieser durch die Zeit zum Sein zu gelangen. Umgekehrt liegt
darin, daß der Mensch den durch die Zeit vermittelten Aufstieg
zum Sein zu leisten imstande ist, bereits der Hinweis darauf,
daß sich das Sein durch die Zeit ihm zugeschickt hat. Bisher haben wir jenen Aufstieg entwickelt[2]; jetzt fordert uns die Aufgabe an, diesen *Abstieg*, dessen tatsächliches Geschehen schon
auf Grund jenes Aufstiegs feststeht, im einzelnen auseinander-
zulegen. Dabei haben wir zuerst wiederum einen Blick auf Heidegger zu werfen, um uns dann ausführlicher Thomas zuzuwenden.

Heidegger: das »Ereignis«

Für den soeben erwähnten Abstieg ist vor allem Heideggers Vortrag »Zeit und Sein« aufschlußreich, der aus dem Jahre 1962 stammt[3]. Nehmen wir damit seinen andern Vortrag »Die Kehre«, der 1949 ausgearbeitet wurde, zusammen, so zeigt sich sogleich die *Entwicklung*, die dazwischen stattgefunden hat[4]; das sei an zwei Beispielen verdeutlicht.

Von »Die Kehre« zu »Zeit und Sein«: Auf der früheren Stufe wird das Wort *Ereignis* noch in vielfältiger Bedeutung gebraucht, so daß von dem »Ereignis der Kehre«[5] und sogar von dem »Ereignis der Vergessenheit«[6] die Rede sein kann; später hingegen gewinnt dasselbe Wort einen einzigartigen und zentralen Sinn, der bald zu entwickeln ist. – Eine Verschiebung hat auch bei dem zunächst unscheinbaren Wort *ist* Raum gewonnen; im früheren Vortrag wird betont gesagt: »Nur das Sein ›ist‹, nur im Sein und als Sein ereignet sich, was das ›ist‹ nennt«; »das, was eigentlich ist, ist keineswegs dieses oder jenes Seiende«[7]. Damit stimmt die etwas frühere Schrift »Über den Humanismus« zusammen; doch fügt sie bereits bei: »Wird das ›ist‹ ohne nähere Auslegung vom Sein gesagt, dann wird das Sein allzu leicht als ein ›Seiendes‹ vorgestellt nach der Art des bekannten Seienden, das als Ursache wirkt und als Wirkung gewirkt wird«, wobei man dazu kommt, »ein Seiendes aus Seiendem zu erklären«[8]. »Um vorläufig diese Redewendung zu vermeiden«, wird »›es gibt‹ das Sein« gebraucht; näherhin heißt es: »Das ›es‹, was hier ›gibt‹, ist das Sein selbst. Das ›gibt‹ nennt jedoch das gebende, seine Wahrheit gewährende Wesen des Seins. Das Sichgeben ins Offene mit diesem selbst ist das Sein selber«[9]. Diese Linie wird in dem Vortrag »Zeit und Sein« fortgesetzt, indem das »ist« völlig vom Sein ausgeschlossen wird: »Ist das Sein überhaupt? Würde es sein, dann müßten wir es unweigerlich als etwas Seiendes anerkennen und demzufolge unter dem übrigen Seienden als ein solches vorfinden«[10]. Statt dessen bietet sich als allein angemessene Weise des Sagens dar: »Wir sagen nicht: Sein ist, Zeit ist, sondern: Es gibt Sein und es gibt Zeit«[11]. Dementsprechend bleibt zu bedenken, »was ›Sein‹ besagt, das –

Es gibt; was ›Zeit‹ besagt, die – Es gibt«; dazu aber gilt es zu erörtern, »was im ›Es gibt‹ gegeben wird«[12]. Im einzelnen ist sowohl »das Es« als auch »sein Geben in die Sicht zu bringen«. Das Gebende ist also nicht mehr das Sein, sondern das Es, das sich als das Ereignis in dem oben angedeuteten einzigartigen Sinne enthüllt. – Weisen wir hier noch auf den zweifachen Gehalt der *Kehre* hin; nach der Humanismusschrift ist es die Wende vom Sein als Entwurf des Menschen zum Menschen als dem Entwurf des Seins[13]; unter dem Titel »Die Kehre« aber heißt es, es sei »diejenige der Vergessenheit des Seins zur Wahrnis des Wesens des Seins«[14]. Die beiden Formulierungen hängen wohl so zusammen, daß im Sein, das nur als Entwurf des Menschen auftritt, schon die Vergessenheit des Seins selbst mitgesetzt ist.

Sein als Anwesen und das Ereignis: Verfolgen wir nunmehr den Weg zurück, den Heidegger *von Zeit und Sein zum Ereignis* hin geht. Dabei macht er den Versuch, »das Sein ohne das Seiende« oder »ohne die Rücksicht auf eine Begründung des Seins aus dem Seienden« zu denken[15]. So aber wird das Sein »als Anwesenheit durch die Zeit bestimmt«[16] oder »ist die das Denken bindende Bestimmung des Seins als Anwesen« grundlegend[17]. Indem nun »im Sein als Anwesenheit dergleichen wie Zeit spricht«, ist das »Verhältnis beider ... dem Denken aufgegeben«[18]. Im *Anwesen* liegt immer schon »Anwesenlassen«, »insofern Anwesen zugelassen wird«; und Anwesenlassen heißt »Entbergen, ins Offene bringen«, worin »ein *Geben* spielt, jenes nämlich, das im Anwesen-lassen das Anwesen, d. h. Sein gibt«[19]. Daraus, daß das Sein »als die Gabe des Es gibt in das Geben gehört«, ist die »Wandlungsfülle des Seins« zu verstehen[20]; anders ausgedrückt, bestimmt sich »das Geschichtsartige der Geschichte des Seins ... daraus, wie Sein geschieht« oder »wie Es Sein gibt«[21]. Im Geben seiner Gabe aber entzieht sich das Geben selbst und wird deshalb »das Schicken« genannt; somit ist das Sein dasselbe wie »das Geschickte« und »bleibt geschickt jede seiner Wandlungen«[22]. Wegen des »jeweiligen An-sich-haltens« des Geschickes (griechisch: ἐποχή) sprechen wir »von den Epochen des Seinsgeschickes«[23]. Das derart *Sich-entziehende* gilt es zu denken, indem wir durch das *Geben* zum Es fortschreiten.

Im Anwesen empfängt der Mensch »das stete, den Menschen angehende, ihn erreichende, ihm gereichte Verweilen«[24]. In das *Verweilen* gehören aber auf ihre je eigene Weise die Gegenwart, die noch nicht Gegenwart oder das Ankommen und die nicht mehr Gegenwart oder das Gewesen[25]. Alle *drei Dimensionen* umspannt das Verweilen *zugleich*; »zugleich« meint ihr »Sich-einander-Reichen« oder »die Einheit des Reichens«, nicht aber, daß sie »zugleich vorhanden« sind[26]. Mit dem »in ihnen gereichten An-wesen« lichtet sich der »Zeit-Raum«; er fällt keineswegs mit dem »Nacheinander der Jetztfolge« zusammen[27]; vielmehr nennt er »das Offene, das im Einander-sich-reichen« der drei Dimensionen aufgeht und als »selber vor-räumliches« »dem uns gewöhnlich bekannten Raum seine mögliche Ausbreitung einräumt«[28]. Der gewöhnlichen Zeit also oder dem Nacheinander als der »eindimensionalen Zeit« liegt die »eigentliche Zeit« oder das Zugleich des »dreifachen Reichens« als die »dreidimensionale« Zeit zugrunde[29]. Dabei stellt sich »die Einheit der drei Zeitdimensionen« als das »Zuspiel jeder für jede« dar, das sich als »die *vierte Dimension*« erweist, weshalb »die eigentliche Zeit vierdimensional ist«[30]. Der Sache nach ist die vierte Dimension als »das alles bestimmende Reichen« die erste; dieses erbringt den anderen Dimensionen »das ihnen jeweils eigene Anwesen, hält sie lichtend auseinander und hält sie zueinander«[31] und erweist sich damit als deren Ursprung. Die vorstehend umschriebene eigentliche Zeit »hat den Menschen als solchen schon so erreicht, daß er nur Mensch sein kann, indem er innesteht im *dreifachen Reichen*« und es aussteht[32].

Vom Geben schreiten wir numehr *zum Es* fort, das wir nicht »willkürlich« als »eine unbestimmte Macht ansetzen« dürfen, was wir vermeiden, »solange wir uns an die Bestimmungen des Gebens halten«[33]; folglich ist »das Es, das gibt, aus dem bereits gekennzeichneten Geben her zu bestimmen«[34]. Darin liegt »ein Zueignen, ein Übereignen, nämlich von Sein als Anwesenheit und von Zeit als Bereich des Offenen in ihr Eigenes« und damit »in ihr Zusammengehören«, insofern dieses erst beide »aus ihrem Verhältnis in ihr Eigenes ereignet«[35]. Was nun Zeit und Sein dazu »bestimmt, nennen wir: *das Ereignis*«, das sich im Geben verbirgt und bezeugt als das Es[36]. Aus diesem »empfangen das Geben und dessen Gabe ihre Bestimmung«[37]; weil das *Geben*

die Zeit und das *Sein die Gabe* ist, werden »Zeit und Sein ereignet im Ereignis«[38], zeigt sich zumal das Sein als »Eigentum des
Ereignisses«, ja »verschwindet Sein im Ereignis«[39]. Genauerhin
»gehört zum Ereignis als solchem die Enteignis«[40] oder das
Sich-entziehen, auf das wir bei den Dimensionen der Zeit
und bei der Verbergung des »Es gibt« stießen. Letztlich gilt:
»Das Ereignis ist weder, noch gibt es das Ereignis«; es bleibt
nur: »Das Ereignis ereignet«, womit »wir vom Selben her auf
das Selbe zu das Selbe sagen«[41]; das hat einen Sinn allein für
jenes Denken, das »sich dem Geheiß des zu Denkenden fügt«[42].

Der Mensch im Ereignis: Was den *Menschen* betrifft, so ist es
dem Ereignis eigen, ihn »als den, der Sein vernimmt, indem er
innesteht in der eigentlichen Zeit, in sein Eigenes« zu bringen.
»So geeignet *gehört* der Mensch *in das Ereignis*«[43]. Damit in
dieses eingelassen, vermag er es nie vor sich zu stellen »weder als
ein Gegenüber noch als das alles Umfassende«[44]. »Darum entspricht das vorstellend-begründende Denken so wenig dem Ereignis wie das nur aussagende Sagen«[45]. An dieser Stelle sehen
wir deutlich: Das Sein aus dem Ereignis denken besagt, es »ohne
das Seiende denken, heißt: Sein ohne Rücksicht auf die *Metaphysik* denken«[46]; da aber deren Überwinden sich immer noch
auf sie einläßt, »gilt es, vom Überwinden abzulassen und die
Metaphysik sich selbst zu überlassen«[47]. Im Gegensatz zu deren
vorstellendem Denken kommt alles auf dasjenige Denken an,
»das sich eigens in das Ereignis einläßt, um Es aus ihm her auf
Es zu – zu sagen«[48]. Bei diesem Sagen aber handelt es sich
»nicht um Aussagen, die stets in den Satzbau der Subjekt-Prädi-
kat-Beziehung verfestigt sind«[49], worüber das Ereignis hinausführt.
Das *Zusammengehören* des Menschen mit dem Sein im Ereignis
deutet schon der Vortrag »Der Satz der Identität« vom Jahre
1957 an: »Das Ereignis . . ., das Mensch und Sein erst in ihr
Eigentliches enteignet«[50]. Dasselbe Zusammengehören arbeitet mit aller Schärfe die Abhandlung »Zur Seinsfrage« vom
Jahre 1955 heraus. Das Sein ist nicht »etwas für sich«[51], sondern »beruht in der Zuwendung«[52]. Entsprechend beruht das
Menschenwesen darauf, »daß es jeweils so oder so in der Zuwendung oder Abwendung währt und wohnt«[53]. »Schon im

Menschenwesen liegt die Beziehung zu dem, was durch den Bezug, das Beziehen im Sinne des Brauchens, als ›Sein‹ bestimmt und so seinem vermeintlichen ›an und für sich‹ entnommen ist«[54]. Dem Ereignis als dem Einen, in dem beide sie selbst sind, kommt am nächsten: »In Wahrheit können wir dann nicht einmal mehr sagen, ›das Sein‹ und ›der Mensch‹ ›seien‹ das Selbe in dem Sinne, daß *sie* zusammengehören; denn *so* sagend, lassen wir immer noch beide für sich sein«[55]. An die Stelle des Plurals muß also der Singular treten, worauf auch das kreuzweise Durchstreichen des Seins hinweist[56].

Gottesfrage und Ereignis: Im Ereignis meldet sich zusammen mit der Frage nach dem Menschen *die Frage nach Gott*, für die besonders im »Es« ein Ansatzpunkt zu liegen scheint. In der Tat bemerkt Heidegger: »Das in der Rede ›Es gibt Sein‹, ›Es gibt Zeit‹ gesagte ›Es‹ nennt vermutlich etwas Ausgezeichnetes, worauf hier nicht einzugehen ist«[57]. Weil wir durch solches Eingehen »in die zu Beginn des Vortrags erwähnten Schwierigkeiten zurückgeworfen« würden, ob nämlich »Sein ist«, »darum lassen wir jetzt von dem Versuch ab, gleichsam im Alleingang das ›Es‹ für sich zu bestimmen«[58]. Dieser *Verzicht* ist um so mehr geboten, als der Aussagesatz, wie schon angedeutet wurde, dem Eigenen des Ereignisses nicht gemäß ist; »dies bedeutet jedoch, das Unvermögen eingestehen, das hier zu Denkende sachgerecht zu denken«[59]. Vielleicht ist es sogar »ratsamer, nicht erst auf die Antwort, sondern bereits auf die Frage zu verzichten«[60].
Die Verlegenheit, in die wir jetzt beim Äußersten oder Innersten des Denkens geraten, verstrickt uns in einen scheinbar *unentwirrbaren Zirkel*. Gesucht ist »eine Auskunft über das Sein des Ereignisses«, die offenbar ein Verstehen von Sein voraussetzt; dem widerspricht aber, daß das Sein selbst »in das Ereignis gehört« und aus ihm die Bestimmung von Anwesenheit empfängt, und zwar »aus der Vor-Sicht auf das ›Es‹«[61]. Anders gesagt: der Versuch, das Ereignis und namentlich das ›Es‹ aus dem Sein zu bestimmen, scheitert, weil das Sein die ihm eigene Bestimmung gerade aus dem Ereignis und namentlich aus dem ›Es‹ erfährt. Daher gilt es, sich darauf zu beschränken, »wie das Ereignis nicht zu denken ist«[62].
Trotzdem *will* die Frage *nicht verstummen*: »Zeit und Sein er-

eignet im Ereignis. Und dieses selbst? Läßt sich vom Ereignis noch mehr sagen?«[63] Weiterhelfen könnte »das Ansichhalten«, das »zum Geben als Schicken gehört«[64]. Näherhin geht es darum, »daß im Reichen von Gegenwart und Ankommen Verweigerung von Gegenwart und Vorenthalten von Gegenwart spielen«; darin liegt »ein Sichentziehen, kurz gesagt: der Entzug«[65]. Dieser »muß zum Eigentümlichen des Ereignisses gehören«, insofern »das Schicken im Geschick des Seins . . . ein Geben« ist, bei dem »das Schickende selbst an sich hält und im Ansichhalten sich der Entbergung entzieht«[66]. Doch »dies zu erörtern, ist nicht mehr Sache dieses Vortrags«[67].

An den vorstehenden Darlegungen fällt auf, daß Heidegger seine Erörterungen an einer bestimmten Stelle *abbricht*, um aber ebenso Bereiche des Fragens *offenzuhalten*, die zu betreten anscheinend nicht sinnlos oder unmöglich ist, obwohl sich dagegen bedeutende Schwierigkeiten erheben. Im einzelnen reicht das aussagende Denken nicht aus, hemmt ein unvermeidlicher Zirkel unsern Weg, entzieht sich das Ansichhaltende dem Entbergen. Das gilt namentlich für das »Es«, das im Ereignis am Werke ist, von dem das Reichen und das Geben ausgehen, das wir aber, wie Heidegger mit Recht bemerkt, »nicht willkürlich als eine unbestimmte Macht ansetzen« dürfen[68], sondern »aus dem Geben her zu bestimmen« haben[69]. Den Hintergrund dazu bildet die Feststellung: »So bleibt das Es weiterhin unbestimmt, rätselhaft, und wir selber bleiben *ratlos*«[70].

Auf das verborgene Es weist auch das *Zugleich* oder »die Einheit des Reichens« hin[71], die als die »eigentliche«, drei- oder vier-dimensionale Zeit stets der »eindimensionalen« oder empirischen Zeit zugrunde liegt und damit auf genauer zu bestimmende Weise vorausgeht[72]. Innerhalb der vier Dimensionen ist noch einmal die vierte Dimension als das »Zuspiel jeder für jede« in Wahrheit *die erste;* denn als »das alles bestimmende Reichen« erbringt sie den anderen Dimensionen ihr jeweils Eigenes[73]. Somit zeigt sich die vierte oder eigentlich erste Dimension als das innerste Zugleich und folglich als das eigentliche Es. Wie dieses des näheren zu bestimmen sei, wird offengelassen.

Beiträge aus dem »*Protokoll*«: Einiges weitere Licht vermittelt das *Protokoll* von dem Seminar, das im selben Jahr 1962 über den Vortrag »Zeit und Sein« gehalten worden ist. Darin heißt es vom »*Vorrang des Anwesens*« vor den »anderen Bestimmungen« des Seins, er sei »noch ungedacht« oder »eine Behauptung«, die sich als »Frage und Aufgabe des Denkens« darstelle[74]. Meines Erachtens bietet eine gewisse Antwort darauf das, »was das Ereignis ereignet«, »nämlich das *Zusammengehören* von Mensch und Sein«[75]; das aber kommt dem Anwesen gleich, das durch die Zeit als den »Vornamen« für »die Wahrheit des Seins« vermittelt wird[76]: »Sein wird als Anwesenheit durch die Zeit bestimmt«[77]. So bleiben Sein und Zeit »als die Gabe des Ereignisses«, obwohl dieses zugleich in den »Abschied« von ihnen gelangt, insofern sie in ihm aufgehen oder, mit Hegel gesprochen, aufgehoben werden[78].

Was die *Vergessenheit* betrifft, so besage sie, griechisch gesehen, dasselbe wie »Verborgenheit und Sichverbergen«, also wie *Entzug*[79]; daraus erwächst die Aufgabe, »Sein so zu denken, daß die Vergessenheit ihm wesentlich zugehört«, wobei »das Erwachen aus der Seinsvergessenheit zu ihr das Entwachen in das Ereignis« ist[80]. Während nun der Entzug »in der Gestalt der Seinsvergessenheit die Metaphysik kennzeichnet« oder diese »die Geschichte der Verbergung und des Entzugs dessen, das Sein gibt«, ist, kommt es jetzt dazu, daß sich der Entzug »als die Dimension der Verbergung selbst zeigt«[81]. Damit steht das Denken »in und vor Jenem, das die verschiedenen Gestalten des epochalen Seins zugeschickt hat. Dieses aber, das Schickende als das Ereignis, ist selbst *ungeschichtlich*, besser geschicklos«, was nicht besagt, »daß ihm jede ›Bewegtheit‹ fehlt«, sondern »daß sich dem Denken allererst die dem Ereignis eigene Weise der Bewegtheit, die Zuwendung im Entzug ist, als das zu Denkende zeigt«[82]. Diese Bewegtheit läßt sich genauer in folgenden Momenten auslegen: »Das sich als das Geschick Durchhaltende«[83] begründet »die Seinsgeschichte als die Geschichte der Schickungen, in denen das Ereignis sich verbirgt«[84], und damit die »Wandlung« oder »die wechselnden Gestalten, in denen das Sein epochal-geschichtlich sich zeigt«[85]; schließlich wird auch »das Sein verwandelt, nämlich in das Ereignis«, indem »das Sein – mitsamt seinen epochalen Offenbarungen – im Geschick einbehalten, aber als Geschick in das Ereignis zurückgenommen wird«[86].

Wichtig ist, was in diesem Zusammenhang über das *Ende der Seinsgeschichte* gesagt wird. »Die Metaphysik ist die Geschichte der Seinsprägungen, d. h. vom Ereignis her gesehen, die Geschichte des Sichentziehens des Schickenden zugunsten der im Schicken gegebenen Schickungen«[87]. Weil hingegen »das Ereignis nicht eine neue seinsgeschichtliche Prägung des Seins«, sondern »ungeschichtlich, besser geschicklos« ist, ist »für das Denken, das in das Ereignis einkehrt – sofern dadurch das Sein, das im Geschick beruht, nicht mehr das eigens zu Denkende ist – die Seinsgeschichte zu Ende«[88]. »Die Einkehr des Denkens in das Ereignis ist somit gleichbedeutend mit dem Ende dieser Geschichte des Entzugs. Die Seinsvergessenheit ›hebt‹ sich ›auf‹ mit dem Entwachen in das Ereignis«[89]. – Hier scheint mir eine folgenschwere *Verwechslung* vorzuliegen; oben wurde Seinsvergessenheit im Sinne von Seinsverborgenheit gedeutet; jetzt wird Seinsverborgenheit im Sinne von Seinsvergessenheit verstanden. Mit dem Einkehren des Denkens in das Ereignis geht die Seinsvergessenheit, keineswegs jedoch die Seinsverborgenheit zu Ende, weshalb auch die Seinsgeschichte damit nicht aufhört. Näheres darüber wird in dem Abschnitt über den Aquinaten entwickelt.

Anwesenlassen aus dem Ereignis: Wenn das Ereignis »ungeschichtlich, besser geschicklos« ist[90], so wird es damit *keineswegs* in die *Transzendenz* erhoben; man könnte nämlich »versucht sein, das Ereignis als das Letzte und Höchste mit dem Absoluten Hegels zu vergleichen«[91]. Doch kommt Hegel »zur Aufhebung der Endlichkeit des Menschen. Bei Heidegger hingegen wird die *Endlichkeit* – und zwar nicht nur die des Menschen, sondern die des Ereignisses selbst – gerade sichtbar gemacht«[92]. Dabei wird die »Endlichkeit des Ereignisses, des Seins ... nicht mehr aus dem Bezug zur Unendlichkeit, sondern als Endlichkeit in sich selbst gedacht«, näherhin als »das Eigene – ins Eigene Geborgensein«[93]. »Aus dem Ereignis selbst, vom Begriff des Eigentums her ist der *neue Begriff* der Endlichkeit« gewonnen[94]. Auf diesem Hintergrund ist auch die Frage, »wodurch die Abfolge der Epochen bestimmt wird«, die eine »freie Folge« ist, anders als bei Hegel zu beantworten[95]. »Für Hegel waltet in der Geschichte die Notwendigkeit, die zugleich Freiheit ist«[96].

»Bei Heidegger hingegen kann *nicht von einem Warum* gesprochen werden. Nur *das Daß* – daß die Seinsgeschichte so ist – kann gesagt werden«[97]. »Innerhalb des Daß« aber »kann das Denken auch so etwas wie Notwendigkeit in der Abfolge« feststellen[98]. »So läßt sich sagen, daß die Seinsgeschichte die Geschichte der sich steigernden Seinsvergessenheit ist«[99]. Mehr und mehr entzieht sich das Sein, und dieser Entzug »bleibt zudem verborgen«; »im κρύπτεσθαι Heraklits ist zum ersten und zum letzten Mal das ausgesprochen, was der Entzug ist«[100]. – Die Geschicklosigkeit und die Endlichkeit des Entzugs, die darin waltende Freiheit zusammen mit einer gewissen Notwendigkeit, schließlich seine wachsende Vergessenheit spornen zu weiterem Nachdenken von Thomas her an.

Im Hinblick auf die Auseinandersetzung mit diesem ist Heideggers Satz zu beachten: »Es gibt hier kein Machen«[101]. »Das Geben im ›Es gibt Sein‹ zeigte sich als Schicken«, und »das Geben im ›Es gibt Zeit‹ zeigte sich als lichtendes Reichen«; beides kann *nicht als Machen* gefaßt werden[102]. Ebenso ist im Innestehen des Menschen in der Zeit als dem »dreifachen Reichen« weder die Zeit ein »Gemächte des Menschen« noch der Mensch ein »Gemächte der Zeit«[103]. Ähnlich heißt es im Protokoll: »Zwischen den epochalen Seinswandlungen und dem Entzug« oder dem Ereignis »läßt sich ein Verhältnis sehen, das aber *nicht* das einer *Kausalität* ist«[104]. Je weiter das abendländische Denken von seiner Frühzeit abrückt und damit die ἀλήθεια in Vergessenheit gerät, desto mehr kommt es zur »Wandlung des Seins von der ενέργεια zur actualitas«, was mit dem Abgleiten vom wesentlichen in das vorstellende oder kausale Denken gleichbedeutend ist[105]. Damit stimmt die Abhandlung »Die Kehre« zusammen: »Sein verläuft nicht und nie in einem kausalen Wirkungszusammenhang. Der Weise, wie es, das Sein selber, sich schickt, geht nichts Bewirkendes als Sein voraus und folgt keine Wirkung als Sein nach. Steil aus seinem eigenen Wesen der Verborgenheit ereignet sich Sein in seine Epoche«[106]. Daß wir hier in die *Nähe der Gottesfrage* gelangen, zeigen die Worte: »Auch der Gott ist, wenn er ist, ein Seiender, steht als Seiender im Sein und dessen Wesen, das sich aus dem Welten von Welt ereignet«; »ob Gott Gott ist, ereignet sich aus der Konstellation des Seins und innerhalb ihrer«[107]. Zu Gott kommt der Mensch, in dem Welt als »das Nächste« ihm »die Wahrheit des Seins nähert« und so ihn »dem Ereignis vereignet«[108].

Nehmen wir dieselbe Fragestellung aus etwas anderer Sicht noch einmal auf. Das vom Ereignis ausgehende Anwesenlassen des Anwesenden »wird bei Aristoteles als ποίησις ausgelegt«, die »später zur *creatio* umgedeutet« wurde und endlich in die Setzung der Gegenstände durch das transzendentale Bewußtsein einmündet[109]. Platon hingegen versteht dieses »Bestimmungsverhältnis« nicht als ποίησις, sondern als »*Beisein*« (παρουσία), obwohl in seinen späteren Werken »der poietische Charakter« immer mehr hervortritt[110]. Doch bleibt bei ihm »das Bestimmen ungedacht«, weil er nirgends ausarbeitet, »was die παρουσία in Bezug auf die ὄντα leistet«; »diese Lücke wird nicht dadurch geschlossen, daß er jenes Verhältnis »als Licht zu fassen sucht«, was ihn Heidegger annähert[111]. Wenn also in der Metaphysik das Anwesenlassen als »Hervorbringen in seinen mannigfaltigen Gestalten« genommen wird, so grenzt es Heidegger »gegen alle Weisen des Machens, der Konstitution« ab und nennt es »ein *ins-Offene-Bringen*«, worin das griechische »Licht und Scheinen« – freilich ohne volle Klärung – ausdrücklich werden[112]. Vielleicht kann der Hinweis auf die ἀλήθεια weiterhelfen, wonach jenes Bestimmen »als Entbergen« angesetzt und »dieses für sich genommen« und so von »allen Weisen der ποίησις« unterschieden wird[113]. Für das nähere Umschreiben des hier gemeinten *Entbergens* ist zu beachten, daß jenes Entbergen, das der ποίησις zugehört, das εἶδος herausstellt, während es jetzt um das Entbergen geht, das »sich auf das *ganze Seiende* bezieht«[114]. Es ist bezeichnend, daß in diesem Zusammenhang nach dem noch ungedachten »Daß-sein und Was-sein« gefragt wird. Insofern dabei »die in der Sprache gegebenen ontischen Modelle abgearbeitet« werden, kann man die Art des Vorgehens »in Analogie zur Methode einer negativen Theologie« sehen; dieser Methode bedarf etwa der Gebrauch von Zeitwörtern wie »reichen«, »schicken« usw. »für etwas, das nichts Zeitliches ist«[115]. Mit dem Aufstieg zum reinen Entbergen muß sich der Abstieg zu den »verschiedenen Modi des inhaltlich bestimmten Entbergens« sowie zu dem »Anwesenheitscharakter der verschiedenen Bereiche des Seienden« verbinden[116].

Diese Darlegungen führen, wie leicht einzusehen ist, an die »*creatio*« heran, für die ja das Hervor-bringen des ganzen Seienden ohne ein Machen im üblichen Sinne kennzeichnend ist. Heideggers Anregungen tragen dazu bei, sie von allem *ontischen Beiwerk* zu befreien und damit neu zu denken. Dabei erweist sich dieses Grund-Ereignis so sehr als Entzug, daß es von den meisten Denkern nicht erreicht und mißverstanden wird, wovon auch Heidegger nicht frei ist. Man könnte sein hellsichtiges Tasten als ein Sich-hintasten von der ontisch mißdeuteten zu der wahrhaft onto-logisch geläuterten »creatio« hin verstehen.

Thomas von Aquin

1. Abschnitt
»creatio«

Ein Wort, das der Aquinate von Augustinus empfangen hat, kann als *zusammenfassender Vorblick* auf das Kommende dienen: »Gott bewegt das geistige Geschöpf durch die Zeit« (Deus movet creaturam spiritualem per tempus)[117]. Ausführlicher schreibt Augustinus: »Der geschaffene Geist bewegt sich selbst durch Zeit und das Körperliche durch Zeit und Raum; der erschaffende Geist aber bewegt sich selbst ohne Zeit und Raum, den geschaffenen Geist bewegt er durch Zeit ohne Raum, das Körperliche bewegt er durch Zeit und Raum«[118]. Näher zu bestimmen bleibt die Bewegung, die wesentlich Eintreten in die Zeit oder Zeitigung des aus ihr Hervorgehenden besagt, selbst aber ein überzeitliches Geschehen ist. Sie heißt bei Thomas »creatio«, und es fragt sich in unserem Zusammenhang, ob sie in die Nähe des Ereignisses von Heidegger führt, ob namentlich dieses im Sinne der »creatio« gedeutet werden kann.

»*creatio*« *ist nicht* »*mutatio*«: Auf den ersten Blick scheint das nicht möglich zu sein; denn Erschaffen besagt *etwas aus dem Nichts machen* (creatio est ex nihilo aliquid facere), weshalb darin das Verhältnis der Ursache zur Wirkung und der Wirkung zur Ursache liegt[119]. Das Ereignis hingegen enthält ein Verhältnis, das nicht Kausalität ist, und ein Geben, das nichts mit Machen zu tun hat. Genauerhin sieht Heidegger die »creatio« im Bereich der griechischen ποίησις, und zwar als deren Umdeutung, wobei sich die ποίησις nie auf das ganze Seiende, sondern immer nur auf das Herausstellen des εἶδος bezieht. Damit fällt die ποίησις mit dem zusammen, was der Aquinate »mutatio« und »alteratio« nennt, die wesentlich ein *vorgegebenes Substrat* voraussetzen, ohne das sie nicht das Geringste hervorzubringen imstande sind[120]. Dieses überführen sie in eine andere Formgestalt (εἶδος), die entweder substantiell (mutatio) oder akzidentell (alteratio) ist und dementsprechend entweder die ganz potentielle erste Materie oder ein schon als Substanz aktuiertes Seiendes umformt.

Über die solchermaßen ein vorgegebenes Substrat umgestaltende ποίησις ist das *griechische Denken* nicht hinausgekommen, weil ihm die »creatio« fremd blieb. Das stellt Thomas von den alten Philosophen (antiqui philosophi) ausdrücklich fest, indem er als ihre gemeinsame Auffassung bezeichnet, daß aus nichts nicht etwas werden könne (ex nihilo nihil fieri), was besagen will, ohne ein vorgegebenes Substrat (causa materialis) könne nie etwas entstehen[121]. Verglichen mit dem griechischen Denken ist es nun etwas absolut *Neues*, daß Thomas als klassischer Synthetiker der christlichen Überlieferung dem vorher geltenden Axiom seine Allgemeinverbindlichkeit abspricht, weil es auf den Fall der »creatio« nicht zutrifft (sed tamen hoc locum non habet)[122]. Daraus ergibt sich der lapidare Satz, daß die »*creatio*« *keine* »*mutatio*« ist, insofern diese ein Selbes voraussetzt, das nachher anders als vorher bestimmt ist[123]. – Bezüglich des von Heidegger Gesagten folgt eindeutig, daß die »creatio« nicht in den Bereich der griechischen ποίησις gehört und nicht durch deren Umdeutung erreicht wurde; vielmehr eröffnet sie einen völlig neuen Bereich des Hervorgehens, der jeder ποίησις oder »mutatio« vorausgeht und zugrunde liegt sowie diese allererst ermöglicht.

Nach Thomas haben die antiken Philosophen allein das Ausgehen von partikulären Wirkungen aus partikulären Ursachen betrachtet, wobei ein vorgegebenes Substrat erforderlich ist[124]. Für den Blick, der tiefer dringt, erweist sich diese Kausalität als *sekundär* oder abgeleitet und *unvollkommen;* denn sie setzt wesentlich eine andere Kausalität voraus, die als die *primäre* oder ursprüngliche und *vollkommene* anzusprechen ist[125]. Diese bezeichnen wir als Erschaffen (creatio), in dem wir das Ausgehen (emanatio) des gesamten Seienden von der allumfassenden Ursache sehen, die auch der erste Ursprung heißt[126]. Da aber dieses Ausgehen wesentlich alles Seiende umspannt, ist es unmöglich, daß ihm irgendein Seiendes als Substrat vorausgehe; wenn es also kein Seiendes (nullum ens) voraussetzt, liegt ihm nichts (nihil) als Materialursache zugrunde[127]. Daher ist das *Erschaffen* dasselbe wie das Ausgehen des *gesamten Seins aus dem Nicht-Seienden* oder *dem Nichts*[128], anders: der ganzen Substanz des Dinges aus dem schlechthin Nicht-Seienden[129]; eine Sache war vorher gänzlich nicht und nachher ist sie[130]. Erschaffen werden also nicht nur die substantiellen oder akzidentellen Formprinzipien in den Dingen, sondern die Dinge selbst mit allem, was auf irgendeine Weise zu ihrem Sein gehört, folglich auch die sogenannte erste Materie[131]. Demnach bezieht sich das Erschaffen auf das subsistierende Ding, nämlich auf das ganze Seiende oder selb-ständige *Ganze, das* ist[132]; dabei wird dieses nicht aus vorgegebenen Teilfaktoren aufgebaut; vielmehr werden diese in dem und zugleich mit dem Ganzen in das Sein erhoben als das, *wodurch* das Ganze ist[133]. – Nach unseren Darlegungen stimmt die »creatio« in zweifacher Hinsicht mit dem ›Ereignis‹ überein: sie ist nicht ποίησις oder »mutatio«, sondern liegt dieser als ein Ursprünglicheres zugrunde; ebenso hat sie nicht nur mit dem εἶδος, sondern mit dem ganzen Seienden zu tun. Indem wir weiter forschen, werden wir noch andere gemeinsame Wesenszüge entdecken.

Hervorbringen des Seins: Tiefer eindringen können wir an Hand der Deutung, die der Aquinate dem Satz aus dem »Liber de causis«, dem Buch von den Ursachen, gibt: »Das Erste der erschaffenen Dinge ist das Sein« (prima rerum creatarum est esse). Damit sei nämlich nicht ein eigenes erschaffenes In-sich-stehendes gemeint, sondern in jedem Erschaffenen das angezielt, worauf sich eigentlich das Erschaffen bezieht[134]. Als solches aber bietet sich das Seiende, nicht aber dieses Seiende an, weil es im Erschaffen um das Hervorgehen des ganzen Seins (totius esse) geht[135]; es kommt also auf das *Sein* des Seienden, keineswegs jedoch auf eine bestimmte Seinsart des Seienden oder auf dessen Seiendheit (Wesenheit) an. Während bei dieser die meisten haltgemacht haben, sind nur wenige zum Hervorbringen des Seienden, insofern es ein Seiendes ist oder ihm Sein zukommt, vorgestoßen[136]; das ist damit gleichbedeutend, daß jene bei der »mutatio« stehengeblieben sind, allein diese hingegen die »creatio« erreicht haben. Das Erschaffen nämlich richtet sich wesentlich nicht auf das so oder so Seiende, sondern absolut auf das Sein (esse absolute)[137] oder *unmittelbar auf das Sein* und nur mittelbar auf das so oder so Seiende, dem das Sein zukommt. Genauer gesprochen, umfaßt das Sein selbst in jedem Seienden alles andere, zumal alle Formbestimmungen, durch die dieses so oder so bestimmt ist; denn das absolut verstandene, d. h. von allem So oder So losgelöste und in seine volle Weite befreite Sein (esse absolute) geht allen anderen Bestimmungen als *das Erste*, Grund-legende und Tragende in jedem Seienden voraus[138], obwohl es immer schon in dieses eingegangen und so das »esse absolute« oder das Sein selbst zum »esse suum«, zu dem für das jeweilige Seiende kennzeichnenden Sein geworden ist[139]. – Wie für Heidegger das Sein in das Ereignis hineingehört und vom Ereignis ereignet ist, so gehört auch bei Thomas das *Sein*, soweit es bisher hervorgetreten ist, in die »creatio« hinein und wird von dieser *gesetzt*, bestimmt oder (wir können ruhig sagen) ereignet. Wie außerdem für Heidegger das Sein nie ohne das Seiende west[140], so bildet auch bei Thomas das aus der »creatio« hervorgehende Sein nicht ein eigenes In-sich-stehendes oder eine eigene Hypostase, sondern ist stets und notwendig Sein des Seienden oder west *nie ohne das Seiende*.

Hier drängt sich die Frage auf, ob die Zuordnung der »creatio« zum *Sein* damit vereinbar sei, daß sie als *Machen* (facere) gefaßt wird[141], das Heidegger als Umdeutung der griechischen ποίησις sieht. Tatsächlich gehört das Machen im Sinne der »mutatio« oder der Umgestaltung eines Vorgegebenen mit dem Seienden zusammen. Da wir aber bereits gezeigt haben, wie die »creatio« wesentlich von der »mutatio« als etwas ihr vorausgehendes Ursprünglicheres abzuheben ist, trifft dieses Machen, das wir gewöhnlich allein im Blick haben, auf die »creatio« nicht zu. Der Aquinate unterscheidet ausdrücklich von dem Begriffspaar »mutare et mutari« das andere »facere et fieri« und fügt bei, dieses bezeichne einzig das Verhältnis der Ursache zur Wirkung und der Wirkung zur Ursache und bringe die Veränderung lediglich als etwas Nachfolgendes mit sich[142]. Damit reicht die *Veränderung nicht* in das innerste Wesen des »facere« hinein, weshalb sich als Hintergrund des gewöhnlichen Machens, das als Veränderung auf das Seiende bezogen ist, ein *anderes tieferes »facere«* abzeichnet, das mit der »creatio« zusammenstimmt und folglich auf das Sein gerichtet ist[143]. Dieses »facere« nennen wir im folgenden *»Hervorbringen«*, weil das Wort »Machen« in unserem Sprachgebrauch kaum von Machen als Verändern, besonders im materiellen Bereich, zu trennen ist.

Die Eigenart des so gefundenen Hervorbringens ist schärfer zu umgrenzen. Das gewöhnliche Machen entfaltet sich in den *Kategorien* von »actio« und »passio«, von Tun und Erleiden, Erwirken und Erwirkt-werden, und zwar durch Um-formen eines vorgegebenen Substrats; die beiden Glieder kommen in der *Veränderung* überein und unterscheiden sich allein nach dem jeweiligen Verhältnis, in dem sie dazu stehen, nämlich insofern sie sich aktiv bzw. passiv zur Veränderung verhalten[144]. Weil nun in der »creatio« ein vorgegebenes Substrat nicht in Betracht kommt, fallen bei ihr die Kategorien »actio« und »passio« weg; denn weder muß das vorgegebene Erwirkende durch die »actio« zum Vollzug des Erwirkens noch die vorgegebene Materialursache durch die »passio« in die neue Formgestalt erhoben werden; insofern gerade solches Erheben oder diese »mutatio« den Sinn der beiden Kategorien ausmacht, verschwinden sie ohne weiteres bei dem Vorgang, der jede »mutatio« hinter sich läßt. Infolgedessen ist die »creatio« als jenes Hervorbringen anzusprechen, das von *überkategorialer* Art ist. Wenn aber die mit der »mutatio« gegebenen Kategorien ausgeschlossen werden, haben wir es in der »creatio« allein mit den beiden Verhältnissen (habitudines) zu tun, wodurch der Erschaffende auf das Erschaffene und umgekehrt bezogen ist[145]; es bleibt einzig die *Beziehung* (relatio)[146], die entweder als aktive oder als passive zu betrachten ist. Als aktive ist sie dasselbe wie das göttliche Tun mit seiner hervorbringenden Bezogenheit auf das Erschaffene[147]; als passive ist sie die Bezogenheit, durch die das Erschaffene dem Erschaffer als dem Ursprung des ihm verliehenen Seins verbunden ist[148]. – Nach allem hebt Thomas mit voller Entschiedenheit die »creatio« von dem gewöhnlichen Machen ab, indem er sie auf die Beziehung zurückführt; damit übersteigt sie das kategoriale Seiende und wird dem *überkategorialen Sein* zugeordnet, zu dem das Machen nicht hinreicht. Von hier aus gesehen, berührt sich die »creatio« wieder mit dem *Verhältnis*, dem Bestimmen und Geben, die für das Ereignis kennzeichnend sind. Wie dem die von Thomas auch für die »creatio« behauptete Kausalität nicht widerstreitet, ist später zu klären.

Eigenart der Beziehung: Die Beziehung, in der nach dem eben Dargelegten die »creatio« besteht, wird von Thomas noch genauer umschrieben und dadurch vom kategorialen Machen tiefer unterschieden. In der *aktiv* geschauten »creatio« gibt es keine kategoriale »actio«, weil das göttliche Tun mit Gottes Wesenheit oder dem subsistierenden Sein zusammenfällt und daher das oben erwähnte Erheben nicht stattfindet[149]. Die entsprechende Beziehung ist nach dem Aquinaten nicht »realis«, sondern »secundum rationem tantum«, was zunächst wie eine überflüssige Spitzfindigkeit aussehen könnte, in der Tat aber einen wichtigen Sinn hat. Während die kategoriale »actio« im Erwirkenden eine reale Beziehung zum Erwirkten setzt, weil jenes im Erwirken eine »mutatio« erfährt[150], ist von der überkategorialen »actio« Gottes, weil sie über der »mutatio« steht, eine *reale Beziehung auszuschließen*[151]. Näherhin wird vom Erschaffer eine Beziehung zum Erschaffenen nur insofern ausgesagt, als dieses real auf jenen bezogen ist[152]; dabei bleibt Gott »extra totum ordinem creaturae«[153] oder der schlechthin *Ab-solute*, nicht in das Beziehungsgeflecht der Geschöpfe untereinander Einbezogene. Das kommt in der Rede vom subsistierenden Sein zum Ausdruck, von jenem Sein, das in keiner Weise Sein des Seienden ist, sondern ganz in sich und auf sich selbst steht oder beruht. – In die Richtung des hier Gemeinten deutet das, was Heidegger den *Entzug* nennt. Indem sich Gott mittels der »creatio« dem Erschaffenen mitteilt, hält er zugleich an sich oder entzieht er sich ihm; in seiner Entbergung bleibt er wesentlich der *Verborgene*. Das hat zur Folge, daß auch die »creatio«, der das Ereignis Heideggers nahekommt, ein Geschehen im Entzug ist, jenes so sehr sich entziehende Grundgeschehen, daß es in der »mutatio« verschwindet und daher von vielen nicht erreicht wird. Damit ist schließlich gegeben, daß oft das aus der »creatio« oder dem Ereignis hervorgehende Sein im Seienden verschwindet, sich so dem gewöhnlichen Blick entzieht und vergessen, ja geleugnet wird. Das Fortführen des Entzugs bis zu Gott hin, das Heidegger auszuschließen scheint, bedarf einer eigenen später zu leistenden Rechtfertigung.

Wenn wir nun zur *passiv* geschauten »creatio« übergehen, so stellt sie sich als *reale Beziehung* dar[154]; nach Thomas ist es offensichtlich (manifestum), daß die Geschöpfe real auf Gott bezogen oder hingeordnet sind[155]. Die »creatio« als Beziehung der Abhängigkeit des Erschaffenen von seinem Ursprung ist im

Erschaffenen und ist sogar das Erschaffene selbst[156]. Doch sieht der Aquinate einen Unterschied zwischen dem Erschaffenen und dieser Beziehung; denn er bezeichnet sie als *Akzidens*, das im Erschaffenen als seinem Träger (subiectum) ist, der als solcher dem Sein nach notwendig der Beziehung vorausgeht, was nicht als Früher der Zeit, sondern als Früher des tragenden Grundes zu verstehen ist[157]. Zugleich aber ist das Erschaffene als Zielpunkt (terminus) oder Objekt der Beziehung des Erschaffens zu nehmen, insofern es aus dem Erschaffen hervorgeht oder durch dieses aus dem Erschaffer entspringt; so gesehen, liegt die umgekehrte Priorität wie eben vor, indem die Beziehung dem Erschaffenen vorausgeht[158], wobei wiederum jedes zeitliche Früher auszuschließen ist, weil es um das geht, was alle Zeitlichkeit allererst gründet und ermöglicht.

An dieser Stelle müssen wir nach unserem Dafürhalten das vom Aquinaten Gesagte *weiterführen*. Wenn er die »creatio« zur *Kategorie* der Beziehung rechnet (est de genere relationis)[159] und nur aus den Kategorien von »actio« und »passio« herausnimmt, widerspricht er ihrem oben erläuterten überkategorialen Wesen. Da außerdem jede Kategorie etwas Seiendes ist, macht seine Weise, die »creatio« als »relatio« zu bestimmen, sie zu etwas *Seiendem*, das als solches nicht dem Sein zugeordnet sein kann. Thomas kommt zu dieser unzureichenden Auffassung, weil er noch nicht zu der überkategorialen oder *transzendentalen Beziehung* vorgedrungen ist, die später Duns Scotus entwickelt hat. Sie tritt nicht als Akzidens zu dem Bezogenen hinzu, sondern fällt mit diesem zusammen oder ist dieses selbst, womit erst die oben angeführte Formel gerechtfertigt ist[160]. Infolgedessen bildet sie auch nicht eine eigene Kategorie, sondern gehört in die Kategorie des Bezogenen hinein, mit dem sie identisch ist. Im Falle der »creatio« fällt die Beziehung mit dem *Sein* zusammen, das dem Seienden zukommt; weil aber das Sein alle Kategorien als deren umfassender und tragender Grund übersteigt, ist auch die mit ihm identische Beziehung *überkategorial*. Daher ist das Erschaffene oder Seiende durch das ihm zukommende Sein (ohne weiteres Akzidens) auf den Erschaffer bezogen, wodurch die »creatio« ganz als überkategoriales Grundgeschehen angesetzt ist. Von hier aus gesehen, ist die oben erwähnte zweifache Priorität ohne die bei Thomas kaum überwindlichen Schwierigkeiten verständlich: das Sein und damit das Seiende ist real kraft der Beziehung, und diese ist real kraft des Seins.

Zur Frage der Kausalität: Nunmehr sind wir dazu vorbereitet, die Frage nach der *Kausalität* in Angriff zu nehmen. Nach Heidegger besagt das Ereignis zwar ein Verhältnis, »das aber nicht das einer Kausalität ist«[161]; ähnlich lautet die Aussage: »Sein verläuft nicht und nie in einem kausalen Wirkungszusammenhang«[162]. Thomas hingegen sieht die »creatio« als Kausalität, selbst dort, wo er sie ausdrücklich von jeder »mutatio« unterscheidet[163]. Hierin scheint mir nun ebenso wie vorhin eine *Weiterführung* des Aquinaten am Platze zu sein; erforderlich ist nämlich das Voneinander-abheben einer zweifachen Kausalität. Die eine nennen wir die kategoriale oder *ontische,* die sich innerhalb des Seienden entfaltet oder sich vom einen Seienden zum andern spannt und stets als »mutatio« auftritt. Die andere nennen wir die überkategoriale oder *onto-logische,* weil sie sich im Bereich des Seins als des Grundes (λόγος) alles Seienden entfaltet oder vom Sein zum Seienden spannt, weil sie das völlig einzigartige Verhältnis des Hervorbringens bzw. Hervorgehens des Seienden aus dem Sein betrifft und daher nie als »mutatio« verstanden werden kann. Wenn *Thomas* die »creatio« als Kausalität bezeichnet, so meint er die onto-logische, unterscheidet sie aber nicht von der ontischen, wodurch er zu dem Mißverständnis *Heideggers* Anlaß gibt. Dieser nämlich hält vom Sein und Ereignis die Kausalität fern, weil er sie ontisch nimmt und die darin sich verborgen entbergende ontologische Kausalität nicht beachtet; demnach hat er recht im Zurückweisen der ontischen Kausalität, keineswegs aber im Ablehnen der Kausalität überhaupt[164].

Daß *Thomas wirklich,* ohne sie als solche hervorzuheben, die *ontologische* Kausalität meint, ergibt sich aus all dem bisher über die »creatio« Gesagten; sie ist nicht »mutatio« und damit kein Machen, sie setzt keine Materialursache voraus, sie bringt daher das ganze Seiende hervor und ist nicht nur Umformen eines Vorgegebenen, sie betrifft das Sein des Seienden, sie besteht allein in *der* Beziehung, die wir genauer umschrieben haben. Namentlich ist sie Hervorbringen des Seienden aus dem *Nichts,* aus dem Nichts nämlich des vorgegebenen Stoffes oder der Materialursache: in dieser Hinsicht ist es notwendig zu sagen: »Omne ens qua ens ex nihilo fit«, besteht also ein Satz zu Recht, den man in Heideggers Antrittsvorlesung oft bemängelt hat. Ens *qua* ens zielt auf das Seiende, insofern ihm nicht nur diese oder jene Formgestalt, sondern Sein-schlechthin (esse absolute) zukommt; wie sich eine Formgestalt von einer andern absetzt, so das Sein vom Nichts, weshalb das Hervorgehen des Seins-schlechthin auf dem Hintergrund des Nichts gesehen wird. Näherhin ist das Nichts keineswegs als eine Art von Materialursache zu sehen; vielmehr meint »aus dem Nichts« lediglich eine gewisse *Abfolge,* indem das, was ist, auf das vorausgehende Nicht-sein bezogen wird[165]; selbstverständlich ist das eine nur gedankliche (logische) Beziehung (secundum rationem tantum), die aller Zeit vorausliegt. Etwas anders gewendet, heißt »aus dem Nichts«, daß Seiendes nicht aus etwas hervorgeht, wodurch einfach die Beziehung zu einer vorgegebenen Materialursache geleugnet wird[166].

Wie sehr diese einzigartige Kausalität über jede ontische hinausliegt, zeigt die Folgerung, daß sie die *unendliche Macht* voraussetzt; denn obwohl das Seiende, das sie hervorbringt, endlich ist, so verweist doch die Art des Hervorbringens, nämlich aus dem Nichts, auf eine unendliche Mächtigkeit[167]. Da aber diese dem endlichen Seienden abgeht, ist es auf die ontische Kausalität beschränkt; es ist nicht imstande, Seiendes schlechthin (absolute), also losgelöst von jedem vorgegebenen Substrat hervorzubringen; es vermag lediglich Sein in diesem (esse in hoc) zu verursachen, also *ein* Sein, eine Abschattung oder Formgestalt des Seins in einem vorgegebenen Substrat[168]. Warum das Erschaffen Gott vorbehalten ist, haben wir später noch tiefer zu begründen, wenn die »creatio« ausdrücklich auf Gott zurückgeführt wird.

Das Problem der Macht: Wer das Wort »Macht« in den Mund nimmt, wird sogleich an das Machen erinnert, da wir es ja mit demselben Wortstamm zu tun haben; so werden wir scheinbar durch die Bezogenheit der »creatio« auf die *Macht* wieder auf das *Machen* zurückgeworfen, das wir längst hinter uns gelassen zu haben wähnten. Gewiß wird die »creatio« auf die Macht (potentia) zurückgeführt[169], die am meisten (maxime) gerade in der »creatio« auftritt oder offenbar wird[170]. Selbstverständlich geht es hier um die »potentia activa« oder das Vermögen, etwas hervorzubringen, nicht um die »potentia passiva« oder das Vermögen, etwas zu empfangen. In einem gewissen Gegensatz zu dem eben Gesagten heißt es, Gott sei durch sein *Wissen und Wollen* (per suum intellectum et voluntatem) Ursache der Dinge[171]. Ein eigener Artikel entwickelt, wie das Wissen Gottes die Ursache der Dinge ist, insofern sich mit ihm das Wollen verbindet[172]; ebenso legt ein eigener Artikel dar, wie das Wollen Gottes die Ursache der Dinge ist, insofern sie auf die Weise der Wahrheit von ihm ausgehen (per modum intelligibilem procedunt ab eo) und dieser nicht die Naturnotwendigkeit, sondern einzig die Entscheidung des Wollens entspricht[173], was mit dem Ausgehen auf die Weise der Gutheit gleichbedeutend ist[174].

Damit treten der Macht also Wissen und Wollen gegenüber; tiefer geschaut, schließen sie jedoch einander nicht aus; Thomas zeigt sogar ausdrücklich, wie sie sozusagen stufenweise *ineinandergreifen*. Das Wissen ist Ursache als jenes Leitende (dirigens), das die Gestalt des Seienden entwirft; das Wollen als jenes Befehlende (imperans), das den Entwurf auf die Verwirklichung hinrichtet; die Macht als jenes Ausführende (exequens), das der unmittelbare Ursprung der Verwirklichung ist[175]. Diese Stufen bilden in der ontischen Kausalität eine Dreiheit, während sie in der ontologischen Kausalität einander durchdringen oder *eines sind* (unum sunt)[176]. Namentlich unterscheidet sich die Macht so wenig von Wissen und Wollen, daß sie mit ihnen nach dem Selben (in idem) oder in Identität übereinkommt[177].

Wie sich aus allem ergibt, treibt die Macht keineswegs in das Machen zurück; vielmehr bestätigt das Rückführen der Macht auf Wissen und Wollen die Einzigartigkeit der in der »creatio« liegenden Kausalität. Als Wissen und Wollen nähert sie sich dem im Ereignis geschehenden Bestimmungsverhältnis; als *Wahrheits-* und *Liebesgeschehen* läßt sie sich sehr wohl im Sinne des Ins-Offene-, Ins-Erscheinen-, Ins-Lichte-bringens, der entbergenden Zuwendung (Bei-sein) deuten, wodurch die Abhängigkeit des Erschaffenen von der »creatio« nicht verflüchtigt, sondern bis in ihre letzte Intensität gesteigert wird.

Ständiges Ereignen: Hier rühren wir an einen weiteren tiefgreifenden Unterschied der beiden Weisen der Kausalität voneinander. Insofern die *ontische Kausalität* wesentlich »mutatio« ist und daher ein vorgegebenes Substrat erfordert, verursacht sie *lediglich das Werden*, nicht aber das Sein der Dinge[178]. Sie bewirkt nämlich nur den Übergang von einer Formgestalt der Materialursache in eine andere; sobald aber die neue Gestalt erreicht ist, bedarf das damit entstandene Seiende nicht mehr der Ursache, weil es ohne deren fortdauernden Einfluß besteht[179]. In diesem Falle ist also die Abhängigkeit des Hervorgebrachten von der Ursache auf dessen Werden beschränkt, während dessen Sein von deren Einfluß unabhängig ist. Anders gesagt, ist diese Abhängigkeit etwas *Vorübergehendes*, das nicht in den Kern des Seienden hineinreicht, weshalb dieser jene Abhängigkeit nicht ständig mit sich bringt.

Was im Gegensatz dazu die *ontologische* Kausalität betrifft, so ist zwar nicht zu behaupten, das Seiende werde unaufhörlich erschaffen, solange es ist; denn im Erschaffen liegt eine gewisse Neuheit oder ein Anfangen[180]. Zugleich aber ist ein ununterbrochenes *Erhalten-werden* der Dinge durch Gott anzunehmen, der dabei nicht in ein neues Tun eintritt, sondern einfach jenes Tun, das Sein gibt, fortsetzt[181]. Daher heißt dasselbe Tun »creatio«, insofern es das Sein erstmals gibt oder Seiendes vom schlechthinnigen Nicht-sein in das Sein überführt, und »conservatio«, insofern es das Sein-geben fortsetzt oder Seiendes angesichts des schlechthinnigen Nicht-seins im Sein erhält. Solchen Erhaltens bedarf das Erschaffene, weil es ohne den Erschaffer nicht sein kann; das *Sein* jedes Erschaffenen hängt nämlich so sehr von Gott ab, daß es nicht einmal einen Augenblick bestehen könnte, sondern sogleich in das Nichts zurückglitte, wenn es nicht durch das Tun Gottes im Sein erhalten würde[182].

Wie das Werden eines Dinges nicht fortdauern kann, wenn die Ursache desselben Werdens nicht mehr am Werke ist, so kann auch das Sein eines Dinges nicht weiterbestehen, wenn die Ursache, die ihm das Sein verleiht, zu wirken aufhört oder ihren Einfluß von ihm zurückzieht[183]. Das wird durch einen *Vergleich* verdeutlicht; das Erschaffene verhält sich ähnlich zum Erschaffer wie die gelichtete Luft und Erde zur lichtenden Sonne; Erde und Luft sind nur so lange gelichtet, wie die Sonne sie lichtet; ebenso ist das Erschaffene nur so lange im Sein oder seiend, wie der Erschaffer ihm Sein mitteilt; im selben Augenblick, in dem der Licht bzw. Sein gebende Einfluß aufhört, fällt das Gelichtete bzw. Seiende in die Licht- bzw. Sein-losigkeit zurück[184]. Zur weiteren Erläuterung dient der Blick auf die *Materialursache;* bei der ontischen Kausalität, ob sie nun vom Menschen oder von der untermenschlichen Natur ausgeübt wird, braucht die hervorgebrachte Form nicht den erhaltenden Einfluß der Ursache, weil sie von dem vorgegebenen Substrat übernommen und getragen wird, was sowohl von der Seele eines Tieres als auch von der Gestaltung eines Gemäldes gilt[185]. Bei der ontologischen Kausalität hingegen fehlt das vorgegebene Substrat und wird daher das ganze Seiende statt allein der jeweiligen Formgestalt hervorgebracht; folglich wird das Hervorgebrachte nicht von einem Vorgegebenen übernommen und getragen, weshalb es als im Leeren Hängendes von seiner erschaffenden Ursache nicht freigesetzt oder auf sich selbst gestellt werden kann, sondern von deren *dauerndem Einfluß* ab-hängt[186].

Das über die »conservatio« Dargelegte vertieft den Ereignischarakter der »creatio«; das Erschaffene ist allein dadurch, daß es *ereignet wird,* und zwar nicht nur im ersten Augenblick, sondern während der gesamten Dauer seines Bestehens; es ist einzig als das in dem und durch das Geschehen des Ereignisses der »creatio-conservatio« Ereignete und vermag nie aus dem Ereignis herauszutreten und so einen von diesem ab-gelösten Stand zu gewinnen. In keiner Weise unabhängig, ist es durch und durch bezogen, hat es in sich keinen Kern, zu dem die Beziehung erst hinzuträte. – Von hier aus wird von neuem deutlich, warum wir uns von der Ansicht des Aquinaten trennen müssen, nach der die Bezogenheit des Erschaffenen zum Erschaffer ein zu jenem hinzukommendes Akzidens ist. Als durch und durch *Ereignetes* ist das Erschaffene das durch und durch *Bezogene,* dessen Bezogenheit seinen innersten Kern durchdringt und mit ihm gänzlich zusammenfällt, weshalb nur ein gedanklicher Unterschied zwischen dem Bezogenen und dessen Bezogenheit möglich ist. – Hiermit im Zusammenhang ist zu beachten, daß die »creatio-conservatio« *ohne jede Bewegung und Zeit* ist[187]; daher fällt das Nacheinander der »conservatio« bezüglich der »creatio« sowie der aufeinander folgenden »conservatio«-Momente ausschließlich in das Ereignete, nicht aber in das Ereignis selbst. Weil nun das dem Nacheinander Überlegene dasselbe wie das Zugleich ist, bleibt das Nacheinander des Ereigneten stets im Zugleich des Ereignisses gegründet und gehalten, was mit Heidegger genau zusammenstimmt. Zu diesem hin führt auch der Vergleich mit der Sonne, der die Lichtung und das Ins-Licht-bringen als Gleichnis für die »creatio-conservatio« nahelegt. – Tieferes Bedenken der »conservatio« wird erst nach dem Durchlaufen des folgenden Abschnittes möglich sein.

Bewirktes und Bewirkendes: Das Klären der ontologischen Kausalität setzt uns in den Stand zu untersuchen, wie es sich dabei mit dem »*Bewirkenden*« und der »*Wirkung*« verhält, die Heidegger mit dem Sich-ereignen des Seins nicht vereinen zu können meint[188]. Dementsprechend wird Gott als »Seiender im Sein« gesehen; ob Gott *ist* und *Gott* ist, ereignet sich aus und in der jeweiligen Konstellation des Seins[189]. Zu Gott steigt der Mensch auf, indem die Welt als das Nächste ihm »die Wahrheit des Seins nähert« und so ihn »dem Ereignis vereignet«[190]. Zu dieser Auffassung kommt Heidegger, weil er die Kausalität ontisch versteht und folgerichtig auch das Bewirkende und die Wirkung ontisch nimmt.

Setzen wir mit unseren weiteren Überlegungen bei der Wirkung oder dem *Bewirkten* an. In der ontologischen Kausalität gibt es, wie wir gezeigt haben, nicht ein Bewirktes, das sich von der »creatio-conservatio« ablöst und ihr als etwas Selbständiges gegenübertritt; vielmehr wird das Erschaffene als das ständig neu Ereignete ganz in dem erschaffenden Ereignen *einbehalten*, weshalb sein Be-stehen nie etwas anderes als sein Ent-stehen oder sein Hervorgehen gerade nicht ein Hervor-gehen im gewöhnlichen Sinne, sondern zugleich sein Ein-gehen in den Grund seines Hervorgehens ist. Und doch handelt es sich um ein wahrhaftes *Entstehen* oder Hervorbringen, wodurch das Erschaffene aus dem Nicht-sein in das Sein erhoben wird, nicht nur um das Hervorholen eines bereits Seienden aus dem Dunkel ins Licht oder aus der Verborgenheit in die Entborgenheit; letzteres wäre ein ontischer Vorgang, während ersteres genau ein Bewirken, freilich von völlig einziger Art, besagt, und zwar von wesentlich *ontischer Art*. Solches Bewirken ist damit gegeben, daß im Erschaffenen gemäß unseren früheren Darlegungen das

Sein als dessen innerster Grund den *Ansatzpunkt* des Erschaffens bildet; demnach wird das Seiende vom Sein oder das Ontische von seiner ontologischen Tiefe her angezielt und oder eben hervorgebracht. Im Gegensatz dazu setzt die ontische Kausalität, was ihrem Namen entspricht, beim Ontischen an, betrifft also das Seiende von außen nach innen; für die ontologische Kausalität ist dagegen die umgekehrte Richtung von innen nach außen kennzeichnend.

Nach allem hebt ein ontisch Bewirktes das Ereignis auf; das ontologisch Bewirkte jedoch *macht das Ereignis gerade zu dem, was es ist*, gewährt ihm erst das Ereignete, wodurch es in Wahrheit Ereignis ist; ohne solches Ereignete hörte das Ereignis auf, sich als Ereignis zu ereignen: ein Ereignis, in dem sich nichts ereignet, ist kein Ereignis. Der Sache nach gelangt auch Heidegger zum ontologisch Bewirkten, insofern vom Ereignis das *Sein ereignet* wird, das wesentlich Sein des Seienden ist.

Wenden wir uns nunmehr dem *Bewirkenden* zu, das Heidegger gleichfalls vom Ereignis fernhält, weil er es ontisch sieht. Als Bewirkendes kommt allein *Gott* in Frage; Gott aber wird für Heidegger als *Seiender im Sein* nach seinem Da- und So-sein von und in dem jeweiligen Ereignis ereignet und daher diesem als ontische Gegebenheit ein- und untergeordnet. Darin wirkt offenbar Heraklit nach, dessen Widerstreit (πόλεμος) der Vater und Herrscher von allem ist, nicht nur der Menschen, sondern auch der Götter[191], mit denen Heidegger den christlichen Gott trotz der nicht zu übersehenden Unterschiede zusammennimmt. Selbstverständlich kommt der aus dem Ereignis entspringende Gott nicht als Ur-sprung des Ereignisses in Betracht. Man kann die Frage stellen, ob Heidegger wirklich so auszulegen ist. Gemäß der vorhin angeführten Äußerung nämlich nähert die Welt als das Nächste den Menschen der Wahrheit oder Offenbarkeit des Seins und vereignet ihn so dem jeweiligen Ereignis, innerhalb und mittels dessen ihm aufgeht, ob und wer Gott ist. Damit ist eine gewisse Ein- und Unterordnung Gottes bezüglich des Ereignisses gegeben, jedoch *zunächst* nur *für den Menschen* und seinen Aufstieg, was zweifellos zutrifft. Dieser Zusammenhang entscheidet aber nicht darüber, ob und inwiefern eine derartige Ein- und Unterordnung *zuletzt* und *an sich* besteht; offen bleibt also, ob Gott, der für den Zugang des Menschen durch das Ereignis ereignet wird, auch an sich oder in sich selbst oder nach seiner vom Menschen unabhängigen Wirklichkei durch das Ereignis ereignet wird. – Heidegger scheint das Zweite nicht vom Ersten zu unterscheiden und sogar das Zweite aus dem Ersten zu entnehmen; der Aquinate hingegen hebt das Zweite vom Ersten mit aller Entschiedenheit ab und zieht aus dem Ersten gerade die Folgerung, daß das Zweite nicht zutrifft, daß mithin Gott zuletzt und an sich dem Ereignis *übergeordnet* ist und daher nicht aus dem Ereignis ent-springt, sondern dessen *Ur-sprung* ist. Hierin folgt er der grundlegenden Einsicht des Aristoteles, nach der die Abfolge in der Ordnung unserer Erkenntnis sich nicht mit der Abfolge in der Ordnung des Seins deckt, ja sich beide Ordnungen gegenläufig zueinander verhalten. Im Zusammenhang damit macht Thomas nicht bei dem durch das Ereignis der »creatio« ereigneten Sein, das nie ohne das Seiende west, halt, sondern dringt zu jenem tiefsten Sein vor, das dem Ereignis überlegen und nicht an das Seiende gebunden ist, das allererst die ontologische Sicht Gottes und damit das *ontologisch Bewirkende* bezüglich des Ereignisses ermöglicht und eröffnet. Insofern dieses Sein von Heidegger nicht erreicht wird, kommt er, was das innerste Selbst des Seins betrifft, über eine letzte Vergessenheit nicht hinaus, die Thomas auf seine dem Mittelalter entsprechende Weise bereits überwunden hat.

Das Sein, aus dem das Ereignis entspringt: Die genauere Entfaltung der vorstehend angedeuteten Zusammenhänge mag davon ausgehen, daß Gott nach dem Aquinaten die umfassende *Ursache des gesamten Seins* ist (causa universalis totius esse); deshalb ist alles notwendigerweise von ihm erschaffen oder kann ohne ihn nichts sein[192], oder teilt er allem ständig Sein mit (continuo influit esse)[193], wobei er seine Macht darin am meisten offenbart, daß er alles im Sein erhält[194]. Die Rede vom Verursachen des gesamten Seins (totius esse) deutet, nach dem bloßen Wortlaut genommen, auf Heidegger hin, weil es so aussieht, als ob *Sein wesentlich verursacht* oder vom Ereignis der »creatio« ereignet wäre; damit würde das Sein dem Ereignis ein- und untergeordnet, wodurch entweder dem Ereignis ein Bewirkendes nicht vorausginge oder das ihm vorausgehende und es gründende Bewirkende nicht als Sein angesetzt werden könnte. – In Wahrheit aber versteht Thomas das Verursachen des gesamten Seins nicht in diesem Sinne; denn Verursacht- oder Ereignet-werden gehört nicht wesentlich zu schlechthin jedem, das ist, weshalb *Eines* so ist, daß es alles *Verursachen ausschließt*[195]. Infolgedessen gilt jene Aussage von allem, was ist, außer von dem näher zu bestimmenden Einen, das, obwohl dem Verursachen oder Ereignis überlegen, als Sein anzusprechen ist. In Heideggers Sicht tritt das geheimnisvolle Eine nicht hervor; er ordnet daher das Sein schlechthin dem Ereignis ein und unter und findet dementsprechend keinen Ursprung, aus dem das Ereignis entspringt. Er bleibt bei der zunächst zugänglichen Weise des Seins, das aus dem Ereignis *entspringt*, stehen und erreicht nicht die andere höchst verborgene Weise des Seins, die der *Ursprung* des Ereignisses ist.

Zu diesem Ursprung wird der Aquinate durch das *Betrachten des Ereignisses selbst* geführt. Nach ihm und auch nach Heidegger wird im Erschaffen bzw. im Ereignis über jegliche Seiendheit hinaus absolut *Sein* (esse absolute) mitgeteilt; Sein aber überragt das übrige Bewirkte als das alles Umfassende (universalissimum) und als das allem Vorausgehende oder Zugrunde-liegende[196]. Näherhin kommen alle Seienden darin überein, daß sie Sein und damit sich selbst empfangen, wobei kein dem Empfangen Vorgegebenes mitspielt[197]; ebenso sind alle Seienden dadurch voneinander unterschieden, daß sie Sein auf ihre je verschiedene Weise empfangen und damit vollkommener oder weniger vollkommen im Sein wesen oder Seiende sind[198]. Danach spricht man mit Recht vom Teil-nehmen oder *Teil-haben* der Seienden am Sein[199]; sie sind nicht das Sein, sondern haben teil am Sein[200]; sie haben einiges Sein, was besagt, daß ihr Sein von ihrer je begrenzten Natur oder Wesenheit aufgenommen und sozusagen auf deren Umfang hin zusammengezogen ist (receptum et contractum)[201].

Daraus nun, daß etwas auf die Weise der Teil-habe ist, folgt, daß es von einem andern verursacht oder ereignet ist[202], wobei dieses *Andere* mit seiner Eigenart im ontologischen Verursachen bzw. *Ereignen selbst aufleuchtet*, keineswegs jedoch von außen dazugetan wird. Jedes am Sein teil-habende Seiende nämlich verweist auf das *Ganze* des Seins oder auf das Sein selbst mit seiner unbegrenzten Fülle, das daher ab-solut oder von jeder eingrenzenden Wesenheit los-gelöst ist, als seinen letzten Ursprung. Diesen bestimmt Thomas als das durch sich *subsistierende* Sein selbst (ipsum esse per se subsistens)[203]; »subsistierend« fällt mit »absolut« zusammen, freilich mit einer nicht unbedeutenden Abschattung; »absolut« meint mehr negativ das Abweisen jeder endlichen Wesenheit, während »subsistierend« mehr positiv das durch sich In-sich-Stehen oder die völlige Unabhängigkeit akzentuiert. Weil das subsistierende Sein als die schlechthinnige Fülle alles einschließt, kann es nur Eines sein[204] oder schließt es jedes ihm Gleichgeordnete aus.

Nach allem offenbart sich im Sein-gebenden Ereignen bzw. Erschaffen das subsistierende Sein als das Ereignende oder Erschaffende oder eben *ontologisch Bewirkende*, das die ganze Vollkommenheit des Seins (tota perfectio essendi) enthält[205] und deshalb auf die vollkommenste oder schlechthin vollendete und unübertreffbare Weise ist[206]. Dieses in jeder Hinsicht Erste[207] hat nicht nur (einiges) Sein (habet esse), sondern *ist das Sein* (est esse)[208] und wird mit Recht »Gott« genannt, was sich später noch weiter klären wird. Allein ihm, der das Sein-selbst ist, kommt das *Erschaffen* zu[209], weil sich das Hervorbringen von Sein als das einzig dem Sein-selbst eigene Wirken und Sein als das einzig ihm eigene Bewirkte darstellt[210]. Wie nur der Mensch den Menschen zeugt oder die dem Menschen angemessene Ursache ist, so wird Sein absolut (esse absolute) im Sinne des ereigneten Seins allein von dem das Ereignen übersteigenden und es daher ereignenden Sein-selbst als der angemessenen Ursache gesetzt. Dementsprechend ist jedes Seiende, das nur einiges Sein hat, nicht aber das Sein-selbst ist, nicht imstande, etwas zu erschaffen[211]; in seiner Möglichkeit steht es lediglich, im Rahmen der ihm eigenen Wesenheit Vorgegebenes zu verändern. Mit seltener Genauigkeit zeigt sich bei Thomas die unvergleichliche Eigenart der ersten und allumfassenden Ursache (prima et universalissima causa)[212], von der alles, was auf irgendeine Weise ist, stammt[213]; allein sie wird dem ontologischen Ursprung und damit dem Erschaffen bzw. Ereignen gerecht.

Dem soeben Entwickelten scheint Thomas selbst zu *widersprechen*, indem er Gott oft als »ens« oder als *Seiendes* bezeichnet, etwa mit den Worten, alles was am Sein teil-nimmt, werde von einem ersten Seienden verursacht (ab uno primo ente), das auf die schlechthin vollendete Weise ist[214]. Um das Mißverstehen solcher Texte zu vermeiden, gilt es zu beachten, daß der Aquinate im »ens« das grundlegende »*transcendentale*« sieht[215], also die erste jener Bestimmungen, die alle Sonderordnungen übersteigen und alles ohne jede Ausnahme umfassen. Daher besagt »ens« ein jedes, das auf irgendeine Weise ist, wobei über das, was als ein am Sein partizipierendes ist, hinaus auch das, was das subsistierende Sein selbst ist, gemeint wird. Daß überhaupt von »ens« in der Form der Konkretion von Träger und Form die Rede ist, zeigt das Ansetzen unseres Seins-Verstehens beim partizipierenden Seienden, das tatsächlich in der Gestalt der Konkretion ist; deshalb begreifen wir das subsistierende Sein mittels der *Negation*, indem wir sagen, daß es nicht auf die Weise der Konkretion ist. Wegen der hier aufleuchtenden verschiedenen Grundgestalten des Seins wird das »ens« vom partizipierenden und vom subsistierenden Sein nicht univok, sondern *analog* ausgesagt; deshalb ist das »ens« statt einer Gattung eine supragenerische Einheit, in der zwar für uns, d. h. für unser Erfassen, das partizipierende dem subsistierenden Sein, an sich aber, d. h. nach dem Ursprung, dieses jenem vorausgeht[216]. Damit wird zugleich die Überordnung des »ens« über diese beiden Glieder ausgeschlossen, die bei der Substanz und dem Akzidens vorliegt; denn das subsistierende Sein umschließt die ganze Fülle des Seins, zu der das partizipierende Sein nichts hinzufügt, während das Akzidens noch nicht in der Substanz enthalten ist und daher diese ergänzt[217]. Infolgedessen erweist sich das subsistierende Sein, insofern ihm das partizipierende ganz und gar entstammt, als *dem »ens« übergeordnet*, weil dessen Ermöglichung und Aussagbarkeit restlos in jenem gründet[218]. Daraus ergibt sich die entscheidende Einsicht, man komme der Wahrheit näher durch die Aussage: Gott ist über jedem »ens«, als wenn man sage: Gott ist »ens« (licet verius sit, Deum esse super omne ens quam esse ens)[219]. Der Einwand gegen das »Esse subsistens« hat sich in dessen Bestätigung und Vertiefung verwandelt; gerade am »ens« zeigt sich erneut, wie Thomas mit letzter Feinheit alle Folgerungen aus der Einzigartigkeit der »prima et universalissima causa« zieht bis in den *logischen* Bereich hinein.

Nichts und Freiheitsgeschehen: Doch auch dies alles vorausgesetzt, bleibt es schwierig zu bestimmen, wie sich das innerste Selbst oder der absolute *Ursprung* (principium)[220] zu dem erschaffenden *Ereignis* mit seiner jeweiligen Konstellation sowie zu dem aus ihm entspringenden *Sein* verhält. Einerseits nämlich ist das subsistierende Sein dem Ereignis so ferne und andrerseits so nahe, daß es nicht leicht erfaßt werden kann. Die Ferne ist durch die »relatio secundum rationem tantum« gegeben[221], vermöge deren Gott in seiner Mitteilung absolut bleibt oder sich in sich selbst *zurückhält,* was Heidegger damit anrührt, daß das Ereignis stets und wesentlich in den Entzug einbehalten ist. Hieraus erklärt sich jenes Gelangen zum Ereignis, dem dessen Ursprung nicht aufgeht oder das freischwebende Ereignis als jenes Letzte erscheint, hinter das nicht weiter zurückgegriffen werden kann oder das auch keines weiteren Rückgriffes mehr bedarf, weil es sich scheinbar aus sich selber versteht. Die Nähe hingegen prägt sich darin aus, daß wir mit dem aktiv geschauten ereignenden Erschaffen das göttliche Tun bezeichnen, das mit Gottes Wesen zusammenfällt, insofern dieses durch die eben erwähnte Beziehung dem Erschaffenen zugewandt ist[222]. Obwohl die hier spielende Beziehung als Beziehung nicht real ist, so bringt doch die in ihr gefaßte Zuwendung jenes innerste Eingehen Gottes in das ereignende Erschaffen mit sich, das dem ständigen Einbehalten des Erschaffenen im Erschaffen entspricht. Demnach wohnt das subsistierende Sein dem erschaffenden Ereignen so sehr inne, daß es dem das Ereignis sichtenden Blick nicht leicht gelingt, jenes von diesem zu unterscheiden, und folglich jenes in diesem verschwindet; das im Ereignis immer schon implizit an-wesende Ereignende tritt nicht explizit als solches hervor. Mit anderen Worten: sowohl die *Transzendenz* als auch die *Immanenz* des subsistierenden Seins bezüglich des erschaffenden Ereignens erschweren wegen ihrer Unendlichkeit das Abheben des ersteren vom letzteren.

Insofern das unendlich Transzendente nicht leicht er-sehen und das unendlich Immanente leicht über-sehen wird, könnte sich die Formulierung aufdrängen, das *Ereignis* gründe in nichts und ereigne sich damit *aus dem Nichts.* Weil jedoch zugleich das Ereignis nicht nichts ist, kann das Nichts, aus dem es entspringt, nicht als der leere Abgrund oder als das nichtende Nichts angesetzt werden. Vielmehr besagt das Nichts lediglich, daß jedes ontisch Bewirkende abzuwehren sei, weshalb das Ereignis aus dem Nichts *des ontisch Bewirkenden* stammt; in diesem Sinne entsteht das Seiende als Seiendes aus dem Nichts (omne ens qua ens ex nihilo fit), nämlich aus dem Nichts alles ontisch Bewirkenden, das nicht zum Sein-absolut (esse absolute) hinreicht. Erschaffen aus dem Nichts bezieht sich demnach auf das Ausschließen nicht nur der Material-, sondern auch der ontischen Wirkursache; dafür gilt Heideggers Wort, »daß im Anwesen (Sein) das An-wesende (Seiende) her-vor-gebracht, aber gleichwohl nicht verursacht wird im Sinne einer effizienten Kausalität«[223]. Im Nichts der ontischen Kausalität aber verbirgt sich und entbirgt sich für den entsprechend tiefgreifenden Blick die *ontologische* Kausalität des subsistierenden Seins, die sich für Thomas geöffnet hat, für Heidegger hingegen verschlossen blieb.

Zur genaueren Umschreibung des Bestimmungsverhältnisses, wodurch das Seiende mittels des Seins vom Ereignis hervorgebracht wird, wendet sich *Heidegger zur Physis* (φύσις) als dem Aufgehen aus dem Grunde zurück, das er sowohl bei Heraklit als auch bei Aristoteles vorfindet[224]. Nach Heraklit liebt es dieses Aufgehen, sich zu verbergen[225], weshalb es im Durchstoßen durch das Ontische erst in seiner ontologischen Tiefe zu entdecken ist und folglich oft übersehen wird. Die Deutung des Ereignisses im Sinne des ontologischen Aufganges darf nicht in ein sozusagen *pflanzenhaftes Wachsen* abgleiten, was durch die ursprüngliche Wortbedeutung nahegelegt wird[226], aber einem Rückfall in das Ontische gleichkäme. Vielmehr stellt sich das Aufgehen als ein *Wahrheits-* und *Freiheitsgeschehen* dar, auf das Heideggers Abgrenzungen vom Machen und von Hegels Notwendigkeit, die zugleich Freiheit ist, hinweisen. Namentlich entfalten sich die verschiedenen Epochen, die aus dem Ereignen hervorgehen, in einer freien Folge, für die sich kein Warum zeigt und die eher mit Heraklit als Spiel, als das höchste *Spiel* zu fassen ist[227]. Beim Aquinaten haben wir dieselbe Problemzone berührt, als wir die Macht auf das Wissen und das Wollen zurückführten; das weitere Verfolgen derselben Linie enthüllt uns das ereignende Erschaffen als *personales* Geschehen, das allein der Eigenart des Ontologischen entspricht, während Heidegger das Personale deshalb vermeidet, weil er es nur ontisch sieht[228].

Personales Geschehen: Wie ohne weiteres zuzugestehen ist, kann die Definition der *Person,* die von Boethius stammt, *ontisch* verstanden und mißverstanden werden; sie lautet: Person ist die individuelle Substanz der Vernunft-begabten Natur[229], mit anderen Worten: das einzelne In-sich-stehende, insofern es mit Vernunft ausgestattet ist. Bezüglich des Menschen verbindet damit Heidegger dessen Definition als »animal rationale«, als Lebewesen, dem Vernunft zukommt; so werde der Mensch als »ein animalischer Organismus« angesetzt, der »mit dem Vernunftvermögen oder mit dem Personcharakter ausgestattet wird«, was »eine unzureichende Wesensbestimmung des Menschen« ist[230]. Ihr stellt Heidegger entgegen: »Das Wesen des Menschen beruht in seiner Ek-sistenz«, wozu das bisherige Denken nicht vorgedrungen sei: »Die Metaphysik verschließt sich dem einfachen Wesensbestand, daß der Mensch nur in seinem Wesen west, in dem er vom Sein angesprochen wird; nur aus diesem Anspruch ›hat‹ er das gefunden, worin sein Wesen wohnt«[231].

Obwohl von diesem Anspruch in der überlieferten Definition ausdrücklich keine Rede ist, kommt doch mittels deren vertiefter Auslegung die *Person* mit der *Ek-sistenz* zur Deckung; denn die Vernunft umfaßt allgemein alles Seiende (universaliter omne ens) oder erstreckt sich auf den allumfassenden Gehalt, den wir im allgemeinsten Seienden finden (respectu obiecti communissimi, quod est ens universale)[232], was zunächst für das Wissen und dann auch für das Wollen gilt. Das thomanische »ens« fällt aber keineswegs mit dem Seienden von Heidegger zusammen, weil es den weitesten Ausgriff vollzieht und darin sich der Seinsakt meldet, jenes Sein, das sich als das Allumgreifende zeigt[233]. Demnach ist der Mensch jenes Seiende, das in und aus der *Offenbarkeit des Seins* lebt, was mit Heideggers Ek-sistenz übereinstimmt. Diese wird vor allem durch die Person im Menschen akzentuiert, von der Thomas herausarbeitet, daß sie nicht wie die anderen Seienden passiv oder von außen vollzogen wird, sondern aktiv von innen sich durch sich selbst vollzieht (non solum aguntur sicut alia, sed per se agunt); entscheidend dafür ist, daß ihr wesentlich die freie Verfügung über ihr Wirken zukommt (dominium sui actus)[234]. Zu dem hier angesprochenen *personalen Selbst-Vollzug* ist allein der Mensch befähigt, weil in ihm allein die Offenbarkeit des Seins geschieht; er allein ist im-

stande, die vollkommene Rückkehr (reditio completa) zu durchlaufen, die vom äußersten Außen der sinnlichen Gegebenheiten
sowie vom Hinausgehen des Menschen zu diesen zum innersten
Innen des Seins sowie zur Sein-vernehmenden Tiefe des Menschen
hinführt[235].

Wie unsere Darlegungen wenigstens umrißhaft aufweisen, sind
Person und Sein korrelativ; wo das Sein im Seienden verschlossen bleibt, fehlt die Person; in dem Maße aber, wie das Sein im
Seienden aufleuchtet, kommt auch die Person zum Vorschein.
Folglich hat zwar die menschliche Person als menschliche ihr ontisches Außen, als Person aber ek-sistiert sie aus ihrem onto-logischen Innen. Nun besagt das Ineinander zwischen dem ontischen Außen und dem ontologischen Innen dasselbe wie das Ein-
betten der Person in und zugleich ihr Emporringen aus *vorper-
sonalen* Schichten, wodurch die Person, obwohl sie immer schon
sie selbst ist, stets und unaufhebbar zu sich selbst unterwegs und
nie ganz sie selbst ist.

Im Gegensatz dazu ist das *subsistierende Sein* ab-solut, nämlich
los-gelöst von allem Seienden, und zwar ohne jeden Durchgang
durch dieses; daher steht es immer schon über der Ver-schlossen-
heit als die Er-schlossenheit ohne Grenzen, als das reine Leuchten, das nicht erst des Auf-leuchtens bedarf. Es ist der ab-solute
Logos tou ontos (λόγος τοῦ ὄντος), jener Logos, zu
dessen Konstitution das On nicht gehört und der gerade deshalb
der Ursprung des On als On ist. In diesem Sinne ist das subsistierende Sein das *vollendete ontologische Innen*, das durch keinerlei ontisches Außen beschränkt wird. Nach allem gelangen
wir hier zu der ab-soluten Person[236], die nicht in vorpersonale
Schichten eingebettet ist und sich folglich auch nicht aus diesen
emporzuringen hat, die auf keinerlei Weise zu sich selbst unterwegs, sondern ganz und unverlierbar sie selbst und bei sich
selbst ist. Weil Sein und Person korrelativ sind, fällt das Sein
selbst mit der Person selbst zusammen oder ist das, was auf das
vollkommenste ist, notwendig auf die vollkommenste Art Person. Im subsistierenden Sein begegnet uns nicht ein Es, sondern
ein Er, der nicht das Männliche auf Kosten des Weiblichen betont, sondern beides umschließt.

Infolgedessen stellt sich das ereignende Erschaffen wesentlich
als ein *personales Geschehen* dar, da ja mit der Personalität des

subsistierenden Seins dessen personales Handeln oder Wirken gegeben ist. Umgekehrt liegt darin, daß das ereignende Erschaffen dem ontologischen Bereich angehört, bereits dessen personaler Charakter, insofern sich Sein und Person, ontologisch und personal, korrelativ zueinander verhalten. Diese personale Sicht bewahrt das Aufgehen aus dem Grund vor dem Absinken in pflanzenhaftes Wachsen; sie läßt auch im Ereignis den unendlich Transzendenten leichter er-sehen und den unendlich Immanenten nicht so leicht über-sehen, weil sich der personale Erschaffer deutlicher als ein nicht-personaler Urgrund im Ereignis abzeichnet und von demselben abhebt.

Wahrheits- und Liebesgeschehen: Im ereignenden Erschaffen als dem letztlich gründenden personalen Geschehen tritt als erstes Moment das *Wahrheitsgeschehen* hervor, das Thomas in die Worte faßt: das Wissen Gottes ist die Ursache der Dinge[237]. Das wird durch einen Vergleich mit dem Wissen des Künstlers erläutert, das deshalb die Ursache seiner Werke ist, weil er aus seinem Geist heraus arbeitet und damit die von diesem entworfene urbildliche Gestalt der Ursprung seines Schaffens ist[238]. Gott kann gar nicht anders als aus seinem Geiste erschaffen, da in ihm das Sein mit dem Wissen zusammenfällt[239], mittels dessen er die Urbilder aller Dinge entwirft, die wir im Anschluß an Platon *Ideen* nennen[240]. Diese sind, auf die Dinge bezogen, vielfältig, letztlich aber mit der einen göttlichen Wesenheit identisch, insofern an letzterer die verschiedenen Dinge auf immer wieder andere Weise teilnehmen[241]. So ist das subsistierende Sein selbst das Ur-Bild oder die Ur-Idee[242], aus der die Ideen aller Seienden stammen und gemäß der sie entworfen werden, weshalb Gott allen Dingen als ihr Maß vorausgeht und zugrunde liegt[243]. Doch vollendet sich das Erschaffen erst, wenn der *Ent-wurf* in den *Ent-stand* übergeht oder das Entworfene verwirklicht wird, was allein durch den Willen geschehen kann[244]; daher ist Gottes Wissen einzig dadurch wahrhaft Ursache der Dinge, daß es vom Willen aufgenommen und in die Tat umgesetzt wird, worin die Macht nach dem früher Dargelegten eingeschlossen ist[245].

Wie sich aus allem ergibt, ist das hier gemeinte Wissen nicht objektiv, sondern *pro-jektiv,* indem es sich nicht dem vorgegebenen Objekt angleicht, sondern das aus ihm ent-stehende oder ent-springende Seiende oder Projekt dem in ihm enthaltenen Entwurf angleicht oder nach diesem bildet. Dabei schreitet das verwirklichende Wissen nicht von außen nach innen, sondern *von innen nach außen* voran; das entspricht dem früher über das Sein des Seienden als dem Ansatzpunkt des Erschaffens Gesagten. Der Künstler setzt beim vorgegebenen Material an und bildet dieses nach der Idee seines Geistes um, wodurch er vom ontischen Außen zum ontologischen Innen voranschreitet. Gott hingegen setzt nichts voraus und teilt unmittelbar das Sein mit, indem er es nach einer als Idee entworfenen Wesenheit prägt, woraus sich schließlich die sinnlich erfaßbare Gestalt des Seienden ergibt; daher schreitet er vom ontologischen Innen zum ontischen Außen voran.

Weil nun das projektive Wissen mit projektiver Wahrheit gleichbedeutend ist, zeigt sich hier das ereignende Erschaffen als *Wahrheitsgeschehen*. Alle Dinge sind wahr, insofern sie ständig nach dem urbildlichen Wissen Gottes gestaltet werden[246] und sie dementsprechend ganz von der ihnen eingeprägten göttlichen Idee bestimmt sind; auf ihren Ursprung gesehen, sind sie letztlich wahr durch die eine erste Wahrheit[247]. Näherhin geschieht dabei ein Entbergen und Verbergen zugleich; das Erschaffene wird *entborgen*, indem es aus dem Nichts in das Sein hervorgebracht wird, wodurch das ontologische Innen im ontischen Außen aufleuchtet; das Erschaffene wird *verborgen*, indem das ontologische Innen einzig im ontischen Außen hervorgebracht wird, wodurch das Sein im Seienden verschwindet oder sich entzieht. Die Wahrheit des Erschaffenen besteht wesentlich in dieser verbergenden Entbergung oder im sich *entziehenden Aufleuchten*; dazu allein reicht das ereignende Erschaffen als Wahrheitsgeschehen hin. Das lautere Entbergen ohne jedes Verbergen ist dem subsistierenden Sein als der ersten Wahrheit (prima veritas) vorbehalten; daran nimmt der Mensch auf seine Weise teil, dem es verliehen ist, das Verdeckte zu entdecken, wobei er allerdings auch dem Verdecken erliegen und so das Entdecken verfehlen kann.

Im ereignenden Erschaffen als dem letztlich gründenden personalen Geschehen tritt als zweites Moment der Aspekt der Gutheit und damit das *Willens-* oder *Liebesgeschehen* hervor, das Thomas in die Worte faßt: der Wille Gottes ist die Ursache der Dinge[248]. In diesem Zusammenhang grenzt er das Erschaffen vom Wirken aus Naturnotwendigkeit, also vom ontischen Wirken, ab; letzteres ist wesentlich sekundär, weil seine Ziele und die dazu führenden Mittel von einem vorausgehenden primären Wirken festgelegt sein müssen, das als solches mit Wissen und Wollen ausgestattet ist; da aber das Erschaffen als das schlechthin *primäre Wirken* allem andern Wirken vorausgeht und zugrunde liegt, ist es als wissendes und wollendes Wirken anzusprechen, das allein der Eigenart des ontologischen Bereichs gemäß ist[249]. In derselben Richtung bewegt sich die Überlegung, daß das ontisch Wirkende wegen seines begrenzten Seins auf die diesem entsprechende Wirkung festgelegt ist; das Erschaffen hingegen entspringt aus dem subsistierenden Sein, das in sich die ganze Vollkommenheit des Seins vereinigt und folglich nicht auf ein begrenztes Erwirktes (Seiendes) eingeengt ist; deshalb können aus seiner unendlichen Vollkommenheit begrenzte Seiende nur dadurch hervorgehen, daß sie von seinem Wissen und Wollen ihre bestimmte *Umgrenzung* erhalten[250]. Dazu kommt der Hinweis, daß Gottes Sein mit seinem Wissen zusammenfällt, weshalb alles Seiende auf die Weise der Wahrheit (secundum modum intelligibilem) von Gott entworfen und hervorgebracht wird; der Lichtung der Wahrheit entspricht aber das durchlichtete und *freie Wollen* im Gegensatz zu dem undurchlichteten und unfreien Streben des Tieres, woraus folgt, daß Gott alles durch das sein Wissen vollendende Wollen verursacht oder hervorbringt[251]. Kurz zusammenfassend läßt sich sagen: weil Gottes Sein mit seinem Wissen und Wollen zusammenfällt und sein Wirken diesem Sein entspringt und entspricht, bringt er selbstverständlich alles auf die Weise des Wissens und Wollens hervor, oder kann das Erschaffen nicht anders als auf diese Weise verlaufen[252].

Heben wir noch *einige Aspekte* hervor, die im ereignenden Erschaffen als Willensgeschehen liegen. Zunächst ist das Wollen auf das Gute ausgerichtet[253], von dem gilt, daß ein jedes insoweit gut ist, als ihm Sein zukommt[254]; demnach fällt das Gute mit dem Sein zusammen, und das Wollen ist durch seine Hinordnung auf das *Gute-schlechthin* korrelativ mit dem Sein, insofern es gut ist, und gehört daher mit diesem in den *ontologischen* Bereich. Dementsprechend ist das Erschaffen als Willensgeschehen ein Geschehen unter dem Zeichen des Guten, wie das Wissensgeschehen unter dem Zeichen des Wahren steht.

Aus der Identität, die zwischen dem Sein und dem Guten waltet, ergibt sich weiterhin, daß das subsistierende Sein dasselbe wie das *absolute Gute* oder die grenzenlose Fülle alles Guten ist, der sich das göttliche Wollen mit Notwendigkeit zuwendet[255]. Dabei handelt es sich freilich um die jeder Wahlmöglichkeit überlegene und aus der absoluten Fülle entspringende *ontologische Notwendigkeit*, die sich wesentlich von der aus dem Einengen des Strebens auf ein endliches Gute resultierenden und der Wahl unterlegenen ontischen Notwendigkeit, auch wie oben Naturnotwendigkeit genannt, unterscheidet; diese beiden Weisen des Notwendigen hält der Aquinate nicht ausdrücklich auseinander. Nun gehört es aber zum Wesen des Guten, sich als »diffusivum sui« zu erweisen[256] oder anderen von dem Eigenen *mitzuteilen*; demgemäß geziemt es sich (condecet) vor allem für das göttliche Gute, an seiner grenzenlosen Fülle andere teilnehmen zu lassen, soweit es möglich ist[257]. Mitteilen jedoch kann einzig durch Teil-habe geschehen, indem Gott endliche Güter erschafft, die er seiner unendlichen Fülle angleicht[258] und die durch den ihnen gewährten An-teil diese darstellen oder entbergen. Gegenüber solchen endlichen Gütern ist *Gott frei*, weil seine eigene Fülle in und durch sich selbst vollendet ist und daher durch anderes ihr nichts zuwachsen kann[259], weil zugleich jene Güter wegen ihrer Endlichkeit das Wollen nicht unwiderstehlich zu binden vermögen. Infolgedessen ist das Erschaffen als Willensgeschehen wesentlich *Freiheitsgeschehen*, was sich in einigen oben angeführten Formulierungen Heideggers ankündigt, ohne zur vollen Klarheit zu gelangen.

Mit dem Wollen des Guten ist die Liebe gegeben; denn einen lieben heißt, ihm Gutes wollen[260]. Die Liebe ist sogar die erste Bewegung des Willens, weil sie sich auf das Gute in seiner allumfassenden Weite richtet und damit die erste Wurzel der anderen Akte bildet, die dem Guten in dieser oder jener Abschattung zugeordnet sind[261]. Nach dem oben Gesagten will aber Gott jedem Seienden jenen Anteil am Guten, der dem ihm zukommenden Sein entspricht, weshalb er alles Erschaffene liebt[262]. Dabei verhält sich Gottes Liebe anders zum Geliebten als die Liebe des Menschen; letztere ist objektiv oder wird von dem vorgegebenen Geliebten angesprochen, erstere hingegen ist projektiv, insofern sie das oder den Geliebten hervorbringt, indem sie das Gute in den Dingen erschafft oder ihnen eingießt[263]; hier finden wir also einen ähnlichen Unterschied wie beim Wissen. Nach allem ist das Erschaffen als Willensgeschehen wesentlich *Liebesgeschehen*, was bei Heidegger etwa in der »Huld des Seins« anklingt.

»*creatio*« *und Ereignis:* Auf einem langen, vielverschlungenen Weg haben wir eine Auseinandersetzung zwischen dem *Ereignis* von Heidegger und der »*creatio*« des Aquinaten angebahnt und in entscheidenden Grundzügen durchgeführt. Hierbei erwies sich das Ereignis als hilfreich für das Herausarbeiten des eindeutig *ontologischen* Charakters des Erschaffens, wodurch dessen Nähe zum selben Ereignis sichtbar wurde. Ebenso zeigte sich die Möglichkeit, mittels des Erschaffens das Ereignis zu verdeutlichen und manches in ihm unbestimmt Gelassene tastend genauer zu *bestimmen*; in eins damit konnte erläutert werden, wie bestimmte Momente, etwa die Kausalität, die Heidegger vom Ereignis ausschließt, nach ihrer tieferen ontologischen Auslegung mit demselben Ereignis vereinbar, ja von vornherein in ihm enthalten sind; dadurch rückt das Ereignis in die *Nähe* der »creatio«. Wenn Heidegger einer solchen Nähe ablehnend gegenübersteht, so hat das einerseits gewiß in einer *Thematisierung* des Seins und des ihm entsprechenden Ereignens seinen Grund, die Thomas noch nicht vollzogen hat und in seiner geschichtlichen Situation auch nicht erreichen konnte; andererseits jedoch spielt dabei eine Rolle, daß Heidegger von jener *ontischen* Auffassung der »creatio« nicht loskommt, die zwar vom Spätmittelalter an weitverbreitet und manchmal vorherrschend wurde, aber vom Aquinaten längst überwunden war, was wir im einzelnen entwickelt haben. Der ontologischen Interpretation der »creatio« haben wir uns so eingehend gewidmet, weil wir zum Ausmerzen ihrer ontischen Deutung beitragen wollen und nur so die Grundlage für unsere weiteren Darlegungen gewonnen wird.

2. Abschnitt
»creatio« und »tempus«

Nach dem bisher Gesagten teilt das subsistierende Sein durch das ereignende Erschaffen ständig Sein mit, das wesentlich Sein des Seienden ist oder einzig im Seienden west. Nunmehr ist im Rahmen unserer Gesamtproblematik die *Frage nach der Zeit* zu stellen, ob sie nämlich notwendig in dieses Geschehen gehört und welche Bedeutung ihr darin zukommt. Namentlich haben wir zu prüfen, wie sich die Zeit in der Mitteilung des Seins, die dem Menschen zukommt und ihn kennzeichnet, darstellt. Wenn im Bisherigen an Thomas anschließend von den »Dingen« die Rede war, so wurde darin der Mensch eingeschlossen und daher das Ding in diesem weiteren Sinne verstanden; im folgenden wird es nötig sein, den Menschen von den bloßen Dingen abzuheben.

»Creatio« im unteilbaren Jetzt: Setzen wir dabei an, daß nach Heidegger das Schickende oder das sich als das Geschick Durchhaltende, das mit dem Ereignis zusammenfällt, selbst ungeschichtlich oder besser *geschicklos* ist; damit wird nicht jede Bewegtheit verneint, sondern auf die dem Ereignis eigene Bewegtheit, nämlich auf die Zuwendung im Entzug, verwiesen[1]. Blicken wir von hier aus auf die »creatio« hin, so ist auch sie ohne im Nacheinander verlaufende Veränderung (sine motu) und deshalb auch *ohne Zeit* (sine tempore)[2]. Das geht daraus hervor, daß die »creatio«, wie wir im einzelnen entwickelt haben, keine »mutatio« ist, sondern das jeder »mutatio« vorausliegende und sie allererst ermöglichende Grundgeschehen. Während daher bei der »mutatio« wegen des Bearbeitens eines vorgegebenen Materials das allmähliche Werden (fieri) zum vollentfalteten Sein (factum esse) hinführt, ist für die »creatio« das Zugleich ohne jedes reale Nacheinander kennzeichnend, wodurch Erschaffen-werden und Erschaffen-sein schlechthin zusammenfallen; hier gilt: was wird, ist[3].
Von Werden kann allenfalls in einem weiteren Sinne die Rede sein, insofern das Seiende, das vorher ganz und gar nicht ist, nachher ist[4]; oder es heißt: das Seiende, das vorher nicht war,

ist von einem andern[5]. Auf jeden Fall handelt es sich um Werden oder Hervorgehen im *unteilbaren Jetzt* (in instanti); durch das Erschaffen beginnt das Seiende ohne allmählichen Übergang, wobei das Beginnen besagt, daß es nicht immer war und daher *vorher* nicht war. Dieses »Vorher« bringt jedoch *nicht Zeit* mit sich, weil dem ersten Augenblick des Seienden kein anderes reales Jetzt, also eben nichts vorausgeht; die Zeit hingegen besteht gerade in der Abfolge von realen Jetzt. Außerdem ist die Zeit wie auch der Raum einzig als »concreatum« möglich, als *Mit-erschaffenes* mit dem Seienden und folglich erst mit diesem Anhebendes, weshalb jenes Vorher nicht als etwas Zeitliches genommen werden kann[6]. Demnach sind Zeit und Raum nicht als sozusagen leere Behälter dem Seienden vor-gegeben, sondern mit ihm entstanden, wodurch sie auch mit ihm vergehen. Doch wird der Raum auf andere Weise mit-erschaffen als die Zeit; denn der Raum wird als ein Bleibendes zugleich oder von Anfang an ganz, die Zeit hingegen als ein Nicht-Bleibendes, sondern *Fließendes* und Voranschreitendes lediglich in ihrem Anfang oder ihrem ersten Augenblick mit-erschaffen[7], während die folgenden Augenblicke oder Jetzt daraus durch »mutatio« hervorgehen und allein der »conservatio« bedürfen[8]. Unsere Überlegungen haben die überzeitliche Eigenart der »creatio« zusammmem mit der ihr eigenen Bewegtheit verdeutlicht; wie darin Zuwendung im Entzug geschieht, ist weiter zu klären.

Das Erschaffene ist endlich: Als nächste Frage drängt sich auf, ob mit dem Seienden notwendig Zeit mit-erschaffen wird oder ob es Seiendes auch ohne Zeit geben könnte. Die Überzeitlichkeit des Erschaffens leitet sich aus der Überzeitlichkeit seines *Ursprungs,* nämlich des subsistierenden Seins her; dieses ist als die absolute Fülle des Seins ohne jedes Nicht-sein wesentlich das *absolute Zugleich* oder jenes stehende Jetzt (nunc stans)[9], das alle fließenden Jetzt der Zeit umspannt und daher ihnen ko-existiert (coexistit) oder gegenwärtig da-ist (praesentialiter adest)[10]. Das reine Zugleich schließt sowohl das Noch-nicht der Zukunft als auch das Nicht-mehr der Vergangenheit aus und ist die *lautere Gegenwart,* die alles Zukünftige und Vergangene umgreift; diese allein ist alles Sein ohne jedes Nicht-sein, während Zukunft und Vergangenheit wesentlich Nicht-sein mit sich bringen. Auch umfaßt das stehende Jetzt des absoluten Zugleich *alle* fließenden Jetzt ohne Ausnahme, weil es andernfalls wieder mit Nicht-sein behaftet wäre, indem wenigstens einige Jetzt nicht von seinem Ausgriff erreicht würden und dieser sich daher als begrenzt erwiese. – Nun wird jemand vielleicht folgern, jedes Wirkende bringe ein ihm *Gleichendes* hervor, weshalb aus dem reinen Zugleich oder dem Ewigen immer nur ein reines Zugleich oder Ewiges, nie aber ein Nacheinander oder Zeitliches entstehen könne; diesem Trugschluß widerspricht Thomas auf das entschiedenste.

Das reine Zugleich ist dasselbe wie das subsistierende Sein, das allein als die absolute Fülle des Seins auftritt. Nach dem Aquinaten ist es jedoch unmöglich, daß Gott etwas dem Sein nach schlechthin Unbegrenztes und Unendliches verursacht[11]. Anderswo heißt es ausführlicher: das durch sich selbst subsistierende, d. h. in jeder Hinsicht völlig unabhängige Sein schließt das Erschaffen oder das Abhängen von einer Ursache notwendig aus[12]; denn solches Abhängen besagt Nicht-sein, insofern ein solchermaßen Abhängiges nicht sich selbst genügt, sondern auf etwas anderes angewiesen ist. Infolgedessen widerstreitet es dem Wesen des Erschaffenen, daß es das Sein selbst und damit schlechthin unendlich sei[13]; dementsprechend verlangt das Wesen des Erschaffenen, daß es ein *Sein-habendes* oder ein am Sein Teil-habendes und daher ein Endliches sei. Wie also Gott trotz seiner unendlichen Macht niemals etwas, das nicht-erschaffen bleibt, erschaffen kann, womit zwei einander absolut Widersprechende zugleich gesetzt würden, so vermag er auch nicht etwas schlechthin Unendliches zu erschaffen[14], was ebenfalls ein absoluter Widerspruch wäre, weil nach dem eben Gesagten das schlechthin Unendliche dasselbe wie das in jeder Hinsicht Unabhängige und damit Unerschaffene ist. Demnach ist das Erschaffene von wesentlich anderer Struktur als das subsistierende Sein; es ist nicht das Sein, sondern hat Sein, ist also, wie eben erwähnt, das Sein-habende oder am Sein *Teil-habende*. Während hiermit das subsistierende Sein durch die absolute Identität mit dem Sein gekennzeichnet ist, meldet sich im Erschaffenen die Nicht-Identität mit dem Sein, tritt der Einfachheit des subsistierenden Seins die Einigung des Erschaffenen gegenüber, nämlich sein Zusammenwachsen oder seine Kon-kretion aus Teilfaktoren; die Wesenheit des Dinges fällt nicht mit dem ihm eigenen Sein selbst zusammen[15]. Unsere im Anschuß an den Aquinaten vollzogenen Überlegungen erweisen die Zweiheit von *Wesenheit und Sein* als die Bedingung, die Erschaffenes ermöglicht; sie enthalten ein *Ableiten* und Begreifen dieser Zweiheit aus der »creatio«, deren Geschehen sie notwendig setzt. So gelangen wir in die Nähe des *Ereignisses*, von dem Sein als Sein des Seienden ereignet wird, wobei zwischen dem Sein und dem Seienden die ontologische Differenz waltet, die sich als das zu Bedenkende darbietet.

Auch Heidegger kennt die »Unterscheidung im Sein als esse essentiae und esse existentiae«, meint aber, die Frage nach dem »Seinsgeschick«, aus dem sie »vor das Denken gelangt«, sei »niemals gefragt« worden, ja habe »nie gedacht werden« können[16]. Er sieht darin ein »Zeichen der Vergessenheit des Seins«, die sich aber nicht aus »einem bloßen Versäumnis des menschlichen Denkens« oder aus »einer geringeren Fähigkeit des frühen abendländischen Denkens« erklärt[17], sondern eben Seinsgeschick ist. – Um eine »in ihrer Wesensherkunft verborgene Unterscheidung«[18] handelt es sich in der nach-thomanischen Zeit, an deren Terminologie die Aussagen Heideggers anklingen; vom *Aquinaten* hingegen wird, wie gezeigt wurde, die fragliche Zweiheit oder Differenz aus der »creatio« sowie *aus* der ihr entsprechenden Sicht des *Seins gedacht*.

Daher geht es bei ihm nicht um die ontischen Aspekte des Seienden, die Essenz und Existenz oder Sosein und Dasein heißen, sondern um die ontologischen Prinzipien von Wesenheit und Sein. Während die *ontischen Aspekte* beide endlich und der phänomenologischen Analyse zugänglich sind, dringt zu den *ontologischen Prinzipien* oder Ursprüngen einzig die bei der »creatio« ansetzende transzendentale Besinnung auf die ermöglichenden Gründe des Erschaffenen als solchen vor und stellt sich zwar die Wesenheit als endlich, das Sein aber als zuletzt unendlich dar, wenn es auch zunächst als ver-endlichtes erscheint. Die *Wesenheit* des am Sein Teilhabenden ist endlich und als solche vom Sein unterschieden, weil das Sein selbst sich das Maß der Unendlichkeit oder der absoluten Fülle setzt und ihm deshalb das Maß des endlichen An-teils als etwas anderes gegenübertritt. Das *Sein* des am Sein Teilhabenden ist zunächst endlich, weil die ihm entsprechende Wesenheit nur einen mehr oder weniger vollkommenen An-teil aus der absoluten Seinsfülle ausgrenzt; das selbe Sein aber ist zuletzt unendlich, weil es auch als verendlichtes eben Sein bleibt und damit die absolute Fülle zum Hintergrund hat. Indem die beiden Prinzipien des Sein-habenden zusammenwachsen, wird ebenso das von sich aus unendliche Sein durch die Wesenheit endlich, wie die von sich aus nur mögliche Wesenheit durch das Sein seiend. Hierbei zeichnen sich im zeitlichen Zugleich zwei *Abhängigkeitsbeziehungen* oder Prioritäten ab; unter der Rücksicht der Verendlichung hängt das Sein von der Wesenheit ab; unter der Rücksicht der Verwirklichung hängt umgekehrt die Wesenheit vom Sein ab. Kraft dieses Doppelverhältnisses ist die Wesenheit, die als individuelle ins Spiel kommt, der reale Träger, der als subjektive oder Realpotenz das Sein aufnimmt; das Sein aber ist der reale Akt, der von der Potenz aufgenommen und getragen wird, also nicht subsistiert oder wesentlich an den *Träger gebunden* ist[19].

Nach Heidegger ist das Ereignis endlich und dessen *Endlichkeit in sich* selbst zu denken, also negativ nicht mehr aus dem Bezug zur Unendlichkeit und positiv als das ins Eigene Geborgensein[20]. – Obwohl das Erschaffen notwendig das subsistierende Sein und mithin das Unendliche zum Ursprung hat, ist es ebenfalls endlich, weil nichts anderes als *Endliches* aus ihm hervorgehen kann. Außerdem wird das Endliche vom Erschaffen, obwohl es in diesem stets einbehalten ist, in sein *Eigenes* entlassen, weshalb es zunächst als das in sein Eigenes Geborgene und damit die Endlichkeit des Ereignisses *in sich selbst* gedacht wird. Doch macht gerade dieses Denken offenbar, wie zuletzt die Endlichkeit des Ereignisses über sich selbst hinausweist und in der Unendlichkeit des subsistierenden Seins gründet, wie auch das Endliche nur dadurch in sein Eigenes geborgen ist, daß es von seinem Andern, nämlich dem Unendlichen umfangen und getragen wird.

Anwesen und Entzug: Durch das Ereignis geschieht das *Anwesen* des Seins im Seienden, was der *Zuwendung* gleichkommt. Um hier Mißverständnisse abzuwehren, fügen wir das nach dem früher Gesagten Selbstverständliche bei, daß es nicht um die Zuwendung zu oder um das An-wesen bei einem vorgegebenen Seienden geht; vielmehr *entsteht* das Seiende selbst, indem durch die Zuwendung das ihm eigene Sein an-west oder durch das ereignende Erschaffen ihm Sein mitgeteilt wird. Wenn das Protokoll die Frage nach dem *Vorrang* des An-wesens vor anderen Bestimmungen des Seins als bei Heidegger noch ungedachte Behauptung bezeichnet[21], so scheinen mir die eben angedeuteten Zusammenhänge eine gewisse Antwort darauf zu geben. Indem das Sein beim Seienden an-west, west das Seiende selbst an, und zwar nicht nur an sich, sondern auch für den Menschen, wodurch dieser auf das Seiende als das Anwesende trifft und damit Sein als Anwesen erfährt, obwohl sich ihm nicht ohne weiteres im Statischen das Dynamische oder das Anwesende als An-wesendes und das Anwesen als An-wesen enthüllt. Für den Menschen jedenfalls ist das An-wesen die zunächst oder als *erste* sich darbietende *Bestimmung* des Seins, womit es jedoch nicht als die an sich erste Bestimmung erwiesen ist.

Die Zuwendung des Seins zum Seienden geschieht im *Entzug* oder das An-wesen ist im Ab-wesen zurückgehalten; jetzt vermögen wir zu klären, was diese Aussage Heideggers meint. Das ereignende Erschaffen kann Sein einzig in der Gestalt des Seienden oder *Sein-habenden* hervorbringen, in dem sich das Sein so ent-birgt, daß es sich notwendig zugleich *verbirgt*. Was nämlich im Seienden zunächst hervortritt, ist lediglich ein endlicher Anteil der unendlichen Seinsfülle, die selbst nicht in das Seiende eingeht und damit verborgen bleibt oder sich entzieht. Gewiß verweist der endliche Anteil wesentlich auf die unendliche Fülle, weshalb im unmittelbaren Entbergen des Anteils auch die *Fülle* in ihrer Verborgenheit *mittelbar entborgen* ist. Doch wird die Verborgenheit der Fülle immer wieder zum Anlaß ihres Vergessens; der Mensch verliert sich im unmittelbar Entborgenen und verliert das nur mittelbar Entborgene aus dem Blick, beachtet es nicht und *vergißt* es schließlich. Wenn aber die Fülle des Seins dem Menschen entschwindet, verschwindet auch deren Anteil oder das mitgeteilte Sein im Seienden, wodurch folgerichtig das Seiende selbst sich in nichts auflöst; der *Nihilismus* greift nach dem Menschen und wird durch das Erscheinende oder Machbare, das an die Stelle des Seienden tritt, nicht überwunden, sondern sogar bezeugt. Mit dem *Machbaren* wird ferner das Tun des

Menschen und damit die »mutatio« akzentuiert, während durch das Vergessen des Seins auch die ihm zugeordnete »creatio«, die jeder »mutatio« voraus- und zugrunde liegt und sich als das verborgene Grundgeschehen entzieht, ebenfalls der Vergessenheit anheimfällt und sogar geleugnet wird.

Wenn wir nun mit der Zuwendung des Seins dessen Sich-entziehen denken, haben wir sorgfältig von der *Vergessenheit* des Seins dessen *Verborgenheit* zu unterscheiden; das wird nicht hinreichend beachtet, sobald es heißt, mit dem Entwachen in das Ereignis sei die Seinsgeschichte zu Ende[22]. Genaugenommen nämlich bringen wir mit dem Denken des ereignenden Erschaffens zwar die Seinsvergessenheit, nie aber die Seinsverborgenheit hinter uns, weshalb mit jenem Denken die *Seinsgeschichte* nicht zu Ende ist, weil sie überhaupt nie ihr Ende erreichen kann. Wie die ontologische Grundstruktur der Sorge im ontischen Bereich sowohl Besorgtheit als auch Sorglosigkeit ermöglicht[23], so gehört die Seinsverborgenheit ebenfalls dem ontologischen Bereich an, woraus sowohl das Denken des Seins als auch dessen Vergessen, welch letzteres als ontischer Vollzug zu kennzeichnen ist, hervorgehen können. Die Seinsvergessenheit kommt und geht, ist bald tiefer, bald weniger tief, ist wenigstens zeitweise überwindbar; die Seinsverborgenheit, in der jene wurzelt, hingegen *bleibt immer*, solange der Mensch eben Mensch ist, hat stets die im wesentlichen selbe Tiefe und läßt sich nie überwinden, weil sie zur Konstitution alles endlichen Seienden und besonders des Menschen gehört. Infolgedessen hat der Mensch trotz allen Einholens des Seins doch nie das Sein ganz eingeholt, weshalb er unaufhebbar in das Unterwegs zu ihm gebannt bleibt und die Seinsgeschichte immer weitergeht. Nach dieser Auslegung, die jene des Aquinaten ist, reicht der *Entzug* und damit die Geschichte so sehr in das *Innerste* des ereignenden Schaffens, des in ihm mitgeteilten Seins sowie jedes Seienden und vor allem des Menschen hinein, daß sie sich *nie* davon *befreien* können; im Gegensatz dazu ist ein solches Befreien in der Auslegung möglich, die vom Ende der Seinsgeschichte spricht und für die daher Entzug und Geschichte nicht in das Innerste der eben genannten Bereiche hineingreifen. Bezüglich Thomas fügen wir bei, das Gesagte gelte für den Menschen in *diesem Leben* (in hac vita) mit all seinen geschichtlichen

Entfaltungen oder für den Stand der irdischen Pilgerschaft (status viatoris), der von dem anderen Leben (altera vita) oder dem Stand des endgültig Ergreifenden oder Ankommenden (status comprehensoris) auf eine hier nicht zu erläuternde Weise überboten wird.

Vielheit und Zeitigung: Das Ergebnis der vorstehenden Erörterungen enthält bereits eine erste Antwort auf die oben gestellte Frage: das ereignende Erschaffen bringt die Vielheit in die Einheit hinein und hebt damit die Zeit von der Ewigkeit ab. Die *Vielheit* macht sich in *zweifacher* Hinsicht bemerkbar; dem subsistierenden Sein tritt das endliche Seiende als ein Anderes gegenüber, und in diesem selbst sind Seinsakt und Wesenheit so miteinander vereinigt, daß keines der beiden Prinzipien das andere ist[24]. Hiermit ist weiterhin die Vielheit von endlichen Seienden gegeben; während nämlich das subsistierende Sein als die absolute Fülle wesentlich nur Eines sein kann[25], läßt jedes endliche Seiende, insofern es am Sein lediglich teil-hat, den Raum für andere derartige Teilhabende frei, die auf ihre je verschiedene, mehr oder weniger vollkommene Weise an der absoluten Fülle teil-nehmen. In solch einer Vielheit findet Thomas sogar eine gewisse *Notwendigkeit;* weil nämlich jedes Erschaffene hinter der Vollendung der göttlichen Fülle zurückbleibt, muß es viele und verschiedene Erschaffene geben, damit jene Fülle, die von einem allein nicht vollkommen dargestellt werden kann, wenigstens durch das Zusammenspiel vieler einigermaßen zum Aufleuchten komme[26]. Die Fülle des Guten, die in Gott gesammelt und als Einfaches west, kann in den erschaffenen Seienden einzig zerstreut und durch viele ausgeprägt werden; darin zeigt sich die überragende Größe der göttlichen Vollendung[27]. Demnach geht aus dem ereignenden Erschaffen nicht ein Geschöpf, sondern *eine Schöpfung* hervor, in der die vielen Erschaffenen eine Ordnung bilden; sie schließt ebenso die vielen Erschaffenen zu einem Ganzen zusammen wie sie dieses auf Gott hinrichtet[28].

In der Eigenart des Seins ist die Eigenart des *Dauerns* vorgezeichnet, da Sein und Dauer sich nicht voneinander trennen lassen. Wo sich keine Dauer findet, fehlt auch das Sein; wo das Sein von Nicht-sein durchzogen ist, erweist sich auch die Dauer als von Nicht-sein bestimmt; wo die Einheit des Seins der Vielheit unterworfen wird, macht sich auch in der Einheit der Dauer die Vielheit bemerkbar. *Dauer ohne alles Nicht-sein* oder *ohne jede Vielheit* ist allein die *Ewigkeit*, deren Grundbestimmung ist, als ganze zugleich zu sein; vermöge des »zugleich« schließt sie jede Abfolge oder jedes Nacheinander aus; »als ganze« fehlt ihr nichts, insofern sie keinen Anfang und kein Ende kennt[29] und alle Zeiten umspannt[30]. Ihrer vollen Wahrheit nach gibt es die Ewigkeit allein in Gott[31]; die Ewigkeit ist nichts anderes als Gott, ja Gott ist die Ewigkeit[32]. Anders ausgedrückt, fällt die allumfassende *Einfachheit* der Ewigkeit mit jener des subsistierenden Seins schlechthin zusammen, weshalb die erschaffene Ewigkeit genauso unmöglich ist wie das erschaffene subsistierende Sein. Wie sich aus diesen Überlegungen ergibt, vollzieht das ereignende *Erschaffen* mit dem Hervorbringen des endlichen Seienden notwendig ein Heraustreten des Seins aus dem absoluten Zugleich der Ewigkeit und sein Eintreten in eine Weise der *Dauer*, die nicht das absolute Zugleich und damit das *Nacheinander* besagt, also ein Ver-zeitlichen oder *Zeit-igen des Seins*.

Ewigkeit und Zeit: Obwohl für uns Menschen das Vielfältige als das Erstgegebene zum Einfachen und damit die *Zeit* zur *Ewigkeit* führt[33], ist doch an sich die Ewigkeit der Ursprung jeglicher Dauer, weil das Einfachere stets das Frühere oder Gründende ist[34]. Daher ist es möglich, nachdem die Ewigkeit durch Ausscheiden alles Vielfältigen gefunden worden ist[35], von ihr her die Zeit zu erläutern, wobei selbstverständlich immer unsere ursprüngliche Zeiterfahrung den Hintergrund bildet. Wie nun die Ewigkeit ganz und gar die Bewegung oder jedes Werden übersteigt[36] und deshalb mit dem *Unveränderlichen* zusammengehört[37], so ist die Zeit mit der Bewegung oder dem Werden gegeben und tritt uns als das gemeinsame Maß (communis mensura) alles Werdenden oder *Veränderlichen* entgegen[38]. Im Werdenden aber beobachten wir viele Schritte, die es bei seiner Entfaltung durchläuft, und im Veränderlichen viele Ausprägungen, mittels deren es sich immer wieder anders darstellt; dieser Vielheit entspricht die Vielheit der Momente, die durch ihr *Nacheinander* die betreffende Dauer als Zeit kennzeichnen. Ebenso bringen das Werdende und das Veränderliche

Nicht-sein mit sich, insofern Entfaltungsschritte und Ausprägungen nicht mit dem Ganzen und auch nicht miteinander identisch sind; diesem Nicht-sein entspricht das Nicht-sein, das die Zeit konstituiert, in der jeder Augenblick nicht der Gesamtfluß und auch nicht die anderen Augenblicke ist. An die Stelle des Zugleich (simul) beim subsistierenden Sein tritt somit das Nacheinander als die dem Erschaffenen eigene Weise des Dauerns; das ereignende Erschaffen erweist sich als Zeitigen des Seins.

Zugleich und Nacheinander enthalten den ersten oder grundlegenden Unterschied von Ewigkeit und Zeit[39]; dazu kommt ein zweiter davon abgeleiteter Unterschied. Weil die Ewigkeit aus der absoluten Fülle des subsistierenden Seins entspringt, umfaßt sie in ihrem Zugleich *alle* nur möglichen *Zeitmomente,* liegen ihr also keine möglichen Zeitmomente voraus und folgen ihr keine möglichen Zeitmomente nach, ist sie mithin ohne Anfang und ohne Ende. Während die Ewigkeit absolut Anfang und Ende ausschließt, läßt die Zeit wegen des ihr eigenen Nacheinander *Anfang und Ende* zu und hat sie nach dem Aquinaten in der gegenwärtigen Schöpfung auch tatsächlich Anfang und Ende[40], was die heutige Naturwissenschaft zu bestätigen scheint. Doch hält es Thomas für möglich, daß die Zeit immer gewesen ist und immer sein wird und damit tatsächlich keinen Anfang und kein Ende hat oder alle möglichen Zeitmomente umspannt[41]. Auch in diesem Fall bliebe der Unterschied der Zeit von der Ewigkeit gewahrt, weil jener der Grundzug des Zugleich abgeht[42] und sie außerdem Anfang und Ende haben kann, worüber sie in dem angenommenen Fall nur durch Gottes freies Wollen erhoben ist; dazu lassen sich in der Zeit ohne Anfang und Ende, die Thomas unter dieser Rücksicht unendlich nennt, endliche Teilstrecken wie Tage und Jahre aufzeigen, was für die Ewigkeit nicht zutrifft[43]. Nach Heidegger ist wenigstens beim Menschen als Seinzum-Tode das Enden der Zeit wesentlich.

Im subsistierenden Sein begegnen wir dem innersten Selbst des Seins, das Ewigkeit besagt; im ereignenden Erschaffen hingegen wird das gezeitigte Sein als Sein des Seienden hervorgebracht, das als Mitteilung des Seins nicht dessen innerstes Selbst ist, wohl aber auf dieses verweist und nie ohne solchen Verweis west. Vermöge dieses Verweises ist das ewige Sein im gezeitigten Sein *ent-hüllt*, indem es jedoch darin notwendig zugleich *ver-hüllt* ist, weil das gezeitigte Sein eben nicht mit dem ewigen Sein zusammenfällt und im unmittelbaren An-wesen des ersteren nur ein mittelbares An-wesen des letzteren geschieht. – Hieraus haben sich geschichtlich zwei Extreme entwickelt. *Hegel* hebt das gezeitigte Sein als *Moment* im ewigen auf, wodurch das ewige Sein nicht rein das ewige bleibt, sondern der Zeitigung unterliegt oder so wesentlich sich zeitigt, daß es ohne die Zeitigung nicht es selbst ist oder erst durch die Zeitigung es selbst wird. *Heidegger* hingegen ist geneigt, das im Ereignis *gezeitigte* Sein als das *Sein selbst* zu nehmen, wodurch ihm das über die Zeitigung hinaus- und ihr zugrunde liegende ewige Sein entgeht, das allererst das Ereignis sowie das in ihm gezeitigte Sein ermöglicht. Damit zeigt sich der grundsätzliche *Unterschied* zwischen Hegel und Heidegger, der durch voreilige Deutungen allzu leicht überspielt wird. – Allein im Aushalten der von den Extremen verfehlten *Spannung* erscheint das erschaffende Ereignen als überzeitlich und zeitlich zugleich; es ist überzeitlich nach seinem Ursprung aus dem ewigen Sein, es ist zeitlich nach seinem Hervorbringen des zeitlichen Seins. Als zeitliches verwirklicht es sich als ein immer neues Ereignen, das durch die unabsehbare Abfolge der Augenblicke die Fülle des Ewigen oder des stehenden Jetzt wenigstens nachzubilden strebt, weil dazu der einzelne Augenblick oder das jeweilige fließende Jetzt nicht imstande ist. Das Immer-weiter-drängen der Zeit erklärt sich einzig aus ihrem Teilnehmen und nur Teil-nehmen an der Ewigkeit.

Aevum zwischen Ewigkeit und Zeit: Das hier berührte Teilnehmen prägt sich in *mehreren Stufen* aus; denn in dem Maße, wie sich etwas vom Bleiben des Seins entfernt und der Veränderung unterworfen wird, verläßt es auch die Ewigkeit und tritt in die Zeit ein[44]. Genauerhin ist die Zeit nicht ein abstraktes, von den zeitlichen Dingen abgelöstes Maß, sondern das *innere Maß* des Gezeitigten selbst, weshalb sie je nach der Eigenart des Gezeitigten immer wieder anders, nie aber dieselbe für alle ist[45]. Dabei kommt der Aquinate zu drei Stufen der Dauer, indem er zwischen die Ewigkeit und die Zeit das sogenannte »*aevum*« stellt, das er den Engeln als endlichen, aber nicht verleiblichten

Geistwesen sowie den Himmelskörpern zuschreibt[46]. Den Unterschied der drei Stufen faßt Thomas folgendermaßen zusammen: für die Zeit ist das Nacheinander kennzeichnend; dem »aevum«, das an sich kein Nacheinander besagt, kann dieses beigefügt werden; die Ewigkeit läßt in keiner Weise das Nacheinander zu[47].

Zur näheren Erläuterung des »aevum« unterscheidet der Aquinate in den überirdischen Geistern zwischen ihrem substantiellen Sein und ihren Akten oder Vollzügen. Ihr *substantielles* Sein unterliegt nicht der »mutatio« oder der Veränderung, kennt insbesondere kein Werden und Vergehen und ist in diesem Sinne *unveränderlich;* daher ist sein Maß das »aevum«[48], das ein gewisses »totum simul« mit sich bringt und dessen Dauer unendlich ist, weil sie nicht von der Zeit verendlicht wird[49]. Trotzdem fällt das »aevum« nicht mit der Ewigkeit zusammen[50], insofern jene Geister in ihren *Akten* oder Vollzügen ein Nacheinander und damit eine gewisse *Veränderung* aufweisen[51], nämlich in ihrem Erkennen und Wollen sowie in der ihnen eigenen Weise der Bewegung von einem Ort zum andern[52]; in dieser Hinsicht unterliegen sie der *Zeit*[53], weil keine Veränderung ohne Zeit sein kann[54].

Allerdings kommt hier eine *zweifache* Sicht der *Zeit* ins Spiel. Die Zeit im *engeren* Sinne ist mit der Bewegung oder dem Werden der materiellen Dinge gegeben, wofür der kontinuierliche Übergang kennzeichnend ist[55]. Diese Zeit wird vom geistigen Leben schon des Menschen und erst recht des Engels überschritten[56]. Die Zeit im *weiteren* Sinne hingegen ist mit jedem Nacheinander von welcher Art auch immer gesetzt und schreitet auf diskontinuierliche oder sprunghafte Art voran; sie umfaßt auch die einfachen Akte des geistigen Lebens[57]. Damit hängt eine zweifache Sicht der Veränderung zusammen. Während die Veränderung im engeren Sinne ein vom Materiellen herkommendes auf- oder absteigendes *Werden* besagt, bringt die Veränderung im weiteren Sinne lediglich einen *Wechsel* von geistigen Tätigkeiten mit sich, von denen die eine auf die andere folgt, ohne daß das eben erwähnte Werden stattfindet[58].

Wie der *Wechsel ohne Werden* möglich sei, legt Thomas des näheren dar. Im Menschen wird sein geistiges Erkennen auf die Weise des Nacheinander *allmählich* und nie erschöpfend zu seinem Vollzug gebracht[59]; dabei entnimmt unser Geist seine Gehalte aus den welthaften Dingen, denen er durch seine Verleiblichung zugeordnet ist; so findet ein zu immer größerer Vollkommenheit fortschreitendes Werden statt. Im Gegensatz dazu gibt es in dem nicht-verleiblichten und daher nicht-welt-gebundenen Geistwesen einzig das von Anfang an *ganz aktuierte* oder in den Vollzug erhobene Erkennen[60], dessen Gehalte nicht erworben werden, sondern angeboren (connaturales) sind, und zwar durch ein bei ihrem Erschaffen-werden geschehendes geistiges Ausfließen (per intelligibilem effluxum) vom göttlichen Urgeist her[61]; damit ist ein fortschreitendes Werden ausgeschlossen. – Doch bleibt in diesen endlichen Geistern der Unterschied von dem unendlichen Gott. Dieser nämlich erfaßt alles in Einem, in dem einen subsistierenden Sein, das als der absolute Ursprung schlechthin alles vollkommen umfaßt und von dem her sich mithin die Wege zu allem öffnen[62]. Der endliche Geist hingegen umfaßt mit seinem begrenzten An-teil am Sein nicht alles, weshalb dieser nicht zum Spiegel von allem wird und erst *Erkenntnisbilder*, die von Gott eingeschaffen werden, zu allem zu führen vermögen[63]. Weil nun Gottes Fülle des geistigen Lebens in den erschaffenen Geistern wegen deren Endlichkeit nicht vollkommen und einfach verwirklicht wird, sind solche Erkenntnisbilder *notwendig mehrere*, wobei die Vielheit um so mehr zunimmt, je weiter jene Geistwesen hinter Gottes Fülle zurückbleiben[64]. Diese Vielheit aber zugleich im Blick zu behalten, ist kein endlicher Geist imstande[65], weshalb er sich immer wieder anderen Gehalten zuwendet, was genau einen Wechsel ohne fortschreitendes Werden mit sich bringt.

Partizipierte Ewigkeit: In diesem Zusammenhang fällt bei Thomas ein Stichwort, das für die verschiedenen Stufen der Mitteilung des Seins in der Zeit oder seiner *Zeitigung* von erhellender Kraft ist. Gott teilt nämlich seine Ewigkeit einigen erschaffenen Seienden mit[66], so daß diese daran teilnehmen[67]; das besagt: den überirdischen Geistern kommt die *partizipierte Ewigkeit* zu (aeternitas participata)[68]. Diese Formulierung ist dahin zu erweitern, daß jede Zeit notwendig partizipierte Ewigkeit ist, also Zeit ohne Ewigkeit sich selbst aufhebt[69]. Auf den verschiedenen *Stufen* des Seienden taucht die Ewigkeit um so mehr in die Zeit ein oder verschwindet die Ewigkeit um so mehr in der Zeit, je weiter sich das Seiende vom subsistierenden Sein entfernt. Das völlige Herausfallen der Zeit aus der Ewigkeit aber käme jener weitesten Entfernung des Seienden vom ewigen Sein gleich, vermöge deren dem Seienden kein Sein mehr zukäme oder es in die Sein-losigkeit abstürzte; denn Sein ist von sich aus absolute Fülle oder reines Zugleich oder eben Ewigkeit. Und wie nichts so kontingent ist, daß es nicht etwas Notwendiges in sich enthielte[70], so ist auch nichts so zeitlich, daß es nicht etwas Ewiges in sich trüge. Demnach ist *jedes Nacheinander im Zugleich gehalten*; ohne letzteres fiele ersteres völlig auseinander und versänke im Nichts; dabei wirkt in dem Zugleich, das dem Nacheinander innewohnt, das Zugleich, das jedes Nacheinander übersteigt; mittels des immanenten Zugleich west dem Nacheinander das transzendente Zugleich an, ohne das es das immanente nicht geben kann.

Obwohl die reine Ewigkeit nicht als erschaffene auftreten kann, gehört zum Erschaffenen notwendig die partizipierte Ewigkeit, die also zwar Ewigkeit, aber nicht reine Ewigkeit ist. Nach Thomas kommt die partizipierte Ewigkeit allein den *überirdischen* oder nicht leib- und weltgebundenen *Geistwesen* zu, weil sie über der Zeit der Körperdinge sind[71]. Näherin sind sie *nicht* dem Entstehen und Vergehen durch »*mutatio*« unterworfen, weshalb ihnen nicht die Möglichkeit zum Nicht-sein zukommt[72] (potentia ad non esse) und sie von sich aus nie zu sein aufhören[73]. Wie sie durch Erschaffen im unteilbaren Jetzt entstehen, so könnten sie einzig durch Zurückziehen der göttlichen »conservatio« ausgelöscht werden[74], die ihnen aber nicht entzogen wird, weil Gott in jedem Erschaffenen nach dessen Eigenart wirkt[75]. Außerdem liegt es im Wesen jener Geister, daß sie von Anfang an ihre ganze Vollkommenheit innehaben[76], sowohl nach ihrem substantiellen Kern als auch nach ihrem Vollzug; in diesem Sinne ist für sie das *Ganze-zugleich* kennzeichnend, unterliegen sie also keinem Werden. Der Wechsel der Akte, der trotzdem in ihnen stattfindet, zeigt ihre Endlichkeit, bringt jedoch Veränderung und Zeit lediglich im weiteren sprunghaften Sinne mit sich.

Am meisten an ein Werden reicht die *freie Wahl* des überirdischen Geistes heran[77]; obwohl er sich kraft seiner innersten

Eigenart mit der Bewegung der Liebe zu Gott als dem Ursprung seines Seins hinwendet[78], befähigt ihn doch seine Freiheit dazu, zu sündigen oder das Böse zu wählen[79], indem er sich selbst oder sein eigenes Gut (proprium bonum) im Widerspruch zu Gottes Willen umfaßt oder absolut setzt und sich so von Gott lossagt[80]. Vom eigentlichen Werden aber unterscheidet sich auch diese Wahl, weil jede der beiden Alternativen in einem *einzigen* Akt verwirklicht wird[81], wobei gemäß dem oben besprochenen Wechsel der Wille vom einen unteilbaren Jetzt in das andere überspringt[82]; auch geht in den einen Akt der *ganze* Seinsbestand jenes Geistes ein, weshalb dieser fest und unveränderlich (fixe et immobiliter) dem einmal Gewählten anhängt[83] oder seine Entscheidung nicht-revidierbar oder irreformabel ist.

Wenn auch hier Ewigkeit eindrucksvoll aufleuchtet, so erweist sie sich doch ebenso als partizipierte, insofern sie, von Vielheit und Nicht-sein durchzogen, unendlich hinter dem reinen Zugleich zurückbleibt. Das Zugleich ist dem *sprunghaften Nacheinander* von unteilbaren Jetzt unterworfen, das der Eigenart des nicht-leibgebundenen Geistes entspricht und uns mit Thomas von Zeitigung des Seins in dem die vom Körperhaften bestimmte Welt übersteigenden Sinne zu sprechen berechtigt. Wie weit sich selbst dieser Bereich des Erschaffenen vom reinen Zugleich entfernt, zeigen die ihm eigene nur *endliche Kraft* sowie die Angewiesenheit auf das *Einfließen* des Seins (influxus essendi) von Gott her; ein Dauern ohne Ende (in infinitum) ist allein der Unendlichkeit der göttlichen Kraft (infinitas divinae virtutis) zu verdanken[84]. Andrerseits gibt uns die in der Zeitigung des überirdischen Geistes vorherrschende Ewigkeit einen Fingerzeig für das Herausarbeiten der Ewigkeit in der Zeitigung der irdischen oder materiellen Welt, vor allem des Menschen.

Indem auf der obersten oder dem absoluten Zugleich nächsten Stufe der partizipierten Ewigkeit das *Zugleich überwiegt* und das Nacheinander zurücktritt, wird das für das Erschaffene kennzeichnende Verdecken des Seins immer schon und von Anfang an in das Entdecken des Seins vollendet, das der Vollkommenheit des jeweiligen überirdischen Geistes entspricht. Im Gegensatz dazu trägt die materielle Welt als grundlegenden Wesenszug das *Überwiegen des Nacheinander* und das Zurücktreten des Zugleich an sich, wodurch zunächst das Verdecken des

Seins gegeben ist, das allein der Mensch in das Entdecken zu erheben imstande ist, und zwar nur in einem allmählich voranschreitenden und nie ins Vollendete gelangenden Vorgang. Damit ist der Mensch auf einen längeren Weg (longior via) als der übermenschliche Geist gestellt; jenem ist es vermöge seiner Wesensart verliehen, nicht sogleich (statim) die letzte Vollkommenheit (ultima perfectio) zu erreichen[85], sondern sich ihr durch eigentliches *Werden* anzunähern. Anders ausgedrückt, ist der überirdische Bereich der Ort des immer schon überwundenen (nicht beseitigten) *Entzugs,* während unsere irdische Welt als der Ort des erst zu überwindenden Entzugs anzusprechen ist. Wieder anders gewendet, waltet in unserer Welt die *Zeit,* in der die Ewigkeit verschwindet und auch vergessen wird, so daß es so aussieht, als ob die Zeit ein in sich ruhendes Letztes wäre, das in sich und aus sich selbst zu verstehen ist, während den Menschen gerade die Aufgabe auszeichnet, in der Zeit die ihr zugrunde liegende Ewigkeit freizulegen und jene aus dieser zu verstehen, wodurch die Zeit erst ganz zu sich selbst kommt.

Mensch und Zeit: Nunmehr wenden wir uns jener *Stufe* der partizipierten Ewigkeit oder der Zeitigung zu, die sich weiter als jene des nicht-welt-gebundenen Geistes vom absoluten Zugleich der reinen Ewigkeit entfernt und genau mit dem welt-gebundenen Geist oder *dem Menschen* zusammenfällt. Diese Stufe, die uns durch unmittelbare Erfahrung zugänglich wird, gewährt uns erst die durch sie vermittelte Möglichkeit, zu den anderen Stufen aufzusteigen, die wir als die endliche (aevum) und die unendliche (aeternitas) Ewigkeit kennzeichnen dürfen. Indem wir das »aevum« als endliche Ewigkeit ansetzen, billigen wir ihm zwar Zeit im weiteren Sinne zu, nehmen aber als *Zeit im engeren Sinne* einzig die dem Menschen gemäße Art des Dauerns. Allein dadurch, daß das von sich aus ewige Sein in diese Art des Dauerns eingeht, ist es beim Menschen und kann es überhaupt beim Menschen ankommen. Näherhin ist der Mensch nie ohne solches Ankommen und damit auch nie diesem voraus, sondern immer nur in solchem und als solches Ankommen gegeben; anders ausgedrückt, ist solches *Ankommen* des Seins mit dem verbal genommenen *Wesen* des Menschen gleichbedeutend. Hierin liegt die von Heidegger herausgestellte Identität, vermöge deren das so ankommende Sein nie ohne den Menschen und der Mensch nie ohne das so ankommende Sein west; deshalb kann man vom Menschen sinngemäß nie ohne das so ankommende Sein und von diesem sinngemäß nie ohne den Menschen sprechen. Beide sind so sehr *dasselbe*, daß man es mit Heidegger letztlich vermeiden müßte, von ihnen die Rede im Plural zu gebrauchen[86].

Doch gleiten das Sein und der Mensch nicht in eine trübe Einerleiheit, weil in ihre Identität das Sein als das *Gründende* und der Mensch als das *Gegründete* hineingehören; das wird dadurch nicht aufgehoben, daß das Sein den Menschen braucht, wie Heidegger sich ausdrückt, um so ankommen zu können. Allerdings dürfen unsere Aussagen den wesentlichen Unterschied nicht verdunkeln, der sie trotz ihrer Nähe zu Heidegger von ihm trennt. Für diesen fällt das als Wesen des Menschen ankommende Sein mit dem *Sein selbst* zusammen, weshalb es das Sein einzig im Horizont der Zeit gibt und es wesentlich *zeitlich* ist. Nach der hier vertretenen Auffassung hingegen ist das Sein gerade als das ankommende nicht das Sein selbst, wodurch letzteres dem Ankommen und damit der Zeit überlegen und folglich überzeitlich oder *ewig* ist. Daran rührt Heidegger, wenn er etwa sagt, das verbal genommene Wesen des Menschen oder das Dasein im Menschen sei »nichts Menschliches«[87], übersteige also offenbar den Menschen. Der überzeitlichen Tiefe des zeitlichen Seins scheint freilich in derselben Schrift das kreuzweise Durchstreichen des Seins sowie das Ablehnen des subsistierenden, vom Menschen unabhängigen Seins zu widerstreiten[88]. Im Gegensatz zu Heidegger sind wir der Ansicht, daß der Unterschied des gründenden Seins vom gegründeten Menschen und auch der in der Mitteilung des Seins waltende Entzug letztlich die jegliche Zeit übersteigende Ewigkeit des Seins einschließen.

In der als Wesen des Menschen geschehenden Zeitigung des Seins heben sich *zwei* einander ergänzende *Momente* voneinander ab; sie verhalten sich gegenläufig zueinander und lassen sich als das Ver-decken des Zugleich in das Nacheinander und als das Entdecken des Zugleich aus dem Nacheinander umschreiben. Zwischen diesen beiden Momenten spannt sich das Werden, das vom Verdeckten zum Entdeckten voranschreitet, also beim Verdeckten ansetzt und zum Entdeckten hinführt. Ohne das *Verdeckte* gäbe es kein Werden, weil wir sonst immer schon im Entdeckten wären und nicht erst durch allmähliches Entfalten dazu gelangen müßten. Und ohne das *Entdeckte* gäbe es kein Werden, weil wir sonst immer nur im Verdeckten blieben und durch keinerlei Entfalten darüber hinausgelangen könnten. Der das Werden auslösende Anstoß liegt darin, daß im Verdeckten das Entdeckte *vorgezeichnet* ist oder das Verdecken in das Entdecken hineindrängt. Im absoluten Zugleich der Ewigkeit nämlich ist das Sein das gänzlich Entdeckte, weshalb dem Sein nach seinem innersten Selbst das Entdecken ent-spricht; daher wider-spricht das Verdecken im Nacheinander der Zeit dem Sein selbst, weshalb das im Nacheinander verdeckte Sein in das Zugleich des entdeckten Seins einzutreten strebt, soweit das betreffende Seiende dazu imstande ist, was allein auf den *Menschen* zutrifft. In seinem *Wirken* oder in der ihm gemäßen »mutatio« geschieht das Entdecken des Seins im Seienden oder des Zugleich im Nacheinander, während das Verdecken sich in der »*creatio*« ereignet, die das Sein in das Seiende entläßt oder das Zugleich in das Nacheinander hineinbannt.

Bewegung als Grenzfall der Zeitigung: Das äußerste Verschwinden des Zugleich im Nacheinander ereignet sich in dem und als der »*motus*« (mutatio) des körperlich Seienden, der als die Verwirklichung des zunächst nur der Möglichkeit nach Seienden, insofern es ein solches ist, beschrieben wird[89]. Des genaueren besagt der »motus« wesentlich den Übergang von der Möglichkeit in die Wirklichkeit, wobei aber diese stets wieder die Möglichkeit ist, die zu einer weiteren Wirklichkeit hinstrebt; wäre nämlich die jeweils erreichte Wirklichkeit ohne die über sie hinaustreibende Möglichkeit, so käme in ihr die Bewegung zum Stillstand oder sie hörte auf, Bewegung zu sein. Damit stellt sich jeder Teilschritt einer Bewegung notwendig wieder als Bewegung dar[90], was für die *kontinuierliche* Bewegung gilt, während in der diskontinuierlichen Bewegung die einzelnen Teilschritte nicht wesentlich Bewegung sind, sondern auch einfache Größen sein können. Nach allem zeigt sich uns die Bewegung als ein *Nacheinander*, das sich nicht aus einfachen Elementen aufbaut; vielmehr ist jede Teilstrecke, die wir darin herausgreifen, wiederum ein Nacheinander, weshalb dieses Geschehen unaufhebbar dem Nacheinander unterworfen ist oder sich in ihm *kein Zugleich* meldet. Folglich wird in der Bewegung das Zugleich so sehr vom Nacheinander verschlungen, daß jenes an diesem wenigstens zunächst nicht hervortritt; die Einheit des Zugleich ist in der Vielheit des Nacheinander verschwunden, und das Nicht-sein schneidet in dem Maße durch das Sein, daß jeder angebbare Teilschritt nicht der andere ist und in jedem Teilschritt sich weitere Teilschritte ohne absehbare Grenze auftun, von denen jeder wiederum nicht der andere ist[91]. Wir stehen bei dem Nacheinander, an dem das Zugleich nicht mehr greifbar und das daher offensichtlich ein *Fast-Nichts* und der äußerste *Grenzfall der Zeitigung* ist.

Insofern diese dasselbe wie Nicht-Identität besagt, ist mit der Zeitigung die *Räumlichkeit* gegeben; denn das bloße Nacheinander offenbart eine derart radikale Nicht-Identität, daß diese das Bewegte in jeder Hinsicht durchwächst und daher auch dessen Räumlichkeit zur Folge hat. Dadurch kommt zu dem Nacheinander das *Nebeneinander*, vermöge dessen jeder Ausdehnungsteil nicht der andere ist und wiederum jeder angebbare Teil weitere Teile ohne jede Grenze umfaßt, von denen jeder nicht der andere ist; auch für Thomas ist das Nacheinander der eigentlichen Zeit mit dem Nebeneinander des Raumes verbunden[92], woran anknüpfend wir eine Ableitung des Raumes aus der Zeit versuchen[93]. Da die Räumlichkeit mit dem äußersten Grenzfall der Zeitigung gesetzt ist, muß sie wie diese als *Fast-Nichts* gekennzeichnet werden; wenn nämlich Sein ohne jedes Nicht-sein mit reiner Identität gleichbedeutend ist, bringt die das Sein bis ins letzte durchdringende Nicht-Identität notwendig das Fast-Nichts mit sich.

Weisen wir hier vorsichtig auf eine *Umkehrung* hin, die sich anscheinend in der Weise vollzogen hat, auf die man das Verhältnis zwischen Raum und Zeit sieht. Während man früher eher geneigt war, die Zeit als eine Folge des Raumes anzusetzen, was wohl auch auf Thomas zutrifft, hat zumal Heidegger den entgegengesetzten Zusammenhang aufgedeckt, nach dem der Raum sozusagen eine Funktion des äußersten Grenzfalles der Zeitigung ist. Auch unsere Darlegungen nehmen die Zeit als das gegenüber dem Raum Grundlegende; darauf deutet die Abwandlung der Dauer hin, die auf dem Hintergrund der Ewigkeit für alle Stufen des Erschaffenen kennzeichnend ist; der Raum hingegen tritt erst auf einer bestimmten Stufe der Zeitigung hinzu. Vielleicht kommen wir, von außen nach innen gehend, durch den Raum zur Zeit; gemäß der ursprünglichen Konstitution aber von innen nach außen voranschreitend gelangen wir durch die Zeit zum Raum.

Von der kontinuierlichen Bewegung, bei der wir bisher verweilten, blicken wir nunmehr auf die *diskontinuierliche* Bewegung hin. Auf diese scheint sogar die heutige Naturwissenschaft alle scheinbar kontinuierliche Bewegung zurückzuführen, indem sie zu letzten Quanten vorstößt, wofür das von Planck entdeckte kleinste Energiequantum als Beispiel genannt sei, und somit alle Vorgänge als *Quantensprünge* faßt; in diese Richtung weisen auch einige Bemerkungen, die Thomas in einem seiner Aristoteleskommentare macht[94]. Zunächst ist das irdische diskontinuierliche Geschehen von demjenigen im Bereich der überirdischen Geister zu unterscheiden; denn bei diesen handelt es sich um Wechsel ohne Werden und daher um Zeit nur im weiteren Sinne, während der irdische »motus« wesentlich *Werden* besagt und damit Zeit im engeren Sinne einschließt. Außerdem sind die Quanten der Naturwissenschaft keineswegs einfache Urelemente, sondern, wie schon der Name »Quanten« andeutet, eine *Erstreckung* aufweisende Bausteine, die je ein Nacheinander bzw. ein Nebeneinander oder Intensitätsgrade aufweisen, wodurch sie sich vom Nullpunkt unterscheiden. Obwohl in ihnen keine physische Teilung geschehen kann, so ist doch auch in der ihnen eigenen Erstreckung ein Teil nicht der andere und zeichnen sich in jedem Teil weitere Teile ins endlose ab. Infolgedessen unterliegt auch die diskontinuierliche Bewegung wesentlich der Nicht-Identität und bleiben wir im Fast-Nichts.

Das Untermenschliche als anfangendes Entdecken des Zugleich: Hier drängt sich die Frage auf, wodurch sich das Fast-Nichts *vom Nichts unterscheidet* oder warum es nicht in das Nichts abstürzt. In der Tat wäre bloße Nicht-Identität dasselbe wie bloßes Nicht-sein und damit gleichbedeutend mit dem Nichts, weil hierin das völlige Aufheben des Seins liegt. Doch nun treffen wir die Bewegung und mit ihr das Bewegte als Seiendes an, weshalb Nicht-sein und Nicht-Identität zwar das Sein und die Identität durchdringen, nicht aber sie auslöschen. Wenn wir also zunächst in der Bewegung und dem Bewegten nur das Nicht-sein und die Nicht-Identität des Nacheinander vorfinden, so stoßen wir tiefer blickend auf das *Sein* und die *Identität* und damit auf das *Zugleich*, ohne das es nie ein Nacheinander geben kann. Jedem Nacheinander wohnt wesentlich das Zugleich als das es Gründende und Tragende inne, was zur Konstitution der Zeit sogar in ihrem hier gemeinten äußersten Grenzfall gehört. Insofern obendrein das *Sein* als Zugleich stets das *Einfache* ist, hat die Vielheit des Nacheinander die Einfachheit des Seins zur Wurzel, obwohl im Nacheinander selbst ein Einfaches nicht aufweisbar ist; darin rühren wir an den wahren Kern der Monadologie von Leibniz.

Obwohl in der Bewegung des Körperlichen das *Verdecken* seinen letzten Tiefpunkt erreicht, beginnt sich bereits hier das Zugleich im Nacheinander abzuzeichnen. Darin, daß die Bewegung und das Bewegte als Seiende erfahren werden, meldet sich das *Sein*; darin, daß es dasselbe Bewegte ist, das die nicht miteinander identischen Teilschritte der Bewegung durchläuft, meldet sich die *Identität*; darin, daß das eine Bewegte die Vielheit der Bewegungsmomente umspannt, meldet sich das *Zugleich*. So geschieht auch im äußersten Verdecken immer schon und notwendig ein wenigstens *anfangendes Entdecken* des Zugleich; denn Verdecken ohne jede Spur von Entdecken besagt dasselbe wie das Nichts. Doch geht es lediglich um ein anfangendes Ent-decken, weil das Zugleich vom Nacheinander über-deckt bleibt und es einzig in einigen seiner *Auswirkungen*, nicht aber nach seinem Selbst hervortritt. Namentlich setzt sich das Zugleich nicht vom Nacheinander ab, sondern ist in diesem als dessen bloße Bestimmung enthalten; indem sich aber das Nacheinander nicht auf das von ihm abgehobene Zugleich bezieht, wird es nicht als solches reflektiert oder dämmert es nur *unreflektiert* dahin. In die hier angedeutete Entfremdung von sich selbst oder in diese *äußerste Zeitigung* muß das Sein eingehen, um sich dem Körperlichen oder (besser) sich *als das Körperliche* mitzuteilen. Das Geschehen dieser Zeitigung ist mit dem Vorhandensein des Körperlichen gleichbedeutend; darauf kommt Heidegger nur am Rande zu sprechen.

Das durch das Nacheinander sich selbst entfremdete und so

verdeckte Zugleich drängt über den äußersten Grenzfall hinaus und damit in das *Entdecken* und das Sich-selbst-finden hinein. Hierher gehört die großartige Schau des Aquinaten von dem in jedem Seienden wirksamen *Streben;* danach streben alle Seienden, indem sie die ihnen je eigene Vollendung erstreben, zu Gott hin, weil die jedem Seienden zukommenden Vollkommenheiten Widerspiegelungen des göttlichen Seins sind[95]. Näherhin zeichnen sich dabei *drei Stufen* ab. Auf der untersten Stufe findet sich lediglich ein unbewußtes naturhaftes Streben, das sich auf die ihm von einer es übersteigenden Einsicht gesetzten Ziele richtet; die zweite Stufe bilden die sinnlich Erfassenden, deren Streben von den in eben diesem Erfassen einigermaßen aufleuchtenden begrenzenden Gütern bewegt wird; zur obersten Stufe gehören die geistig erkennenden Geschöpfe, denen die endlichen Güter als Teil-nehmen an Gottes unendlicher Fülle aufgehen und die deshalb dieser Fülle selbst begegnen und sie ausdrücklich mit ihrem Streben oder Lieben umfassen[96]. Anderswo drückt sich Thomas so aus: Gott ist der Ursprung des Seins; daher streben alle Seienden, insofern ihnen Sein zukommt, in die Verähnlichung mit Gott hinein, der das Sein selbst ist[97].

Die eben angeführten thomanischen Texte weisen auf eine *zweifache Nicht-Identität* hin, die sich in jedem irdisch Seienden findet; es ist nicht identisch mit der ihm kraft seiner *Wesenheit* erreichbaren Vollendung und erst recht nicht mit der absoluten Vollendung des subsistierenden *Seins;* den überirdischen Geistern eignet ebenfalls die zweite Nicht-Identität, während die erste in ihnen immer schon von Anfang an überwunden ist. Wie der zweifachen Nicht-Identität, die den gewöhnlich »materiell« genannten Bereich kennzeichnet, die *Zeit* im engeren Sinne entspricht, so bringt die einfache Nicht-Identität, die für das Übermaterielle oder Geistige charakteristisch ist, die Zeit nur im weiteren Sinne mit sich.

Beim *untermenschlichen* Seienden tritt allein die erste Nicht-Identität hervor, in der aber die zweite enthalten und am Werke ist; denn jene setzt wesentlich diese voraus und erweist sich als deren Abwandlung, weil nur ein Seiendes, das nicht das subsistierende Sein ist, zu seiner eigenen Vollendung unterwegs sein kann. Doch ist ein solches Seiendes, indem es zu seiner *eige-*

nen Vollendung unterwegs ist, immer schon und notwendig zur *absoluten Vollendung* unterwegs; von dieser wird letztlich das Streben bewegt, weshalb die eigene Vollendung wegen und inkraft der absoluten Vollendung[98] als deren teil-haftes Erreichen oder als Stufe in dem Aufstieg zu ihr Einfluß gewinnt. Das Streben eines jeden Seienden greift also dadurch, daß es explizit die eigene Vollendung ergreift, implizit oder einschlußweise nach der absoluten Vollendung des subsistierenden Seins aus[99].

Das wird deutlicher aus der Wurzel des gesamten Strebens verständlich, das aus der Spannung zwischen der absoluten *Fülle des Seins* und deren in jedem endlichen Seienden durch dessen Wesenheit ausgegrenzten *An-teil* entspringt. Da der An-teil in seiner Begrenzung Sein bleibt, wird durch ihn jedes Seiende auf die Spur oder den Weg zur absoluten Fülle gestellt und von dieser angezogen. Anders ausgedrückt, wird das Seiende angetrieben, seine zweifache Nicht-Identität zu überwinden oder die Identität mit seiner eigenen Vollendung zu verwirklichen und so mit der absoluten Vollendung identisch oder wenigstens einszuwerden, soweit es die ihm eigene Wesenheit gestattet.

Befreien des Zugleich in Pflanze und Tier: In der Spannung von der Nicht-Identität zur Identität ist die *Zeit* als das Zusammenspiel von Nacheinander und Zugleich wirksam. Das *Nacheinander* entsteht ebenso aus dem *Abstand* der Nicht-Identität von der Identität wie aus der Anziehung der Identität in der Nicht-Identität. Weil das irdisch Seiende die ihm vorgesetzte Vollendung nicht in *einem* Vollzug von Anfang an innehat, sucht es diese im Nacheinander vieler Schritte einzuholen, ohne sie je gerade wegen der Vielheit der Schritte ausschöpfen zu können. Das gilt sowohl von der dem Seienden durch die ihm eigene Wesenheit oder Weise-zu-sein zugemessene immanente Fülle als auch von der ihm durch das Sein selbst letztlich zugeordneten transzendenten Fülle; dabei enthält jene als teil-habende immer schon diese in sich, und diese greift immer nur mittels jener in das Seiende ein.

Das dem Nacheinander jederzeit zugrunde liegende Zugleich tritt ebenfalls an der Spannung zwischen Nicht-Identität und Identität hervor; während jedoch das Nacheinander den Abstand der Nicht-Identität von der Identität akzentuiert, überwiegt beim Zugleich die *Anziehung* der Identität in der Nicht-Identität. Näherhin wird das Nacheinander der Schritte beim Entfalten der immanenten Fülle durch das Zugleich der *Wesenheit* ausgelöst, umfangen, getragen und bestimmt; diese weist zwar, wie wir früher sahen, in ihrer physischen Verwirklichung ein Nacheinander auf, keineswegs aber in ihrer innersten metaphysischen Tiefe. Da ferner die Wesenheit als Weise-zu-sein eine Abschattung des Seins ist, wird das Zugleich der Wesenheit vom Zugleich des *Seins* gegründet und bestätigt, wobei sich das von sich aus eine und einzige Zugleich des Seins in dem vielfältigen Zugleich der Wesenheiten auslegt.

Nach allem entspricht in der Zeit, soweit sie sich bisher gezeigt hat, dem *zweistufigen Nacheinander* das *zweistufige Zugleich*. Einerseits geht das Zugleich des Seins in das Zugleich der Wesenheit und damit in das Nacheinander ein, wodurch erst das körperlich Seiende mit der ihm eigenen äußersten Zeitigung des Seins gegeben ist; andererseits entspringt gerade daraus die Bewegung als jene Zeitigung oder jenes Nacheinander, das zum wachsenden Hervortreten des Zugleich aus dem Nacheinander und so zum wachsenden Vorherrschen des Zugleich im Nacheinander führt.

Das *Befreien des Zugleich* aus dem *Nacheinander*, das in der Bewegung oder im Wirken des Seienden geschieht oder worin Bewegung und Wirken bestehen, kündigt sich nach den obigen Andeutungen bereits im Anorganischen an, tritt aber eindeutig am Lebenden hervor. So ist das gesamte Leben der *Pflanze* von dem Zugleich bestimmt, das ihr als ihre Wesenheit innewohnt; diese zeigt sich als die das Ganze und jeden seiner Teile prägende Kraft, die sich darin auslegt und verwirklicht. Das gilt sowohl für das Nacheinander der vielen Schritte, in denen sich die Pflanze allmählich entfaltet, als auch (davon abhängig) für das Nebeneinander ihrer gegliederten Gestalt sowie ihrer mannigfachen Organe. Ein Wachstum, das sich dem maßgebenden Einfluß der Wesenheit entzieht, stellt sich als Erkrankung dar und führt im äußersten Fall zum Absterben des Lebens. Daß die *Wesenheit* wirklich ein *Zugleich* ist, kommt darin zum Vorschein, daß ein einheitlicher Plan das Ganze des Lebenden umfaßt, der von Anfang an das Ganze, dynamisch und statisch ver-

standen, vorzeichnet und anlegt sowie es im Nacheinander entwickelt und durchherrscht[100].

Während in der Pflanze das Zurücknehmen des Nacheinander
auf das Zugleich oder das Durch-dringen des Zugleich im Nacheinander unbewußt geschieht, beginnt im *Tier* ein erstes noch
dumpfes Bewußtwerden des Zugleich der Wesenheit im Nacheinander. Deshalb sagt der Aquinate von dem den Tieren eigenen sensitiven Leben, darin fange zwar die Rückkehr zu der
eigenen Wesenheit an, sie werde aber nicht zu Ende gebracht; so
findet hier eine Annäherung an das geistige Leben statt, die jedoch von dem Zurückbleiben hinter diesem durchschnitten und
bei weitem übertroffen wird[101]. Ins Bewußtsein tritt das Zugleich der Wesenheit auf die Weise der »vis aestimativa«, von
der im ersten Teil unserer Abhandlung ausführlich die Rede
war, heute gewöhnlich Instinkt genannt; übrigens verwendet
schon Thomas die Formulierung »aus dem Instinkt der Natur«
(ex instinctu naturae)[102]. Im Instinkt wird dem Tier nicht seine
Wesenheit selbst bewußt, sondern einzig deren *Auswirkungen,*
insofern es in all seinem Tun innerhalb seiner Umwelt von Antrieben bestimmt wird, die aus seiner Wesenheit entspringen
und ein dieser entsprechendes Wirken in die Wege leiten. Aus
dieser Wurzel erklären sich die bei den verschiedenen Tierarten
immer wieder anderen Verhaltensweisen, die heute von der dazu entwickelten Forschung ausgekundschaftet werden. Hierher gehört, was die Tiere jeweils wahrnehmen bzw. übersehen,
wie sie auf die Umweltreize als günstige bzw. ungünstige,
freundliche bzw. feindliche reagieren, nach welchen vorgezeichneten Plänen sie das vorgefundene Material verarbeiten usw.
Ähnlich wie bei der Pflanze macht sich im Leben des Tieres ein
von Anfang an gegebener einheitlicher Plan bemerkbar, der das
Nacheinander und das Nebeneinander seiner Entfaltung be-
herrschend durchzieht und eindeutig auf das einfache *Zugleich*
seiner *Wesenheit* zurückverweist.

Der Mensch als Vollendung des Untermenschlichen: Die *untermenschlichen* Stufen des Seienden heben sich durch die *Weise
ihrer Zeitigung* vom *Menschen* ab. In ihrem Wirken bleibt das
Zugleich des Seins in dem Zugleich der ihnen je eigenen Wesenheit eingeschlossen, weshalb auch diese selbst noch nicht als sie

selbst, sondern nur in ihren Auswirkungen hervortritt und so ihr Zugleich an das Nacheinander gebunden bleibt oder lediglich als gestaltender Grund des Nacheinander zum Vorschein kommt. Auch die verschiedenen *Stufen* innerhalb des untermenschlichen Bereiches unterscheiden sich durch die ihnen je eigene *Weise der Zeitigung* voneinander. Im Anorganischen überwiegt das Verdecken des Wesenheitszugleich im Nacheinander (und im Nebeneinander); im pflanzlichen und noch mehr im tierischen Leben hingegen gewinnt die Wesenheit als bestimmendes Prinzip des Nacheinander die Oberhand, weshalb in diesem das Zugleich sich deutlich abzeichnet und sogar schattenhaft bewußtzuwerden anfängt.

Das stufenweise Entdecken des Wesenszugleich aus dem Nacheinander fällt mit dem ebenso stufenweisen Überwinden des äußersten Grenzfalles der Zeitigung oder des Nacheinander zusammen und ist mit dem *Ankommen des Seins* bei den entsprechenden Stufen des Seienden gleichbedeutend oder mit dem Auftreten dieser Stufen identisch; denn sie sind nicht vor dem Ankommen des Seins, sondern *als* diese Weisen des Ankommens von Sein vorhanden; sie sind gegeben, indem sich das Zugleich auf die eben umschriebenen Weisen im Nacheinander ver-birgt und ent-birgt. Strenggenommen bilden alle untermenschlichen Stufen der Zeitigung nur eine *Vorstufe* der eigentlichen Zeitigung, die erst dort erreicht wird, wo das Zugleich ganz aus dem Nacheinander hervortritt und so auch sich das Zugleich des Seins vom Zugleich der Wesenheit abhebt. Das aber geschieht im *Menschen* und (besser) *als* der Mensch, für den jedoch ebenso kennzeichnend ist, daß sich jenes Hervortreten ganz und doch nie ganz ereignet und jenes Abheben nie an ein Ende kommt, worin die Geschichtlichkeit offenbar wird.

Beim Übergang zum Menschen trifft uns die erstaunliche Tatsache und *Frage*, wie ein Seiendes möglich und sinnvoll sei, in dem das Verdecken des Zugleich im Nacheinander lediglich nach einigen ersten Anfängen des Entdeckens überwunden wird, in dem also der Kreis vom absoluten Entdecken, das dem subsistierenden Sein eignet, über das erschaffende Verdecken zum zurückkehrenden Entdecken *nicht geschlossen* ist. Anders formuliert, stellt sich uns das Problem, wie das von sich aus ewige Sein so sehr der Zeitigung unterworfen werden könne, daß es in den so entstehenden Seienden nicht in das Ewige einmündet, sondern in der Zeitigung *steckenbleibt*, was doch dem innersten Wesen des Seins widerstreitet.

Eine erste gültige Antwort auf die hier drängende Frage liegt in dem oben nach dem Aquinaten Dargelegten; diese Seienden münden wenigstens mittelbar in das Ewige ein, wenn auch ein unmittelbares Einmünden mit ihrer Eigenart unvereinbar ist; denn indem sie die im Zugleich ihrer Wesenheit vorgezeichnete Fülle erstreben, sind sie zu der absoluten Fülle des Seins unterwegs, weil diese notwendig in jener enthalten ist.

Eine zweite tiefergreifende Antwort sieht die untermenschlichen Seienden in ihrer wesentlichen Bezogenheit auf den Menschen oder als Vorspiel für den Menschen. In den äußersten Grenzfall der Zeitigung oder des Nacheinander hineingebannt, strebt das darin eingeschlossene Zugleich sich mehr und mehr durchzusetzen; dadurch sind jene Stufen unter dem Menschen gegeben, auf denen das Zugleich fortschreitend das Nacheinander durchformt und in diesem entborgen wird, wobei aber das Befreien des Zugleich wesentlich unvollendet bleibt und daher seiner Vollendung im Menschen zustrebt.

Damit hängt eine dritte Antwort zusammen, nach der die drei Stufen des Untermenschlichen das wesentliche *Korrelat zum Menschen* bilden, indem sie ihm den *Lebensraum* bereiten, in dem allein er sich entfalten kann. Da er nämlich selbst, wie noch zu erläutern ist, in den Grenzfall der Zeitigung hineinreicht, kann das Sein oder das Zugleich einzig dadurch bei ihm ankommen, daß es sich zeitigt oder in das Nacheinander hinein verbirgt, was nicht nur in ihm selbst, sondern auch in der Umgebung, mit der er zu tun hat, geschehen muß. Außerdem sind jene Stufen insofern das Korrelat des Menschen, als sie auf ihn verwiesen sind, weil er allein den *Kreis zu vollenden* imstande ist, den sie selbst nicht zu schließen vermögen. Was nämlich das innerste Wesen des Seins verlangt, vollzieht der Mensch, indem er das Steckenbleiben jener Seienden in der Zeitigung überwindet und ihr mittelbares Einmünden in das Ewige durch das entsprechende unmittelbare Einmünden zum Abschluß bringt. Das Ausrichten des Untermenschlichen auf den Menschen bezeugt auch der Aquinate in einer tiefdringenden Zusammenschau seiner philosophischen Summe[103].

Zeitigung der Vernunft im Verstand: Der Mensch ist der *entscheidende Wendepunkt* innerhalb des Erschaffenen oder der Ort, wo das Verdecken in das Entdecken oder das Ausgehen vom subsistierenden Sein in die Rückkehr zu diesem umschlägt; das im Nacheinander sich selbst entfremdete Sein findet durch das Hervortreten des Zugleich wieder sich selbst und sogar sein innerstes Selbst im subsistierenden Sein[104]. Hier werden die beiden früher erwähnten gegenläufigen Richtungen im Leben des Menschen erst voll faßbar, nämlich das *Verdecken* des Zugleich im Nacheinander und das *Entdecken* des Zugleich aus dem Nacheinander.

Damit das *Sein* zum Menschen gelange oder (besser) *als der Mensch ankomme,* muß es in die *Zeitigung* eingehen; die Zeitigung des Seins bis an die *äußerste* Grenze ermöglicht erst den Menschen oder ist mit dem Auftreten des Menschen identisch[105]. Indem sich das Sein aufs äußerste dem Nacheinander unterwirft, übereignet es sich dem Menschen, der aber nicht vorgegeben ist, sondern vom Sein selbst als dessen Entwurf oder Produkt in der Übereignung selbst ereignet wird; darin berühren wir uns mit Heidegger[106]. Im einzelnen zeigt sich das hier Gemeinte, wenn wir auf die *Stufen der menschlichen Wahrheitsfindung* zurückblicken, die wir im Anschluß an den Aquinaten im ersten Teil dieser Abhandlung entwickelt haben.

Die dem Sein und damit dem Zugleich zugewandte *Vernunft* hat sich immer schon im *Verstand* verzeitigt, dem die Wesenheit des materiellen Dinges mit dem ihr eigenen Nacheinander zugeordnet ist. Und zwar geht die Vernunft so sehr in den Verstand ein, daß beide nach dem Aquinaten ein einziges Vermögen bilden, innerhalb dessen sie sich lediglich als zwei verschiedene Betätigungen voneinander unterscheiden[107]. Der Verstand ist genau dasselbe wie die *der Zeitigung unterworfene* Vernunft; und die Vernunft in ihrer menschlichen Ausprägung ist nichts anderes als der sich nach seinem innersten Grund *über die Zeitigung erhebende* und im Ewigen wurzelnde Verstand. Anders ausgedrückt: der Verstand ist die dem Nacheinander eingesenkte Vernunft, und die menschliche Vernunft ist der sich ständig auf das Zugleich zurücknehmende Verstand. Damit begegnet der Verstand dem Sein in der Wesenheit des materiellen Dinges, während die menschliche Vernunft das Sein immer schon von der Wesenheit des materiellen Dinges abhebt und so zum Sein selbst gelangt.

Wie unsere Formulierungen andeuten, besteht zwischen Verstand und Vernunft *keine durchgehende Korrelation,* was wohl zu beachten ist und nicht immer beachtet wird. Der Verstand ist nie ohne Vernunft oder ist einzig als *gezeitigte Vernunft* oder durch das in der Zeitigung wirksame Ewige möglich; die Vernunft hingegen ist nur als *menschliche* nie ohne Verstand oder nie ohne Zeitigung des Ewigen, *in sich selbst* aber oder als Vernunft ist sie ohne Verstand oder ohne Zeitigung oder als reine Ewigkeit möglich und als das subsistierende Sein wirklich. – Wer die durchgehende Korrelation annimmt, läßt die Zeitigung bis ins Innerste der Vernunft reichen und macht so die Zeit zum höchsten Horizont, wodurch auch das Sein wesentlich zeitlich wird. Vermöge des Übersteigens der Korrelation ist das Sein zwar in seiner *Mitteilung an den Menschen* und damit nach seiner Wahrheit oder Offenbarkeit oder nach seinem hieraus verstandenen Sinn (Heidegger) zeitlich, keineswegs jedoch in seinem eigensten oder innersten Selbst, das vielmehr Ewigkeit besagt. Hier trennen sich unsere Wege von Heidegger, der gewiß das wesentliche Denken (Vernunft) vom vorstellenden Denken (Verstand) unterscheidet und in einigen seiner Äußerungen dem Zugleich oder dem Ewigen nahekommt und dennoch nicht den alles einschließenden Bann der Zeit zu durchbrechen imstande ist.

Der Mensch ist dadurch Mensch, daß sich in ihm die Vernunft im Verstand und als Verstand zeitigt, wobei aber die Vernunft stets Vernunft bleibt und folglich *im Zeitigen das Ewige* zur Geltung bringt. Dementsprechend erfaßt der Verstand im Nacheinander, indem er vom einen zum andern eilt, und daher in der *Veränderung* oder im fortschreitenden Werden (mobiliter), wodurch seine Zustimmung nach den beiden Seiten des Gegensatzes von wahr und falsch fallen kann (ad utrumque oppositorum)[108]. Das Erfassen der Vernunft hingegen geschieht auf *unveränderliche* Weise (immobiliter), weshalb sie das Sein und die mit ihm gegebenen Ureinsichten (prima principa) mit einem einfachen Hinblick (intuitus) oder im Zugleich vollzieht und nie davon abfallen oder aus dieser Wahrheit herausgleiten kann[109]. Wie sehr hier die menschliche Vernunft ins Ewige hineinreicht,

zeigt die Aussage des Aquinaten, die erste Wahrheit (prima veritas) oder die göttliche Vernunft strahle durch die ersten Einsichten (prima intelligibila) in der menschlichen Vernunft auf[110].
Damit hört jedoch die Vernunft nicht auf, *menschlich* zu sein,
weil ihr an der Urvernunft teil-nehmender einfacher Hinblick
nicht unabhängig vom Verstand geschieht, sondern durch diesen
vermittelt wird, insofern wir dazu auf dem Weg der Verinnerlichung bis zum innersten Grund des Verstandes gelangen. Umgekehrt greift der Verstand über das Menschliche hinaus, indem
sich sein Nacheinander erst im Zugleich der Vernunft *vollendet*;
denn er gewinnt die ihm eigenen Erkenntnisse allein dadurch,
daß er sie bis zu den Ureinsichten der Vernunft hin durchdringt
und von diesen her wiederum jene überprüft und so erst ihre
Wahrheit begreift[111]. Die menschliche Vernunft lebt im Nacheinander des Verstandes und der Verstand lebt vom Zugleich
der Vernunft.

Im Lichte des eben Entwickelten läßt sich der scheinbare Widerspruch lösen, nach dem der Menschengeist ebenso über der Zeit
wie in der Zeit ist. *Über die Zeit*, die von den Körperdingen
genommen ist, oder über die Zeit im engeren Sinne, die Werden
besagt, ragt die menschliche Vernunft durch den unveränderlichen Kern ihrer Ureinsichten empor[112]. Danach sehen wir alles
in Gott und urteilen wir nach seiner in uns aufleuchtenden
Wahrheit über alles, indem wir an seinem Lichte teilnehmen
oder in unserem natürlichen Geisteslicht ein ständiges Teilnehmen am göttlichen Licht geschieht[113]. *Der Zeit* im engeren Sinne
oder dem Werden ist der Verstand *unterworfen*, insofern er
kraft seiner Ausrichtung auf die Wesenheit der Körperdinge mit
diesen zu tun hat und deshalb von deren Eigenart einen ihn prä-
genden Einfluß empfängt. Nun sind Vernunft und Verstand
dasselbe Vermögen oder nur verschiedene Tiefenschichten im
selben Vermögen, weshalb sie ihre jeweilige Eigenart *einander
mitteilen*. Weil die Vernunft im Verstand ist, greift dessen Zeitlichkeit oder Nacheinander in das Zugleich oder das Ewige der
Vernunft hinein; weil umgekehrt der Verstand in der Vernunft
gründet, wirkt deren Zugleich oder Ewiges in die Zeitigung oder
das Nacheinander des Verstandes hinein, was sich auch darin
zeigt, daß dieser nur *indirekt* wegen seiner Bindung an die Körperdinge in der Zeit ist[114]. – Fügen wir bei, daß die Bindung

an die Körperdinge für den Verstand und so mittelbar auch für die menschliche Vernunft, keineswegs jedoch für die Vernunft als Vernunft *wesentlich* ist. Die überzeitliche Tiefe auch der menschlichen Vernunft wird durch ihr Heranreichen an die überirdischen Geister unterstrichen; denn bei ihr kann ebenfalls von jener Zeit im weiteren Sinne die Rede sein, die nicht Werden, sondern nur einen Wechsel geistiger Vollzüge besagt[115], wie wir oben verdeutlicht haben[116].

Verborgenheit des Seins: Mit der Zeitigung der von sich aus das Ewige enthüllenden Vernunft im Verstand hängt die Epoché zusammen, vermöge deren das Sein sich in seiner Mitteilung zurückhält. Weil der Mensch nicht Mensch wäre, wenn sich ihm das Sein von Anfang an und auf einmal in seiner ganzen Fülle eröffnete und ihn damit aus der Zeitigung herausrisse, muß es sich ihm so *entziehen*, daß es ihm sein Zugleich im Nacheinander übereignet und mithin in die Zeit eingeht oder *sich zeitigt*. Folglich kommt das Sein zum Menschen zunächst nach einer ersten noch unbestimmten Spur, die sich erst allmählich und in vielen Schritten bestimmt; immer schon ist das Ganze des Seins da, aber noch nicht ganz und nie ganz enthüllt trotz aller weiteren Entfaltungen. Wie auch Heidegger darlegt, ist das in der Epoché verharrende oder sich zurückhaltende Sein notwendig auch das *epochale* oder in immer neuen Epochen sich gewährende Sein[117]. Daß das Sein einzig in immer neuen »Schickungen« (Heidegger) zugänglich wird, ist das Kennzeichen der menschlichen Vernunft, also der in den Verstand eingesenkten Vernunft.

Daher verhalten sich Zeitigen des Seins in den Schickungen und Zeitigen der Vernunft im Verstand *korrelativ* zueinander; das gezeitigte Sein kann sich allein in der gezeitigten Vernunft zeigen, weshalb es diese braucht; und die gezeitigte Vernunft vermag allein das gezeitigte Sein zu erfassen, weshalb sie auf dieses angewiesen ist. Weil demnach die dem gezeitigten Sein zugeordnete Vernunft genau die durch den Verstand mit sich selbst vermittelte Vernunft ist, treffen sie auch die Schickungen nicht unmittelbar, sondern *vermittelt durch den Verstand* und durch die ihn bestimmende Körperwelt. Folglich findet die ontologische Geschichte der Schickungen des Seins in der *ontischen*

Geschichte der Entfaltung des Seienden statt als deren inner-ster tragender und bestimmender Grund. Das besagt schon, daß weder die ontologische Geschichte in der ontischen verschwindet noch diese je der bestimmende Faktor gegenüber jener ist. Wie ferner der Mensch nie aus der ontischen Geschichte aussteigen kann, so ist er auch wesenhaft nicht imstande, die ontologische Geschichte hinter sich zu bringen[118] oder das Sein ein für alle Mal auszuschöpfen. Wenn diese je für ihn zu Ende wäre, hätte sich damit ohne weiteres die Vernunft vom Verstand getrennt und das Gepräge der übermenschlichen Vernunft erreicht, die jenseits des Nacheinander im Zugleich lebt. Demnach gehört die durch die Zeitigung gegebene *Seinsverborgenheit* unüberwind-bar zum Menschen, während die Seinsvergessenheit, die daraus immer wieder erwächst, wenigstens streckenweise überwunden werden kann.

Zu einer abschließenden Überlegung bezüglich der Zeitigung der Vernunft im Verstand geleitet uns eine Bemerkung des Aqui-naten über das göttliche Sein (esse divinum). Im Gegensatz nämlich zu den Naturdingen, die ein bestimmtes Sein (esse de-terminatum) haben, ist das göttliche Sein *nicht bestimmt* (non determinatum); da nun in diesem Zusammenhang Bestimmung dasselbe wie Begrenzung besagt, sind die Naturdinge kraft ih-rer Bestimmtheit endlich, während das göttliche Sein die ganze unendliche Fülle des Seins in sich enthält (continet in se totam perfectionem essendi)[119]. Das vom göttlichen Sein Gesagte gilt auf ähnliche Weise auch vom Sein selbst (esse ipsum), das für uns den Übergang vom endlichen Seienden zum göttlichen subsi-stierenden Sein vermittelt. Weil uns die übermenschliche Schau, die das Sein sogleich in seiner ganzen Fülle faßt, versagt ist, muß sich unsere Vernunft zu ihm im Durchgang durch den Ver-stand erheben; damit kommt sie zum Sein, indem sie die be-stimmten Wesenheiten der Körperdinge hinter sich läßt und so zunächst das *Sein* als den nicht-bestimmten oder *unbestimmten* Hintergrund vorfindet, der sich noch nicht als die absolute Fülle zeigt. Während nun der Verstand durch die in ihren Wesenhei-ten an-wesenden Körperdinge oder durch die Einbettung in die Welt eine gewisse Geborgenheit gewährt, gerät die Vernunft, indem sie sich davon löst und auf das unbestimmte Sein hin-blickt, in eine *Ungeborgenheit*, die jene innerste metaphysische

Angst vor der Leere erzeugt, die wesentlich zu der sich im Verstand zeitigenden Vernunft gehört. Schärfer zugespitzt, wird unsere Vernunft in der Zeitigung dadurch der Angst ausgeliefert, daß sie in das *Nichts* gestoßen wird, das unausweichlich vermöge der Zeitigung aufbricht. Näherhin hat das Nichts zwei Anblicke; das Sein ist Nichts, weil die Bestimmtheit, die mit den Wesenheiten der Körperdinge gegeben ist, zurückbleibt; und das Sein ist Nichts, weil die Bestimmtheit, die in der absoluten Fülle liegt, noch nicht erreicht ist. In dieses Nichts oder diese Unbestimmtheit tritt das Sein ein, um sich der gezeitigten Vernunft mitzuteilen, deren Entfaltung notwendig bei diesem Nullpunkt ansetzen muß oder die das Sein einzig von diesem Nullpunkt her erreichen kann.

Zeitigen des Verstandes in der Sinnlichkeit: Wenn die menschliche Vernunft durch den Verstand gezeitigt wird, so ist weiter zu fragen, wodurch der *Verstand* selbst *gezeitigt* werde oder woher die Zeitigung des Verstandes stamme. Den entscheidenden Fingerzeig gibt uns die dem Verstand zugeordnete Wesenheit der körperlichen oder welthaften Seienden; diese Dinge versteht der Verstand inkraft des Seins der Vernunft auf deren Wesenheiten hin. Solches Verstehen aber schließt ein, daß die Dinge zunächst uns ohne Verstehen, also ohne Wesenheit und damit ohne Sein, gegenwärtig werden, was mit deren *sinnlichem Anschauen* gleichbedeutend ist. Der Verstand vollzieht das auslegende Verstehen des Angeschauten und ist so wesentlich mit der Sinnlichkeit eins; Verstand gibt es nicht ohne Sinnlichkeit, die ihm das zu Verstehende als das nur Angeschaute darbietet; und er ist nicht ohne Vernunft, die ihm das jedes Verstehen allererst ermöglichende Licht mitteilt. Indirekt ist auch die menschliche Vernunft nicht ohne Sinnlichkeit, weil sie nicht ohne Verstand sein kann, dessen Wesen es ist, zwischen beiden zu vermitteln, oder dessen Wesen in dieser Vermittlung liegt. – Die Vernunft ist ohne Verstand und Sinnlichkeit möglich und als die *übermenschlichen Geister* wirklich; die Sinnlichkeit ist ohne den Verstand und die Vernunft möglich und als die *Tiere* wirklich; der Verstand hingegen ist einzig als die Vermittlung zwischen Sinnlichkeit und Vernunft möglich und als der *Mensch* wirklich.

Hieraus erwächst für den Menschen eine grundlegende Versuchung; weil der Verstand oder die »ratio« der ihm zunächst zugemessene Bereich ist[120], siedelt er sich leicht *allein im Rationalen* an, indem er die Sinnlichkeit und auch die Vernunft ganz auf den Verstand bezieht und mehr oder weniger zu dessen bloßen Funktionen macht, wobei namentlich die Vernunft sich darin erschöpft, den Verstand zu ermöglichen. In dieser Richtung bewegt sich Kants Kritik der reinen Vernunft trotz ihrer Ausrichtung auf die praktische Vernunft; überhaupt leidet jede Philosophie der Seinsvergessenheit an dieser Akzentverschiebung. Im Gegensatz dazu gilt es, den Verstand als Vermittlung oder Übergang ganz ernstzunehmen, der eine *Verinnerlichung* in Bewegung bringt, die bei der Sinnlichkeit anhebt, durch den Verstand hindurchschreitet und erst in der Vernunft an ihr Ende gelangt. – An dieser Stelle tritt ein früher erwähnter Zusammenhang in neue Beleuchtung[121]; obwohl die Sinnlichkeit im Tier selbständig verwirklicht wird, hebt in ihr doch eine Bewegung an, die über die Sinnlichkeit hinausführt, weshalb das Tier auf den Menschen als seine *Ergänzung* angewiesen ist, damit er das stellvertretend vollende, was das Tier wegen seiner Einschränkung unvollendet lassen muß. Vom übermenschlichen Geist hingegen ist nicht einzusehen, daß er auf den Menschen verwiesen sei, weil er die Bewegung der Verinnerlichung von Anfang an in sich selbst zur Vollendung gebracht hat.

Das absteigende und das aufsteigende Nichts: Wenn wir von dem über das Nichts Gesagten her auf die *Sinnlichkeit* hinblicken, so zeigt sie sich wesentlich durch das *Nichts* gekennzeichnet, freilich in einem ganz andern Sinne als die Vernunft, obwohl deren Nichts durch dasjenige der Sinnlichkeit bedingt ist. Wie wir bereits andeuteten, treten im Anschauen, insofern es ein nur sinnliches ist, weder die Wesenheit noch das Sein hervor; erfaßt wird lediglich die wahrnehmbare Gestalt des körperlich Seienden. Infolgedessen bleiben im sinnlichen Anschauen die Wesenheit und das Sein verdeckt; es reicht nicht zu ihnen hin oder verharrt ihnen gegenüber im Nicht; dieses Nicht oder *Nichts von Wesenheit und Sein* gehört wesentlich zur Konstitution des nur sinnlichen Erfassens; damit dieses zustande kommt, müssen sie sich in dieses Nichts hinein verbergen.

Von hier aus läßt sich der Unterschied zwischen der Sinnlichkeit des *Menschen* und derjenigen des *Tieres* kennzeichnen; kurz gesagt, handelt es sich bei jenem um ein *Noch-nicht*, während es bei diesem um ein *Nicht-einfachhin* geht. Weil nämlich das Tier einzig mit Sinnlichkeit ausgestattet ist, bleiben bei ihm Wesenheit und Sein für immer verdeckt; im Menschen hingegen wird das durch die Sinnlichkeit allein noch nicht Entdeckte durch Verstand und Vernunft entdeckt. Daher hat das Nichts in der Sinnlichkeit des Tieres nur einen negativen Sinn, da es nicht auf Enthüllung ausgerichtet ist; in der Sinnlichkeit des Menschen aber hat es einen positiven Sinn, da in dem Verhüllten das Enthüllte vorgezeichnet oder angelegt ist, was sich daraus erklärt, daß in dieser Sinnlichkeit bereits Verstand und Vernunft am Werke sind.

Unser Ergebnis ermöglicht uns einen Blick auf die *Konstitution des Menschen*. Die Vernunft ist als menschliche in den Verstand eingegangen, und der Verstand ist als Verstand in die Sinnlichkeit eingebettet, worin genaugenommen ein zweifaches Nichts liegt, das wir das *absteigende* und das aufsteigende oder auch das *entfremdende* und das befreiende nennen dürfen. Die Vernunft entdeckt das Sein selbst, das für den Verstand verdeckt bleibt, der nur die Wesenheit entdeckt; diese ist das *Nicht* (Noch-nicht) *des Seins*, das in ihr sich selbst entfremdet ist; einzig um den Preis solcher Selbstentfremdung gibt es die vom Sein verschiedene Wesenheit und den ihr zugeordneten Verstand. Die Sinnlichkeit entdeckt die anschaulichen Gestalten, während für sie Wesenheit und Sein verdeckt bleiben, weshalb für jene Gestalten das *Nicht* (Noch-nicht) *von Wesenheit und Sein* charakteristisch ist. Dadurch sind diese sich selbst entfremdet; und wiederum gibt es einzig um den Preis solcher Selbstentfremdung die von der Wesenheit und dem Sein verschiedenen anschaulichen Gestalten sowie die ihnen zugeordnete Sinnlichkeit. Zusammenfassend: allein durch das entfremdende oder in die Entfremdung absteigende Nichts ist das drei-einige Ineinander von Vernunft, Verstand und Sinnlichkeit ermöglicht und damit der Mensch gesetzt.

Hierin liegt aber bereits vorgezeichnet das *befreiende* oder in die Befreiung *aufsteigende* Nichts, in dem sich der Mensch erst als Mensch erfüllt. Der *Verstand* bedarf der Sinnlichkeit, weil er selbst nicht Anschauung ist; daher erfaßt er die Wesenheit auf nicht-anschauliche oder abstrakte Weise, indem er sie also aus den anschaulichen Gestalten heraushebt oder von ihnen befreit und so aus der Entfremdung herausholt oder zu sich selbst bringt. Demnach tritt die Wesenheit als sie selbst um den Preis des Verlustes ihrer Veranschaulichung hervor, im Nicht (Nichtmehr) oder *Nichts* der *anschaulichen* Gestalten, die hinter deren Allgemeinheit und Notwendigkeit zurückbleiben. Auf ähnliche Weise bedarf die *Vernunft* als menschliche (nicht als Vernunft) des Verstandes, weil sie nicht selbst das auslegende Verstehen ist oder das Deuten der anschaulichen Gestalten auf ihre Wesenheiten hin vollzieht, weil sie in eins damit den ihr eigenen Gehalt einzig in jenem auslegenden Verstehen zu finden vermag. Daher erfaßt sie das Sein nicht mittels der ihr an sich als Vernunft zukommenden geistigen Anschauung, sondern wiederum auf abstrakte Weise, indem sie das Sein aus den Wesenheiten heraushebt oder von ihnen befreit und so aus der Entfremdung herausholt oder zu sich selbst bringt. Demnach tritt das Sein als es selbst um den Preis des Verlustes jener Erfüllung hervor, die ihm die Wesenheiten verleihen, also im Nicht (Nicht-mehr) oder *Nichts der Wesenheiten*, die hinter seiner eigentlichen Fülle zurückbleiben.

Genauergesprochen, ist hier ein wesentlicher *Unterschied zwischen Verstand und Vernunft* nicht zu übersehen; er kommt schon darin zum Vorschein, daß der Verstand als solcher auf die Sinnlichkeit, die Vernunft hingegen nicht als solche, sondern nur als menschliche auf den Verstand und so mittelbar auf die Sinnlichkeit angewiesen ist. In Folge davon hat auch das Nicht oder Nichts einen je verschiedenen Sinn beim Sein und bei den Wesenheiten. Zwar bilden die Wesenheiten den nächsten Gehalt des an die Seienden mitgeteilten *Seins*, nicht aber den letzten Gehalt des Seins selbst. Daher raubt das Nichts der Wesenheiten dem Sein nicht jeden Gehalt; vielmehr befreit dieses Nichts das Sein von dem ihm nicht angemessenen und zu dem ihm eigenen oder seinem *ureigenen Gehalt*, wodurch die Möglichkeit einer Verwirklichung des Seins ohne endliche Wesenheiten eröffnet ist. Was hingegen die *Wesenheit* des welthaften Seienden betrifft, so ist sie durch ihren Gehalt auf die *anschaulichen* Gestalten bezogen, ohne die sie nicht verwirklicht werden kann. Daher wird sie durch das Nichts dieser Gestalten in eine Abstraktheit versetzt, die ihr die *angemessene Erfüllung* nimmt, was sich an der Wesenheit des Menschen deutlich ablesen läßt. Trotzdem fällt eine solche Wesenheit nicht mit jenen Gestalten zusammen, weil ihr ein eigener Gehalt zukommt, den sie in ihnen auslegt und der in sich selbst ein Anteil des Seins ist. Da aber in jedem seiner An-teile das Sein selbst am Werke ist und dieses im Nichts aller Wesenheiten und damit auch aller anschaulichen Gestalten zu sich selbst gelangt, wird auch die Wesenheit gerade in ihrer *Abstraktheit* oder im Nichts der sinnlichen Gestalten zu *sich selbst* gebracht. Freilich treibt die Bewegung darüber noch hinaus; insofern nämlich die Wesenheit ein An-teil wiederum des Seins ist, kommt sie erst dadurch ganz zu sich selbst, daß das Sein in das ihm eigene Selbst eintritt. Das aber geschieht nicht, solange das Sein in dem es entfremdenden Nichts verharrt oder in der Wesenheit eingeschlossen bleibt, sondern erst, wenn das Sein durch das befreiende Nichts aus der Wesenheit als es selbst aufleuchtet.

Das Verbergen des Zugleich in der Sinnlichkeit: Unseren Gang überblickend fassen wir zusammen: die Vernunft ist menschlich, insofern sie sich im Verstand und als Verstand zeitigt; der Verstand ist Verstand, indem er sich in der Sinnlichkeit und als Sinnlichkeit zeitigt. Dementsprechend wird das Sein in der Wesenheit und als Wesenheit gezeitigt; und die Wesenheit wird in den anschaulichen Gestalten und als diese gezeitigt. Dabei stammt die Zeitigung der Vernunft aus derjenigen des Verstandes und letztere wiederum aus derjenigen der Sinnlichkeit; so hat die *Zeitigung* ihren *Sitz* in der *Sinnlichkeit,* von der her sie den Verstand und die Vernunft erfaßt; diesen kommt auch nach Thomas die Zeit zu (adiungitur tempus), insofern sie mit der Sinnlichkeit zu tun haben[122], während sie nach ihrer innersten Tiefe die Zeit überragen[123].

Tiefer geschaut, stammt die *Zeitigung allerdings aus der Vernunft;* dadurch nämlich, daß diese sich zeitigt oder als erschaffene gezeitigt wird, sind ohne weiteres der Verstand und die Sinnlichkeit gegeben; in ihnen und als sie prägt sich oder legt sich die Zeitigung der Vernunft aus, so daß sie geradezu diese Zeitigung sind. Ebenso ist für den Aquinaten die Sinnlichkeit um der Vernunft willen da (sensus est propter intellectum), ja tritt sie als eine geminderte Teilnahme (deficiens participatio) an der Vernunft auf[124]. Darum hat sie sogar den ihrem Wesen entsprechenden *Ursprung in der Vernunft*[125], weil das Unvollkommene naturgemäß aus dem Vollkommenen hervorgeht[126], und zwar hier durch ein naturhaftes Sich-ergeben[127], das nicht ein eigentliches Verursachen ist.

Auf die zugeordneten Gehalte geschaut, verbirgt sich das Sein in die Wesenheiten, wie sich diese in die anschaulichen Gestalten verbergen; damit wird das reine Zugleich des Seins dem schon durch das Auseinander gebrochenen Zugleich der Wesenheiten unterworfen[128], wie auch diese dem Auseinander der anschaulichen Gestalten unterworfen werden, das mit dem Nacheinander immer das Nebeneinander mit sich bringt. Insofern die *Sinnlichkeit* nicht das Sein und die Wesenheit erreicht, bewegt sie sich außerhalb von deren Zugleich und folglich *im Nacheinander* als dem ihr zukommenden Bereich, wodurch sie der eigentliche *Ort der Zeit* ist oder in ihr sich die Zeitigung der Vernunft ganz aus-wirkt und so das Zugleich im Nacheinander verschwindet. Allein indem diese äußerste Entfremdung sich ereignet, ist der Mensch gesetzt; erst das Eintreten des Seins in diese Weise der Zeitigung *ist der Mensch*; das derart gezeitigte Sein und der Mensch sind genau dasselbe, weshalb davon mit Heidegger nicht im Plural, sondern im Singular zu sprechen ist[129].

Wenn das *Zugleich* im Nacheinander verschwindet oder nicht mehr als solches aus diesem hervortritt, so ist es doch nicht völlig von ihm getrennt. Vielmehr ist es zwar nicht mehr ent-borgen, wohl aber *ver-borgen* in der Sinnlichkeit am Werke; überhaupt wäre ein Nacheinander ohne jedes Zugleich das völlige Nichts im Sinne der absoluten Sein-losigkeit, weil Sein dasselbe wie Zugleich besagt und damit das gänzliche Ausfallen des Zugleich mit dem radikalen Fehlen des Seins gleichbedeutend wäre. Hierher gehört die Bemerkung des Aquinaten, in der *Einigungskraft* (vis cogitativa) als der höchsten Stufe der Sinnlichkeit sei eine Nähe (propinquitas) und Verwandtschaft (affinitas) zum Verstand (ratio universalis) festzustellen, die ihren Grund in einem Zurückfluten (refluentia) oder übergreifenden Überströmen oder tiefgreifenden Durchformen des Niederen vom Höheren her habe[130]. Wegen dieses Einflusses wird die Einigungskraft in analoger Bedeutung mit demselben Namen wie der Verstand, nämlich mit »ratio« belegt; der Verstand als die »ratio universalis« strahlt in die Einigungskraft hinein und erhebt sie dadurch zur »ratio particularis«[131]. Diese heißt »particularis«, weil sie die anschaulichen Gestalten des Einzelseienden formt, jene aber »universalis«, weil sie zu den allgemeinen Wesenheiten vordringt. Beide verbindet auch ein abwägendes, vergleichendes Zusammen-bringen (col-latio von con-ferre) oder Einigen, in dem anschauliche Gestalten aufgebaut bzw. Wesensstrukturen zusammengefügt werden[132]. Nach allem vermag die Einigungskraft einzig dadurch anschauliche Gestalten von Dingen in ihrer zeitlichen und räumlichen Erstreckung zu formen, daß in ihrem Nacheinander verborgenerweise das Zugleich der Wesenheit und so mittelbar auch des Seins wirksam wird. Umgekehrt muß sich das Zugleich auf die eben angedeutete Weise *dem Nacheinander unterwerfen* und in ihm verbergen, damit die Einigungskraft mit ihrem Formen anschaulicher Gestalten ohne Entdecken der Wesenheit und des Seins zustande kommt; erst dieses Zeitigen ermöglicht den darauf angewiesenen Verstand und schließlich auch die menschliche Vernunft.

Das Hineinwirken des *Zugleich* durchdringt von der Einigungskraft her die anderen ihr *untergeordneten Stufen* der Sinnlichkeit; denn diese gehen aus jener hervor und sind nichts anderes als deren volle Entfaltung. Damit stimmt die Auffassung von Thomas zusammen, nach der die Phantasie und das sinnliche Gedächtnis, vermittelt durch die Einigungskraft, aus der Menschenseele entspringen; das läßt sich ohne weiteres auch auf den Gemeinsinn ausdehnen, der selbst wiederum die gemeinsame Wurzel und der Ursprung der äußeren oder Einzel-sinne ist[133]. Beim Abstieg durch die hier aufgezeigte Stufenfolge verschwindet das Zugleich fortschreitend im Nacheinander, womit in diesem die ihm eigene *Vielheit* mehr und mehr *hervortritt* oder dieses immer mehr auseinanderfällt. Während auf der obersten Stufe, der Einigungskraft, das in ihr wirksame Zugleich die drei Dimensionen der Zeit in ihrem Auseinandertreten noch zusammenhält, lösen sich diese auf den anderen Stufen voneinander; das hier gemeinte Zugleich nähert sich wohl dem »einfachen Reichen« von Heidegger und kann daher mit diesem als die *erste Dimension* bezeichnet werden[134], die sich freilich nicht darin erschöpft, die grund-legende Dimension der Zeit zu sein, sondern gerade als solche letztlich Ewigkeit besagt. Auf der nächsten Stufe, der Phantasie und dem sinnlichen Gedächtnis, trennen sich Vergangenheit und Gegenwart, die auf der höchsten Stufe in der Zukunft einbehalten sind, von dieser, wobei aber das so eingeengte Zugleich immer noch die Gegenwart mit der Vergangenheit zusammenhält. Die unterste Stufe schließlich, die mit dem Gemeinsinn auch die Einzelsinne umfaßt, setzt die Gegenwart auch von der Vergangenheit ab, weshalb das Zugleich nur noch jene umspannt.

Das Zugleich in der Leiblichkeit – Jetzt und Hier: Die Vernunft ist menschlich, indem sie in den Verstand und in die Sinnlichkeit mit deren sämtlichen Stufen eingeht; das *Sein* ist ganz *beim Menschen angekommen*, wenn es sich in die Wesenheiten und in die sinnlichen Gestalten mit deren sämtlichen Aufbauelementen hinein verborgen hat; und das Zugleich hat sich ganz gezeitigt, wenn es sich von der umfassenden Grund-dimension her in jede der drei Dimensionen bis zur *bloßen Gegenwart* hin verloren hat. Mit dieser aber ist das Auseinander nicht überwunden; vielmehr ist die Zeit auf ihre geringste Gestalt zurückgegangen, nämlich auf das bloße Jetzt, das statt der Sammlung gerade Zerstreuung besagt und so die räumliche Erstreckung mit sich bringt, in der die Zeitigung daher ihr Äußerstes erreicht. Hier sind wir bei der *Leiblichkeit* des Menschen angekommen, bis in die hinein das Sein durch das Erschaffen gezeitigt werden muß, damit der Mensch aus diesem hervorgehe; oder das erschaffende Zeitigen des Seins, das den *ganzen* angedeuteten Abstieg umfaßt, ist das Entstehen des *Menschen*. Nach Thomas enthält mehr die Seele den Leib als umgekehrt[135]; die Seele ist die Macht über den Leib, was zuinnerst damit gleichbedeutend ist, daß mit der bis ins äußerste gezeitigten Vernunft genau der Leib gegeben ist. Näherhin stellt die Menschenseele die unterste Stufe der geistigen Substanzen dar[136]. Obwohl sie also auf Unendliches (ad infinita) ausgreift[137] und damit als Vernunft im reinen Zugleich des Seins beheimatet ist, steigt sie in die unterste Zone der Zeitigung herab oder wird sie auf das räumliche Jetzt verengt. Deshalb wird ihr die Wahrheit auf dem Wege der Sinne (per viam sensus) kund[138], entläßt sie somit die Sinnensvermögen[139], was ihrer Verleiblichung gleichkommt[140].

Hier drängt sich die Frage auf, ob in der beschriebenen Zeitigung oder in dem zum Nebeneinander werdenden Nacheinander *überhaupt noch* das *Zugleich* und damit letztlich das Sein am Werke sei. Die Antwort suchen wir, indem wir bei dem Jetzt der bloßen Gegenwart ansetzen; es ist nicht das stehende Jetzt der Ewigkeit (nunc stans), sondern das *fließende Jetzt* der Zeit (nunc fluens), das als solches mit der Vergangenheit und der Zukunft in einem unlösbaren Zusammenhang verbunden ist, ja diese in sich umschließt. Jedes Jetzt nämlich dehnt sich in einer gewissen Erstreckung, was selbst von dem eventuell anzunehmenden kleinsten Quantum der Zeit gilt; damit aber sind in jedem Jetzt kleinere und immer kleinere Jetzt aufweisbar, ohne daß eine Grenze solcher Teilbarkeit aufzufinden ist[141] oder letzte einfache Bausteine sichtbar werden. Die hier aufscheinende unabsehbare *Vielheit* ist aber immer schon in eine *Einheit* zusammengefaßt und deshalb von einem Einfachen als seinem inneren Grund (nicht als seinem Baustein) getragen; es muß ein Einfaches sein, weil sich bei einem Ausgedehnten als Grund die Frage ebenso stellt, also nicht beantwortet wird. So gelangen wir zu dem *Einfachen*, das dem Nacheinander des Jetzt zugrunde liegt und innewohnt und damit sich als das Zugleich enthüllt, das letztlich eine Auswirkung des reinen Zugleich oder des Seins ist, dessen bestimmende Kraft bis in das bloße Jetzt hineinreicht.

Ähnliches ist vom *Raum* zu sagen, bei dem sich in jedem Hier zahllose kleinere und immer noch kleinere Hier ohne jede angebbare Grenze öffnen; auch die hier aufbrechende unabsehbare Vielheit tritt immer schon als ein Geeintes auf, das als solches in einem Einfachen gründet[142]. So gelangen wir zu dem *Einfachen*, das dem Nebeneinander des Hier zugrunde liegt und innewohnt und sich damit als das Zugleich enthüllt, das viele Orte umspannt wie das frühere Zugleich viele Zeitpunkte oder Momente. Beide Male handelt es sich um dasselbe Zugleich, weil der Raum mit dem bloßen Jetzt gegeben ist oder dieses sich in jenem lediglich voll darstellt. Daher begegnet uns im Zugleich des Hier mittels des Zugleich des Jetzt letztlich das *Zugleich des Seins*, das folglich als bestimmende Kraft auch in das bloße

Hier hineingreift. Freilich geht es nur um die äußerste Auswirkung des Seins oder des reinen Zugleich, insofern dieses auf das Jetzt und das Hier eingeengt ist, so im Nacheinander und Nebeneinander als deren Grund verschwindet und nichts weiter als deren Grund zu sein scheint, der sich aus dieser Entfremdung nicht zu sich selbst befreit[143].

Zeitigen des Seins im Tier: Beim Menschen läßt sich begreifen, wie das Erschaffen zum Zeitigen des Seins bis in die Verleiblichung hinein führt oder wie noch das Äußerste der Sinnlichkeit vom Sein durchformt ist, und zwar deshalb, weil in seiner Vernunft das Sein als es selbst hervortritt. Dunkel bleibt jedoch, ob und wie *beim Tier*, das der Vernunft und damit der Offenbarkeit des Seins entbehrt, vom Erschaffen als *Zeitigen des Seins* die Rede sein kann. In der Sinnlichkeit kommen Mensch und Tier als Angehörige derselben Gattung überein[144]; daher schreibt ihnen der Aquinate im Bereich der Sinnlichkeit nicht andere Kräfte (non aliae vires), sondern dieselben zu (sed eaedem), die im Menschen nur vollkommener (perfectiores) als in den Tieren sind; freilich hat dieser Unterschied nicht im Eigenen der sinnlichen Stufe seinen Grund, sondern in deren oben erwähntem Durchformt-werden vom geistigen Leben her; das gilt namentlich von dem, worin die »vis cogitativa« des Menschen über die »vis aestimativa« des Tieres emporragt[145]. Der letzteren kommt es zu, in das Erfaßte Züge einzuzeichnen, die von den äußeren Sinnen nicht aufgenommen werden (quae per sensum non accipiuntur), also nicht a posteriori vom Objekt stammen, sondern als apriorisches Gut vom Subjekt selbst hervorgebracht werden ohne Veränderung der Sinne (non ex immutationes sensibili) durch Eindrücke von außen[146]. Kraft solcher Züge wird dem Tier das Erfaßte als nützlich (utilitates) oder schädlich (nocumenta) für das ihm kraft seiner Wesensart eigene Leben vorgestellt[147]. Infolgedessen ist in der *Schätzungskraft* die *Wesenheit* der jeweiligen Tierart am Werke, die als bestimmender Grund auch alle untergeordneten Stufen des sinnlichen Erfassens durchformt. Indem deren Zeitigung geschieht oder sie als das dem Tier innewohnende Zugleich gezeitigt wird, entsteht und lebt das Tier. Da aber jede Wesenheit am *Sein* teilnimmt, enthält ihr immer schon durch die Zeit gebrochenes Zu-

gleich notwendig das reine Zugleich des Seins, weshalb das Erschaffen des Tieres letztlich ebenfalls ein Zeitigen des Seins besagt.

Wodurch unterscheidet sich nun dieses Zeitigen des Seins von
demjenigen, das im Menschen und als der Mensch geschieht?
Die Antwort liegt darin, daß die Schätzungskraft nach dem
Aquinaten die ihr eigenen Gehalte vermöge eines *Naturinstink-*
tes (naturali quodam instinctu) hervorbringt und zu dem vorher
Erfaßten hinzufügt, während die Einigungskraft (ratio paticu-
laris) des Menschen durch ein abwägendes Vergleichen (per
quandam collationem) ihre anschaulichen Gestalten formt, was
einem Teil-nehmen am Verstand (ratio universalis) zu verdanken ist[148]. Verstand aber gibt es einzig durch Vernunft oder als
vermenschlichte Vernunft; daher ist die »collatio« der Einigungskraft nicht allein durch das Erfassen der Wesenheit, sondern vor allem durch das Vernehmen des Seins ermöglicht.
Dementsprechend bleibt die Schätzungskraft auf den »instinctus«
beschränkt, weil dem Tier nicht nur der Verstand, sondern vor
allem die Vernunft abgeht oder weil ihm wegen des Fehlens der
Vernunft notwendig der Verstand versagt ist. Folglich vermag
das Tier dadurch, daß es nicht zum Sein vordringt, seine Wesenheit *nicht als solche* oder reflex zu erfassen, weshalb diese sich
in der Schätzungskraft und der gesamten tierischen Sinnlichkeit
lediglich instinktiv-uneinsichtig auswirkt.

Demnach ist beim Tier das Sein so sehr in der Wesenheit, in den
anschaulichen Gestalten und damit in der Leiblichkeit verzeit-
licht, daß es vom Tier selbst *nicht* mehr davon *abgehoben* werden kann, wenn auch die Wesenheit sich auf die eben beschriebene instinkthafte Weise noch durchsetzt. Darin liegt gewiß ein
anfangendes Zurückkehren zum Sein (redire incipiunt), das aber
nicht sich zu vollenden imstande ist (non tamen completur eius
reditio); denn der Sinn oder der nur sinnlich Erkennende vermag nicht seine Wesenheit als solche zu erreichen (non cognoscit
essentiam suam), und zwar deshalb, weil er an das leibliche Organ gebunden ist (nihil cognoscit nisi per organum corporale)[149].
Der hier angedeutete, doch noch einigermaßen äußerlich formu-
lierte Zusammenhang stellt sich gemäß dem oben Gesagten so
dar, daß mit dem Sein die Wesenheit in die anschauliche Gestalt
eingegangen ist und deshalb die allein verbleibende Sinnlichkeit

im Auseinanderfallen der Zeitdimensionen bis zur bloßen Gegenwart verzeitigt wird, was mit der *Leiblichkeit* und dem Ausbilden entsprechender Organe gleichbedeutend ist. Insofern das Tier diese Art der Verzeitigung *nicht zu übersteigen*, sondern lediglich gemäß den ihr eigenen Stufen zu verinnerlichen vermag, kann es nicht anders als mittels der Körperorgane erfassen und und deshalb die »reditio« nicht vollenden. Daher ist es auch nicht imstande, sich selbst zu verstehen und die Zeit als solche zu vollziehen, was die vollendete Rückkehr zur Wesenheit und damit zum Sein voraussetzt oder einzig im Menschen und als Mensch möglich ist.

Zeitigen des Seins in der Pflanze und im Anorganischen: Nun macht das Erschaffen als Zeitigen des Seins nicht beim Menschen und beim Tier halt, sondern setzt sich in der *Pflanze* und im *Anorganischen* fort, die darin übereinkommen, daß ihnen sogar das anfangende Zurückkehren (redire incipiunt) zum einfachen Zugleich des Seins abgeht und folglich die »reditio« nicht nur nicht vollendet (non completur), sondern überhaupt nicht geschieht[150]. In diesen Aussagen nimmt der Aquinate offensichtlich die »reditio« als einen Vorgang, der Bewußtsein, wenigstens sinnliches Bewußtsein einschließt. Hier erhebt sich die Frage, ob die »*reditio« ohne Bewußtsein* jeden Sinn verliere oder ob vielleicht von einer »reditio« sinnvollerweise auch ohne Bewußtsein gesprochen werden könne. Ebenso läßt sich fragen, ob das Fehlen jeder »reditio« vielleicht auf die *Sein-losigkeit* hinauslaufe, also das Ausfallen jedes Zugleich und damit das Verschwinden des Nacheinander im Nichts besage. Als Antwort ergibt sich ohne weiteres, daß die Pflanze durch die unbewußte »reditio« gekennzeichnet ist, während wir bezüglich des Anorganischen eigens zu überlegen haben, ob und in welchem Sinne bei ihm noch eine gewisse »reditio« vorliege.

Wie leicht festzustellen ist, setzt sich in der *Pflanze* ihre Wesenheit unbewußt-naturhaft durch, indem sie alles dem in ihr vorgezeichneten und grundgelegten Bauplan unterwirft; dieser bestimmt als das beherrschende Zugleich jedes Nacheinander und Nebeneinander. Treffend läßt sich dieses Geschehen umschreiben, indem man sagt, die Pflanze *komme* ständig auf ihren Bauplan und damit auf ihre *Wesenheit zurück* und vollziehe so die ihr eigene »reditio«, ohne freilich weder den eigenen Vollzug (Tier: cognoscit se sentire) noch und erst recht nicht die eigene Wesenheit (non essentiam suam) bewußt zu haben[151]. Übrigens stimmt mit der hier gemeinten »reditio« das immanente Wirken zusammen, das gewöhnlich der Pflanze zugeschrieben wird, wodurch sie sich in sich selbst vollendet und dazu die äußeren Reize verarbeitet. Am Ausbleiben jeglichen Bewußtseins zeigt sich, wie die »reditio« bei der Pflanze noch mehr als beim Tier über einen *ersten Anfang* nicht hinauskommt und noch weiter von ihrer vollen Ausprägung entfernt ist. Da aber die sich ganz schließende »reditio« mit dem Hervortreten des Zugleich (der Wesenheit und vor allem des Seins) aus dem Nacheinander zusammenfällt, besagt die pflanzliche »reditio« ein Verschwinden und *Versinken* des Zugleich *im Nacheinander*, das noch tiefer als beim Tier hinabsteigt, also noch entschiedener das Nacheinander und dann auch das Nebeneinander akzentuiert, was dem gesteigerten Verdecken des Zugleich entspricht. Darauf weisen die offene Gestalt und der feste Standort etwa des Baumes hin, der mit seinen Ästen in den Luft- und Sonnenraum sowie mit seinen Wurzeln in das Erdreich und seine Feuchtigkeit hineingreift; davon hebt sich die geschlossene Gestalt des Tieres ab, das sich deshalb auch frei zu bewegen imstande ist[152].

Das *Anorganische* nimmt nach dem Aquinaten den untersten Rang ein (infimum locum tenent), und zwar deshalb, weil das ihm eigene Wirken vom einen zum andern hinübergeht (actio unius eorum in aliquod alterum)[153]. Demnach scheint es nicht auf sich selbst zurückzukommen oder in sich zurückzugehen und folglich jeder Art von »reditio« zu entbehren. Damit aber meldet sich die oben aufgeworfene Frage ernstlich, ob ein solches Seiendes überhaupt möglich sei, ob nicht das gänzliche Ausfallen der »reditio« dasselbe wie *Sein-losigkeit* sage. Letzteres ist zu bejahen; denn in allem Zurückgehen eines Seienden auf sich selbst waltet notwendig ein Einfaches oder in allem Nacheinander, das nicht radikal auseinanderfällt, ein Zugleich; anders gewendet, bringt das Sein wesentlich das Zugleich mit sich, weshalb etwas in dem Maße, wie es am *Sein* teil-hat, vom Zugleich durchdrungen und getragen ist und damit trotz seines Auseinander in sich selbst ruht oder auf sich selbst *zurückkommt*.

Wenn also auch dem Anorganischen eine gewisse »reditio« zuzuschreiben ist, haben wir zu klären, worin sie besteht. Obwohl es ein vorwiegend nach außen Gewendetes ist, was der Aquinate mit Recht betont, hat doch etwa das Atom die ihm eigene Geschlossenheit und das ihm eigene *Durchhalten* oder *Behaupten* seiner selbst, das einen allerersten Anfang von Zurückkommen auf sich selbst oder eben von »reditio« darstellt. Auch läßt sich das transeunte Wirken auf dem Hintergrund des immanenten verstehen, insofern das eine Seiende durch sein Hinübergehen zum andern mit sich selbst *vermittelt* wird; so ist das Dynamit als es selbst erst ganz da, indem es zum Beispiel an einem Felsen die ihm entsprechende Wirkung ausübt. Daß hierbei das Dynamit jene Geschlossenheit und jenes Durchhalten, von denen die Rede war, gerade verliert, zeigt, wie *ganz anfänglich* seine »reditio« ist, wie es daher in sich selbst nur ein vorläufiges Selbst hat und sein volles Selbst über es hinaus oder im Ganzen der Welt zu suchen ist. Infolgedessen verschwindet und versinkt beim Anorganischen noch mehr als bei der Pflanze das Zugleich im Nacheinander, wodurch dieses weiterhin in sein äußerstes Außen, nämlich in das Nebeneinander eingeht und von ihm verschlungen wird. Damit hat das Erschaffen als Zeitigen des Seins das Maximum des Nacheinander im *Minimum des Zugleich* erreicht, was dem Abstieg zum Rand des Nichts gleichkommt. In der Tat stellt sich das Anorganische als Fast-Nichts dar, insofern es mit seinem geringen Anteil an Sein gerade noch ein Seiendes ist[154] und auch die in ihm vorwiegende Bewegung auf deren geringste Gestalt, nämlich auf das Einigen von Quanten bzw. von Elementarteilchen, zurückgeht. Damit wird nicht geleugnet, daß das Anorganische von gewaltiger Kraft ist, in vielen Gestalten sich auslegt und von intelligiblen Strukturen durchzogen ist, die sich stufenweise dem Organischen nähern.

Drei Stufen im Menschen: Warum aber macht die *Zeitigung* des Seins nicht beim Menschen halt? Warum steigt sie *bis zum Anorganischen* hinab? Heidegger scheint im Gegensatz dazu die Zeitigung des Seins nur bis zum Menschen durchzuführen; das Ereignis, in dem die Mitteilung des Seins geschieht, bezieht den Menschen in sich ein, der das verdeckende Entdecken oder die sich entziehende Ankunft des Seins ist, während die untermenschliche Welt kaum ins Spiel kommt. Gemäß einer *ersten Antwort* auf die gestellten Fragen gelangt das verdeckende Zeitigen dadurch, daß es den Menschen hervorbringt, notwendig auch zu den der Vernunft untergeordneten Stufen, weil diese zu seiner *Konstitution* gehören oder er erst vermöge des Zusammenspiels aller Stufen als er selbst gegeben ist.

Die *Vernunft* zeitigt sich als der Verstand, was mit dem Verbergen des Seins in der Wesenheit gleichbedeutend ist; der *Verstand* schließt wesentlich die Sinnlichkeit ein und kann nie ohne sie er selbst sein, weshalb er sich in ihr und als sie zeitigt und die Wesenheit sich in den anschaulichen Gestalten verleiblicht und verbirgt. Von *der Sinnlichkeit* aber bemerkt schon Thomas, daß der Mensch ihretwegen des *Leibes* bedarf, da sie ja auf leibliche Organe angewiesen ist[155]. Nun werden solche Organe von dem der Pflanze entsprechenden *vegetativen* Leben im Menschen ausgebildet, das als menschliches von dessen Sinnlichkeit, damit auch vom Verstand und letztlich von der Vernunft durchformt sein muß, um Organe entwickeln zu können, die den Verinnerlichungsgang des menschlichen Erkennens vorbereitend ermöglichen. Demnach wird die Sinnlichkeit in dem und als das vegetative Leben gezeitigt, bei dem das Bewußtsein im unbewußten Wachsen verschwindet oder sich darin verbirgt. Das vegetative Leben schließlich kommt mit dem sinnlichen darin überein, daß beide *Leiblichkeit* besagen und darum die dem Anorganischen entsprechende Stufe wesentlich mit sich bringen. Folglich umfaßt die Zeitigung dieser beiden Lebensstufen die Materie mit ihrer Räumlichkeit, die von sich aus nur Bewegung ohne Leben verwirklicht. Das körpergebundene Leben wird so sehr in und als Materie gezeitigt, daß sich immer wieder die Versuchung erhebt, es lediglich auf eine bestimmte Ausgestaltung der Materie zurückzuführen, statt deren Durchformung zu sehen und ernst zu nehmen, die von diesem Leben und damit letztlich vom Verstand und von der Vernunft ausgeht.

Wie sich aus allem ergibt, schließt der *Mensch* als solcher die Zeitigung des Seins auf *all den* genannten *Stufen* und damit dessen Verbergen in ihnen ein; ja er ist jenes Zeitigen und Verbergen, das vermöge der obersten Stufe der Vernunft die sämtlichen anderen Stufen mit sich bringt. Dementsprechend umfaßt das *Ereignis*, indem es nach Heidegger den Menschen in sich einbezieht, notwendig *alle Stufen*, die ihn ausmachen, wobei die oberste oder innerste einzig durch die unterste oder äußerste und auch umgekehrt begriffen werden kann. Dadurch, daß das Ankommen oder Entdecken des Seins als Entziehen oder Verdecken geschieht, sind die sämtlichen Stufen gegeben, in denen sich jenes An-sich-halten lediglich durchgegliedert auslegt.

Drei Stufen um den Menschen: Zu der ersten *Antwort* auf die Frage, warum die Zeitigung des Seins bis zum Anorganischen hinabsteigt, kommt eine *zweite*, die mit der ersten auf das engste zusammenhängt. Weil sich der Mensch wesentlich in das äußerste Außen seiner Leiblichkeit veräußerlicht, ist er auch bei all seinen Betätigungen zunächst *nach außen* oder zum andern hin *gerichtet*. Darauf weist Thomas mit der Bemerkung hin, daß das dem Anorganischen eigene Wirken vom einen zum andern hinübergeht (actio unius eorum in aliquod alterum)[156]. Auf ähnliche Weise beginnt das Leben der Pflanze von außen her (principium ab exteriori sumitur), indem sie Stoffe aus der Erde und der Luft aufnimmt, wie sich auch die aus ihrem Leben hervorgehende Frucht schließlich von ihr trennt und zu einem andern Einzelnen heranwächst (finaliter omnino extrinsecum invenitur)[157]. Ebenso hat das Sinnesleben der Tiere seinen Anfang außen (ab exteriori incipit), weil die Sinne auf von anderen Körperdingen stammende Eindrücke angewiesen sind (sensibile exterius formam suam exterioribus sensibus ingerit); deshalb bleibt auch das innere Verarbeiten der Eindrücke in die Veräußerlichung gebannt, indem das Tier nicht der eigentlichen Reflexion fähig ist (non in seipsum reflectitur)[158]. Beim geistigen Leben des Menschen findet sich zwar die vollendete Reflexion und damit das Überwinden der Veräußerlichung (intellectus in seipsum reflectitur); doch wird diese Innerlichkeit einzig durch einen Gang der Verinnerlichung erreicht, der beim Äußeren ansetzt (initium ab extrinseco sumit), insofern er von den Sinnen abhängt (non est intelligere sine phantasmate)[159]. Da nun die menschliche Vernunft als Verstand mittels des sensitiven auch das vegetative Leben und damit die Leiblichkeit einschließt, unterliegt der Mensch all den genannten Bezogenheiten nach außen. So ist er wesenhaft *in die Welt hineinverflochten* oder setzt er alles voraus, was zum Aufbau der Welt gehört.

Hier bestätigt sich das In-der-Welt-sein, das Heidegger als Grund-Existenzial des Menschen herausarbeitet; die ihm eigene Zeitigung des Seins ist dasselbe wie Welt[160] oder umgreift die sämtlichen beschriebenen Stufen im Menschen selbst und folglich auch in den Seienden um ihn herum. Er *bedarf der anderen Seienden*, die durch das Maximum an Ver-decken und das Minimum von Ent-decken des Seins gekennzeichnet sind; ohne jedes Entdecken wäre die Sein-losigkeit gegeben oder hörte das Seiende auf, ein Seiendes zu sein. Entdeckt aber wird das Sein auf allen Stufen wenigstens als die *Wirklichkeit* im Gegensatz zur Möglichkeit, während von seinem Selbst als Fülle nur einige Züge oder Auswirkungen hervortreten. In diesem Sinne nennt Thomas das Lebende vollkommener als das Seiende allein (vivens est perfectius quam ens tantum), weil nicht jedes Seiende an allen Weisen-zu-sein teil-nehmen muß (non oportet, quod illud, quod participat esse, participet ipsum secundum omnen modum essendi)[161]. Doch zeichnet sich eine *Stufenleiter* ab, auf der ein Seiendes um so höher steht, je mehr an seiner Wirklichkeit Züge oder Auswirkungen des Seins aus dem Verdecken in das Entdecken übergehen, bis im Menschen das Sein selbst mit seiner ganzen Fülle, zunächst unbestimmt und allmählich immer bestimmter, aufleuchtet. Alle die so sich ergebenden Seienden braucht der Mensch, weil er die unterste Stufe der intellektuellen Substanzen einnimmt oder eben gezeitigte Vernunft ist (infimum gradum in substantiis intellectualibus tenet), die als solche aus den sichtbaren oder teilbaren Dingen lebt (ex rebus divisibilibus)[162]. Insofern der Mensch, vom Erschaffen Gottes entworfen, sich selbst und damit *die Welt entwirft*, verbirgt sich das Sein oder das Zugleich so sehr im Nacheinander, daß die Welt der Dinge mit ihren *drei Stufen* entsteht, die den notwendigen oder unerläßlichen Existenzraum bildet, in dem der Mensch ist und sich entfaltet. Mit diesem ist also das Hinabsteigen der Zeitigung bis zu den Tieren, den Pflanzen und sogar bis zum Anorganischen gesetzt.

Suchen wir die *Verflochtenheit* des Menschen in die Welt weiter zu *verdeutlichen*. Nach seiner Leiblichkeit bedarf er der Erde, die ihn trägt, der Luft, die er atmet, der Sonne, die ihm scheint; schon durch seinen Leib allein ist er auf die Dinge verwiesen. Sein vegetatives Leben erfordert dazu die Dinge, die ihm Nahrung, Kleidung und Wohnung bieten. Darüber hinaus ist er bezüglich des sensitiven Lebens durch die Einzelsinne und deren Organe auf die Dinge ausgerichtet und auf die Eindrücke, die er mittels ihrer empfängt (per viam sensus), angewiesen[163]. In den Einzelsinnen engt er seine Zeitlichkeit bis auf die *bloße Gegenwart* ein und ist so auf die Dinge hin offen, die ebenfalls nur jeweils ihre Gegenwart darbieten; dieses äußerste Außen ist der gemeinsame Raum, in dem der Mensch die Dinge zu finden imstande ist und diese entsprechend sich finden lassen[164]. Auch für sein geistiges Leben hängt er von der Welt ab, insofern es in den *Sinnen* seinen Anfang hat (a sensu principium sumit) und sich so weit zu erstrecken vermag, wie es durch die Sinnesgegebenheiten Geleit empfangen kann (inquantum manuduci potest per sensibilia)[165]; das gilt ebenso für das Wissen und Wollen wie für das Gestalten sowohl in seiner technischen als auch in seiner künstlerischen Ausprägung. Das Nacheinander und Nebeneinander der Zeitigung bringt schließlich die Vielheit der Menschen mit sich, wodurch die Welt zusammen mit den Dingen auch die *Personen* umfaßt und jede einzelne mit den anderen in dialogischer Kommunikation steht oder in die personale Begegnung eintritt; sie geschieht im Raum des enthüllten Seins oder Zugleich, was dem Zurückkehren des äußersten Außen in das innerste Innen gleichkommt, obwohl auch dabei alles Ans-Ende-kommen nie ganz ans Ende kommt.

Die drei Stufen und die Dimensionen der Zeit: Auf dem Hintergrund des Gesagten kann man die Frage stellen, ob sich von der *Zeitigung* her ein Grund dafür angeben läßt, daß sich der im Menschen und in der Welt geschehende Abstieg gerade in *drei Stufen* entfaltet. Einen Fingerzeig liefern uns die *Stufen der Sinnlichkeit*, die nach unseren früheren Darlegungen den drei Dimensionen der Zeit zugeordnet sind, wobei für die Einigungskraft als die höchste Stufe die Zukunft, für Phantasie-Gedächtnis als die mittlere Stufe die Vergangenheit, für den Gemeinsinn mit den Einzelsinnen als die unterste Stufe die Gegenwart kennzeichnend ist[166]. Läßt sich etwas Ähnliches bei den drei Stufen Tier-Pflanze-Anorganisches feststellen? Ihnen entsprechen im Menschen das sensitive und das vegetative Leben sowie die Leiblichkeit, womit wir die durchlebte Körperlichkeit meinen.

Sicher hat das *sensitive* Leben, wie wir oben sahen[167], sowohl im Menschen als auch im Tier mit dem durchlichteten bzw. instinkthaften Entwerfen des *Zukünftigen* zu tun; das trat deutlich an der Einigungs- bzw. an der Schätzungskraft hervor. Solch mehr oder weniger bewußtes Entwerfen geht dem *vegetativen* Leben ab, weshalb es sich aus dem Plan gestaltet, der ihm von den vorausgehenden Generationen überliefert ist, und bei ihm die Dimension der *Vergangenheit* überwiegt. Selbstverständlich ist auch das sensitive Leben durch den ihm eingeprägten Plan bestimmt, wodurch in seinem Zukünftigen sein Vergangenes am Werke ist, ohne aber den für das Sensitive kennzeichnenden Primat des Zukünftigen aufzuheben. Ebenso findet auch im vegetativen Leben ein gewisses Entwerfen des Zukünftigen statt, wodurch in seinem Vergangenen sein Zukünftiges enthalten ist; doch setzt sich dieses nicht wie im sensitiven Bereich von jenem ab, womit der Primat des Vergangenen für das Vegetative charakteristisch bleibt. Am dunkelsten ist das *Anorganische*, bei dem es weder das bewußte Entwerfen noch den überlieferten Plan gibt und das infolgedessen mit der *bloßen Gegenwart* im jeweiligen Zeitpunkt zusammenfällt. Gewiß ist in dieser der bestimmende Einfluß, der von der Vergangenheit in die Gegenwart und von letzterer in die Zukunft hineinwirkt, eingeschlossen, ohne jedoch von ihr abgehoben oder eigens herausgehoben zu werden, weshalb der Primat der bloßen Gegenwart für das Anorganische nicht erschüttert wird. Wiederum sind das sensitive und das vegetative Leben ebenfalls in die Gegenwart des jeweiligen Zeitpunktes gebannt, wobei aber diese in das bewußte Entwerfen und den überlieferten Plan aufgenommen und davon geprägt wird und so nicht das für diese Stufen eigentlich Kennzeichnende ist.

Als *Ergebnis* unserer Überlegungen buchen wir: die Zeitigung, die das Zugleich dem Nacheinander so unterwirft, daß jenes nicht als es selbst hervortritt, legt sich in den drei Stufen aus, die den *Dimensionen der Zeit* entsprechen und daher als notwendig einzusehen sind. Hieraus verstehen wir die drei Stufen der Sinnlichkeit, die drei Stufen des sensitiven und des vegetativen Lebens sowie der Leiblichkeit im Menschen und auch die drei Stufen außerhalb des Menschen, nämlich das Tier, die Pflanze und das Anorganische. Indem das Erschaffen als Zeitigen den Menschen hervorbringt, entstehen als volle Auswirkung desselben Zeitigens alle die genannten Stufen; ohne diese könnte der Mensch nicht sein und wäre letzten Endes die ihm eigene Zeitigung überhaupt nicht geschehen und möglich. Die in ihr liegende Subjekt-Objekt-(Mensch-Welt-)Spaltung besiegelt sein In-der-Welt-Sein.

Erschaffen als Zeitigen: Nunmehr haben wir das Erschaffen als Zeitigen durchschritten. Es läßt sich als verdeckendes Entdecken oder als verbergendes Entbergen bezeichnen. *Entdeckt*, entborgen oder hervorgebracht wird das *Seiende*, namentlich der Mensch und mit ihm die Dinge. *Verdeckt*, verborgen oder zurückgehalten wird das *Sein* in den Dingen und auch im Menschen, die darin ihre Ermöglichung finden und einzig um diesen Preis als solche gegeben sind. Das Zugleich des Seins wird dem Nacheinander unterworfen und so sich selbst entfremdet, damit Seiendes auftreten könne; freilich gilt das allein von dem an das Seiende mitgeteilten Sein, nicht vom Sein nach seinem innersten Selbst, das als das subsistierende der unerläßliche ermöglichende Grund jedes Mitteilens oder alles Erschaffens ist.
Von hier aus zeichnet sich der Unterschied zwischen dem Menschen und den Dingen ab; während in diesen der Abstieg des Verdeckens sein Äußerstes erreicht und es nur zu einem Vorspiel des Entdeckens kommt, ereignet sich der *Mensch* als der *Umschlag* vom Abstieg des Seins in den Aufstieg zum Sein oder zum Entdecken des Seins selbst, das allerdings wegen seiner Geschichtlichkeit das Sein so einholt, daß es stets das noch nicht eingeholte bleibt. Damit stellt sich der Mensch als das Geschehen dessen dar, was Heidegger die *Kehre* nennt und wozu das Ding nicht fähig ist. Das Drängen, wodurch das Sein über seine Entfremdung hinaus- und in das Gewinnen seines Selbst hineinstrebt, gelangt noch nicht in den Dingen, sondern erst im Menschen zu seiner Vollendung; Thomas meint dasselbe, wenn er sagt, alles strebe zu Gott, aber einzig der Mensch ausdrücklich (explicite), die Dinge hingegen lediglich einschlußweise (implicite)[168]. Anders gewendet, ist der Mensch als *Sprache* zu kennzeichnen, insofern allein er den Zu- und An-spruch des Seins vernimmt und dadurch imstande ist, das Sein zur Sprache zu bringen; hier liegt die Quelle des Sprechens, das ihn vor dem

stummen Tier auszeichnet. All das ist mit dem *Befreien* des Zu-gleich aus dem Nacheinander gleichbedeutend, wobei von jenem her dieses als solches vollzogen wird. Im Gegensatz zu der absteigenden Zeitigung, die das Zugleich im unreflektierten Nacheinander verbirgt, fällt die *aufsteigende Zeitigung*, die im Menschen und als der Mensch geschieht, mit dem reflektierten Nacheinander zusammen, das dem entborgenen Zugleich oder Sein entstammt. Wie nun das unreflektierte Nacheinander nur ein Vorspiel der Zeit ist, so besagt das reflektierte Nacheinander erst die *eigentliche Zeit* oder die Zeit selbst, mit der sich Heidegger befaßt. In ihr waltet das dem Menschen sich zuschickende Sein, das Heidegger als das Sein selbst nimmt, unsere Darlegungen aber auf das subsistierende Sein als das eigentliche Selbst zurückführen, indem sie so das Nacheinander im reinen Zugleich gründen. Diese eigentliche Zeit vermittelt den Menschen mit dem Sein.

Anmerkungen

Anmerkungen
zu den Seiten 13—40

1 Erschienen 1927; 11. Aufl. 1967 (SZ).
2 Jetzt in M. Heidegger, Wegmarken. 1967, 145—194 (Wgm)
3 H 175.
4 Ebd.
5 Ebd.
6 Ebd.
7 H 176.
8 Ebd.
9 Ebd.
10 H. Diels, Fragmente der Vorsokratiker, Heraklit Fr. 72.
11 Ebd.
12 Ebd.
13 SZ 52 und 54.
14 SZ 73.
15 SZ 192.
16 SZ 121.
17 SZ 126.
18 Ebd.
19 SZ 126 f.
20 SZ 127.
21 Ebd.
22 SZ § 35.
23 SZ § 36.
24 SZ § 37.
25 SZ § 38.
26 In: Vorträge und Aufsätze. 1954, 13—44 (T).
27 T 34.
28 T 35.
29 T 34.
30 Einleitung zu »Was ist Metaphysik?«, in: Wgm 195—211, 195 f. (E).
31 E 196.
32 Zur Seinsfrage, in: Wgm 213 bis 253, 233 (Sfr).
33 Ebd.
34 Ebd.

35 Fr. Nietzsche, Wille zur Macht, Der europ. Nihilismus, n. 1.
36 H 181.
37 H 182.
38 H 181.
39 H 182.
40 M. Heidegger, Nietzsches Wort »Gott ist tot«, in: Holzwege. 1950, 193—247, bes. 204.
41 Fr. Hölderlin, Patmos, in: Sämtliche Werke. o. J. 230.
42 Th. W. Adorno, Negative Dialektik. 1966.
43 Ebd. 103.
44 H 159.
45 H 160.
46 Ebd.
47 H 169.
48 Ebd.
49 SZ 272.
50 SZ 273.
51 SZ 275.
52 SZ 277.
53 SZ 278.
54 SZ 284.
55 Ebd.
56 SZ 192.
57 SZ 262.
58 SZ 263.
59 SZ 266.
60 SZ 262.
61 SZ 136.
62 SZ 135.
63 SZ 134.
64 SZ 135.
65 M. Heidegger, Was ist Metaphysik?, in: Wgm 15 (M).
66 Nachwort zu: »Was ist Metaphysik?«, in: Wgm 107 (N).
67 H 161.
68 H 165.
69 H 167.
70 SZ 134.
71 Ebd.

72 M. *Heidegger*, Vom Wesen des Grundes, in: Wgm 21 (WG).
73 N 101 f.
74 N 101.
75 N 102.
76 N 101.
77 H 145.
78 H 172 f.
79 Sfr 235.
80 H 162.
81 H 175 und 180.
82 H 165.
83 H 182.
84 H 181.
85 H 182.
86 H 181 f. und 169.
87 H 162.
88 H 169.
89 Ebd.
90 Ebd.
91 H 182.
92 M. *Heidegger*, Identität und Differenz. 1957, 71 (ID).
93 H 182.
94 T 34.
95 M. *Heidegger*, Vom Wesen der Wahrheit, in: Wgm 89.
96 J. *Lotz*, Kurze Anleitung zum Meditieren. 1973.

Anmerkungen
zu den Seiten 41—58

1 H 72.
2 Et. *Gilson*, L'Être et l'Essence. Paris 1948; englische Bearbeitung: Toronto 1949.
3 Das Sein selbst und das subsistierende Sein nach Thomas von Aquin, in: (leichter zugänglich) J. *Lotz*, Der Mensch im Sein. Freiburg 1967, 52—66.
4 SZ 4.
5 Ebd. 437.
6 Ebd.
7 Ebd.
8 Ebd. 436.
9 M 15.
10 Ebd. 17.
11 N 107.
12 Ebd. 102.
13 N 101 f.
14 Ebd.
15 Ebd. 102.
16 E 195 f.
17 Ebd. 196.
18 Ebd. 197.
19 Ebd.
20 Sfr 242 f. Vgl. auch den Aufsatz: Nietzsches Wort »Gott ist tot«, in: Holzwege. Frankfurt 1950, 193—247.
21 Ebd.
22 J. *Hegyi*, Die Bedeutung des Seins bei den klassischen Kommentatoren des hl. Thomas von Aquin. Pullach 1959.
23 J. *Lotz*, Die transzendentale Methode in Kants »Kritik der reinen Vernunft« und in der Scholastik, in: Kant und die Scholastik heute. Pullach 1955, 35 bis 108, bes. 99—102.
24 Nachwort, erste Fassung. 1943, 26.
25 N 102.
26 Sfr 236.
27 Ebd. 237.
28 Ebd. 236.
29 Der Satz vom Grund. Pfullingen 1957, 147 (SG).
30 Ebd. 158.
31 Ebd. 161.
32 Ebd. 152.
33 Ebd. 185.
34 Ebd. 186.
35 Ebd. 188.
36 SZ 437.
37 ID 70.
38 H 162.
39 Ebd. 182.
40 Ebd. 181.
41 Ebd. 169.
42 Ebd.
43 Ebd. 181 f.

44 Ebd. 182.
45 Ebd. 169.
46 SG 155.
47 Ebd. 161.
48 Ebd. 143.
49 ID 66.
50 H 165.
51 Ebd. 162.
52 Sfr 247.
53 ID 71.
54 Ebd. 69 f.
55 S. th. I, q.76, a.5.
56 S. th. I, q.84, a.7.
57 S. th. I, q.12, a.12.
58 De Veritate q.1, a.1.
59 S. th. 1,II, q.94, a.2.
60 Sent.Komm. I, d.8, q.1, a.3.
61 Ebd. I, d.19, q.5, a.1 ad 1.
62 Ebd. corp.
63 Ebd. I, d.33, q.1, a.1 ad 1.
64 Ebd. d.19, q.5, a.1 ad 1.
65 Ebd. d.8, q.1, a.1.
66 Ebd.
67 Ebd.
68 Ebd. d.8, q.1, a.1 ad 1.
69 Ebd. a.2.
70 Ebd. d.8, q.1, a.1 ad 4.
71 De Potentia q.7, a.2, ad 9.
72 Ebd. ad 6.
73 Ebd. ad 5.
74 Ebd.
75 Ebd.
76 Ebd. ad 8.
77 Ebd. ad 4 und 5.
78 Ebd. ad 7.
79 Ebd. ad 1 und 11.
80 S. th. I, q.4, a.2.
81 Ebd. ad 3.
82 Ebd. q.3, a.4.
83 Ebd. q.4, a.2 corp. und ad 3.
84 Ebd. q.4, a.1 ad 3; a.2 ad 3; q.3, a.4 ad 1.
85 Ebd. q.4, a.2 ad 1.
86 Ebd. q.3, a.4 ad 2; auch q. 13, a.11 corp.
87 Ebd. q.13, a.11; I sent, d.8, q.1, a.3.

88 S. Th. I, q.13, a.11 ad 3; auch De Potentia q.7, a.2 corp.
89 S. Th. I, q.4, a.1 ad 3.
90 Ebd. q.13, a.11 corp.

Anmerkungen
zu den Seiten 59—90

1 Halle 1929 (WGr).
2 Pfullingen 1957 (SGr).
3 Halle 1927; heute 11. unveränderte Aufl. Tübingen 1967 (SZ).
4 SZ 13.
5 SZ 436.
6 Das hängt damit zusammen, daß die Frage nach dem Sein immer mehr vorherrscht, während die existenziale Analytik zurücktritt.
7 ID 69 f.
8 Jetzt leicht zugänglich in: Wegmarken. Frankfurt 1967, 21—71.
9 WGr 35.
10 WGr 52.
11 WGr 55.
12 WGr 56.
13 WGr 59.
14 WGr 60.
15 Ebd.
16 WGr 69.
17 WGr 67.
18 Ebd.
19 WGr 68.
20 Zu »es gibt« vgl. Brief über den Humanismus (H) vom Jahre 1946, in Wgm 145—194, 167 f. bezüglich SZ 212.
21 SZ 12.
22 Zu diesem Unterschied: »Sein ist das, was Seiendes als Seiendes bestimmt« (SZ 6); »Das Sein des Seienden ›ist‹ nicht selbst ein Seiendes« (ebd.); Sein liegt über jedes Seiende hinaus, »ist das transcendens schlechthin«

(SZ 38); »Sein ist von allem Seienden unterschieden« (SZ 230). Ausdrücklich: »Unterschied von Sein und Seiendem (ontologische Differenz)« (WGr 30).

23 SZ 42.

24 Erst von der »Wissenschaft vom Sein als solchem« her ist die »Forschung als Entdeckung von Seiendem und ihre Wahrheit ontologisch zu bestimmen« (SZ 230).

25 Ontologie bleibt »naiv und undurchsichtig, wenn ihre Nachforschungen nach dem Sein des Seienden den Sinn von Sein überhaupt unerörtert lassen« (SZ 11).

26 Vom Jahre 1929, jetzt in Wgm 1—19 (M).

27 »Metaphysik ist das Hinausfragen über das Seiende« (M 15); »die Frage nach dem Sein als solchem ist die umgreifende Frage der Metaphysik« (M 17).

28 Vom Jahre 1949, jetzt in Wgm 195—211 (E).

29 »Die Metaphysik denkt, insofern sie stets nur das Seiende als das Seiende vorstellt, nicht an das Sein selbst« (E 196); und doch spricht sie »aus der unbeachteten Offenbarkeit des Seins (E 196). »Sie spricht Sein notwendig aus und darum ständig«, aber sie »bringt das Sein selbst nicht zur Sprache« (E 198 f.). Vgl. H 159, 162 f.

30 Dieses neue Denken »versucht, an die Wahrheit des Seins selbst zu denken«, und geht so »in den Grund der Metaphysik zurück«; es ist »nicht mehr Metaphysik«, denkt aber »nicht gegen die Metaphysik«, die »das Erste der Philosophie bleibt«. »Das Erste des Denkens erreicht

sie nicht« und »ist im Denken an die Wahrheit des Seins überwunden«, aber »nicht beseitigt« (E 197).

31 Vorbereitet durch die Vorsokratiker.

32 So Heidegger besonders in ID, etwa 58.

33 Vgl. Anm. 20.

34 »Das Dasein west im Wurf des Seins« (H 158); ebenso 161, 168, 172 f., 180.

35 H 145; bei Heidegger zunächst vom Denken gesagt.

36 Dem Menschen eignet »der ekstatische Bezug zur Lichtung des Seins« (H 159); »der Mensch ist, indem er eksistiert« (H 161); ihm kommt zu »das ekstatische Innestehen in der Wahrheit des Seins« (H 161, 164). »Der Mensch ist ek-sistent in die Offenheit des Seins« (H 180, auch 173).

37 Zu SZ 212 siehe H 167.

38 »Überdies aber ist der Entwurf wesenhaft ein geworfener« (H 168). Auch »der Entwurf schafft nicht das Sein« (ebd.).

39 H 165.

40 H 169, 181 f.

41 H 162.

42 ID 70.

43 ID 71.

44 Vom Jahre 1955, jetzt Wgm 213—253 (Sfr).

45 »Dann zeigt sich als Wesensort des Nihilismus das Wesen der Metaphysik« (Sfr 242). »Überwindung des Nihilismus« ist dasselbe wie »Verwindung der Metaphysik« (ebd.). »Die Verwindung der Metaphysik ist Verwindung der Seinsvergessenheit« (Sfr 244), obwohl sich das metaphysische Vorstellen »gegen den Gedanken wehrt, es bewege sich in der Seinsvergessenheit« (Sfr 250).

46 M 15.
47 N 107.
48 Die Vergessenheit »gehört zur Sache des Seins selbst, waltet als Geschick seines Wesens« (Sfr 243). Das ist von dem an den Menschen mitgeteilten Sein zu verstehen, wie es Heidegger überhaupt ablehnt, daß »das Sein etwas für sich ist« (Sfr 235).
49 Sfr 235.
50 Ebd.
51 Ebd.
52 Sfr 236 f.
53 Sfr 235.
54 Sfr 225.
55 SGr 90.
56 SGr 93, 185.
57 SGr 143.
58 SGr 155.
59 SGr 158.
60 SGr 159.
61 SGr 161.
62 SGr 160.
63 SGr 161.
64 Ebd.
65 SGr 157.
66 SGr 185.
67 SGr 186.
68 ID 23.
69 Ebd.
70 ID 30.
71 Ebd.
72 ID 66.
73 ID 46, 65, 71.
74 ID 56, 72.
75 ID 59.
76 ID 69.
77 ID 69 f.
78 ID 70.
79 Ebd.
80 ID 51.
81 ID 70.
82 ID 51.
83 ID 71.
84 ID 72.
85 H 169, 182.
86 H 180 f.

87 Causa-sui wäre sich selbst verursachen, was voraussetzt, daß das zu Verursachende schon ist. Nur ratio-sui ist möglich, wenigstens im Bereich der Wirkursächlichkeit.
88 Seinlosigkeit findet sich: N 102.
89 Thomas von Aquin, De Veritate q 1, a 9.
90 N 105.
91 H 162, 169.

Anmerkungen
zu den Seiten 91—125

1 SZ 39.
2 H 159.
3 Ebd.
4 Ebd.
5 1962; veröffentlicht; in: Zur Sache des Denkens. Tübingen 1969, 1—25; vgl. auch das anschließende Seminarprotokoll.
6 H ebd.
7 H ebd.
8 SZ 437.
9 SZ ebd.
10 SZ 436 f.; H 5.
11 SZ 437.
12 SZ 436 f.
13 SZ 437.
14 H 166.
15 H 161.
16 H 167.
17 H 162.
18 H 166.
19 SZ 115.
20 SZ 117.
21 SZ 116.
22 SZ 130.
23 H 163.
24 H 153.
25 H 164.
26 H 163.
27 N 107.
28 H 162.
29 H 172.

30 SZ 13.
31 H 153.
32 H 159.
33 H 175.
34 H 155.
35 SZ 19.
36 SZ 3.
37 I sent d 8, q 1, a 3 und De Ver (V) q 1, a 1.
38 S theol (Sth) 1, II, q 94, a 2 und V q 1, a 1.
39 V q 1, a 1.
40 Texte vgl. J. *Lotz*, Das Sein selbst und das subsistierende Sein nach Thomas von Aquin, in: *derselbe*, Der Mensch im Sein. Freiburg 1967, 2. Kap.
41 Sth I, q 12, a 12.
42 Sth I, q 76, a 5.
43 Sth I, q 84, a 7.
44 Sth I, q 75, a 5 ad 4 und ebd. q 3, a 4.
45 V q 1, a 1.
46 De natura generis, cap. 1.
47 Sth I, q 3, a 4.
48 H 162.
49 SZ 192.
50 SZ 192.
51 SZ 192.
52 SZ 191.
53 SZ 192.
54 Ebd.
55 Ebd.
56 SZ 193.
57 SZ 184.
58 SZ 182.
59 SZ 184.
60 SZ 186.
61 SZ 187.
62 Ebd.
63 Ebd.
64 SZ 188.
65 SZ 188 f.
66 Ebd.
67 SZ 189.
68 SZ 266.
69 SZ 189.
70 SZ 134.

71 SZ 135.
72 SZ 136.
73 SZ 148.
74 M 15.
75 M 15.
76 M 17.
77 Ebd.
78 SZ 183.
79 N 107.
80 N 102.
81 Ebd.
82 N 101 f.
83 Sth I, q 78, a 4.
84 Sth I, q 78, a 2 ad 3.
85 Commentarium in Aristotelis librum De Anima (A), n. 612.
86 Sth I, q 77, a 3 ad 4.
87 Sth I, q 78, a 4 ad 1.
88 A 612 und 609.
89 A 613.
90 A 394 und 582.
91 Sth I, q 78, a 3 ad. 2.
92 Ebd.
93 Sth I, q 77, a 3 ad 4.
94 A 609 und 613; Sth I, q 78, a 4 ad 2.
95 Sth I, q 78, a 4; cf. A 659, 664, 837.
96 Sth I, q 78, a 4.
97 A 633; vgl. Sth I, q 81, a 3 ad 3.
98 Sth I, q 78, a 4.
99 A 632.
100 A 651, 661.
101 A 633.
102 Sth I, q 78, a 4.
103 Ebd.
104 A 397 f.
105 Sth I, q 78, a 4.
106 A 644.
107 Sth I, q 78, a 4.
108 A 644.
109 Ebd.
110 Ebd.
111 V q 14, a 1 ad 9; A 397.
112 Sth I, q 78, a 4 ad 5.
113 Ebd. und A 397, auch V q 14, a 1 ad 9.

114 III sent, d 26, q 1, a 2, auch V q 14, a 1 ad 9.

115 III sent, d 23, q 2, a 2 q^{1a} 1 ad 3.

116 A 396, 398.

117 A 398.

118 A 396 und Sth I, 78, a 4 und V q 10, a 5 und V q 14, a 1 ad 9.

119 Sth I, q 78, a 4.

120 Ebd. und ad 4.

121 Sth I, q 78, a 4.

122 Ebd. und A 396, auch V q 14, a 1 ad 9 und V q 15, a 1.

123 Sth I, q 78, a 4; vgl. II, d 25, q 1, a 1 ad 7.

124 Sth I, q 77, a 3 ad 4.

125 Sth I, q 77, a 4.

126 Sth I, q 77, a 7 ad 3.

127 Sth I, q 77, a 7.

128 Sth I, q 77, a 4.

129 Sth I, q 77, a 4 ad 3.

130 Sth I, q 77, a 7.

131 Vgl. S. 110.

132 *M. Heidegger*, Kant und das Problem der Metaphysik. 3. Aufl. Frankfurt 1965.

133 N 103.

Anmerkungen
zu den Seiten 125–167

1 Sth 1, II, q 53, a 3 ad 3.

2 Summa conta gentiles (Scg) II, cap 81; cap 68.

3 Scg III, cap 61; cf. Sth I, q 77, a 2; Scg II, cap 68.

4 Scg II, cap 81.

5 Scg III, cap 61.

6 Commentarium in Aristotelis librum Ethicorum (Eth) VI, lect 1.

7 Eth VI, lect 9.

8 Ebd.

9 Ebd.

10 Ebd.

11 V q 14, a 1 ad 9.

12 III sent, d 23, q 2, a 2, sol 1 ad 3.

13 Ebd. ad 1.

14 Ebd. ad 3.

15 V q 14, a 1 ad 9.

16 Sth 1, II, q 113, a 7 ad 5; IV sent, d 17, q 1, a 5, sol 2 ad 3.

17 IV sent, d 49, q 3, a 1, sol 3.

18 IV sent, d 49, q 1, a 2, sol 3.

19 Sth I, q 85, a 5 ad 2; q 84, a 7.

20 V q 12, a 3, ad 2.

21 Ebd. und V q 28, a 3, ad 6; Sth 2, II, q 173, a 3.

22 Scg II, cap 96.

23 II sent, d 12, q 1, a 5 ad 2.

24 I sent, d 19, q 2, a 1; q 5, a 1; II sent, d 12, q 1, a 5 ad 2.

25 I sent, d 19, q 2, a 1; II sent, d 3, q 2, a 1 ad 5.

26 I sent, d 19, q 2, a 1.

27 II sent, d 12, q 1, a 5 ad 2.

28 I sent, d 19, q 2, a 1.

29 Sth I, q 10, a 6.

30 I sent, d 19, q 2, a 1.

31 Sth I, q 81, a 3 und ad 2.

32 Vgl. S. 128 f.

33 I sent, d 19, q 2, a 1.

34 Das gilt auch für den Heidegger nach der Kehre.

35 Sth I, q 10, a 4 ad 2.

36 I sent, d 8, q 2, a 3 ad 1.

37 Scg I, cap 102.

38 Ebd.

39 IV sent, d 17, q 1, a 5, sol 3 ad 1.

40 IV sent, d 49, q 3, a 1, sol 3.

41 Ebd.

42 IV sent, d 17, q 2, a 1, sol 3 ad 3.

43 IV sent, d 49, q 3, a 1, sol 3.

44 Ebd.

45 IV sent, d 17, q 1, a 5, sol 3 ad 1; d 49, q 3, a 1, sol 3 ad 1.

46 Ebd. und V q 8, a 14 ad 12.

47 V q 8, a 14 ad 12.

48 II sent, d 15, q 1, a 3 ad 1.

49 Sth I, q 76, a 1.

50 Ebd.

51 Ebd. ad 6.
52 Sth I, q 10, a 6.
53 Sth I, q 8, a 1.
54 Sth I, q 13, a 1 ad 3.
55 Sth I, q 3, a 4; q 4, a 2 ad 3.
56 Sth I, q 4, a 2 ad 3.
57 Sth I, q 3, a 4; q 4, a 2 und ad 3.
58 Sth I, q 3, a 3 ad 1.
59 Ebd.
60 Sth I, q 4, a 2 ad 1.
61 Sth I, q 3, a 4.
62 Sth I, q 4, a 2 ad 3; q 3, a 4 ad 1 und ad 2.
63 Sth I, q 3, a 4 ad 1 und q 4, a 2 ad 3.
64 Sth I, q 4, a 2.
65 Sth I, q 4, a 1 ad 3.
66 Sth I, q 3, a 4 ad 2.
67 SZ 19.
68 M 15.
69 Sth I, q 79, a 8.
70 Sth I, q 76, a 1.
71 Ebd.
72 IV sent, d 17, q 1, a 5, sol 2 ad 3.
73 Ebd.
74 I sent, d 38, q 1, a 3 ad 3.
75 I sent, d 8, q 2, a 3.
76 Scg I, cap 102.
77 III sent, d 23, q 2, a 2, sol 1 ad 3.
78 Vgl. S. 128.
79 III sent, d 23, q 2, a 2, sol 1 ad 3; d 26, q 1, a 2; Eth VI, lect 1; Sth I, q 85, a 5 ad 1.
80 Sth I, q 81, a 3 und ad 2; V q 15, a 1.
81 III sent, d 26, q 1, a 2.
82 II sent, d 25, q 1, a 1 ad 7.
83 V q 14, a 1 ad 9.
84 I sent, d 38, q 1, a 3 ad 3.
85 Sth I, q 85, a 5.
86 Ebd.
87 Sth I, q 85, a 5 ad 2.
88 Sth I, q 85, a 5.
89 Ebd.
90 Sth I, q 58, a 3 ad 1.
91 Sth I, q 58, a 3.
92 Ebd.
93 Sth I, q 58, a 4.
94 Sth I, q 58, a 4 ad 1.
95 Vgl. S. 129 samt den entsprechenden Anmerkungen.
96 V q 15, a 1; In metaphysicam Aristotelis (Met), n 710 und 607.
97 V q 15, a 1; q 16, a 1; Sth I, q 79, a 8; III sent, d 35, q 2, a 2, sol 1.
98 V q 16, a 1.
99 V q 15, a 1; Sth I, q 79, a 8.
100 V q 15, a 1; q 16, a 1; Sth I, q 79, a 8.
101 Sth I, q 81, a 3; V q 10, a 5 und ad 2; Sth 1, II, q 30, a 3 ad 3.
102 Scg III, cap 61.
103 Sth I, q 12, a 11.
104 Scg III, cap 61.
105 Sth I, q 12, a 11.
106 Ebd.
107 V q 15, a 1 ad 7.
108 Ebd. auch ad 8 und ad 11.
109 III sent, d 35, q 2, a 2, sol 1.
110 Ebd.
111 Ebd. und V q 15, a 1 ad 3.
112 Ebd.
113 V q 15, a 1 ad 3 und ad 7.
114 IV sent, d 17, q 1, a 5, sol 3 ad 1. Zunächst vom Willen gesagt, gilt aber auch vom Verstand.
115 V q 14, a 1 ad 7.
116 Scg II, cap 96.
117 IV sent, d 49, q 1, a 2, sol 3.
118 Sth I, q 10, a 4 ad 3.
119 Sth I, q 12, a 11.
120 Pot q 9, a 7 ad 6 und ad 15, auch ad oppositum; Quodl VIII, a 4.
121 Quodl VIII, a 4.
122 V q 1, a 1.
123 Ebd.
124 V q 15, a 1 ad 7.
125 Met n 590.
126 Met n 600 und 603.
127 Met n 605.

128 Met n 595 f. und 599.

129 Met n 607.

130 Met n 597 f.; auch III sent, d 35, q 2, a 2, sol 1.

131 Met n 599; auch III sent, d 35, q 2, a 2, sol 1.

132 Met n 595.

133 Ebd.

134 Dazu Quodl VIII, a 4.

135 V q 16, a 1.

136 Ebd. auch q 15, a 1 und III sent, d 35, q 2, a 2, sol 1.

137 V q 15, a 1.

138 V q 15, a 1 ad 5.

139 V q 16, a 1.

140 III sent, d 35, q 2, a 2, sol 1; auch Met n 596; hier Schritte von den Sinnesgegebenheiten zur memoria, von dieser zum experimentum, von diesem zu den termini der principia prima.

141 Vgl. S. 98 f.

142 V q 16, a 1.

143 V q 15, a 1.

144 Ebd.

145 Ebd.

146 Ebd.

147 Vgl. S. 99 f.

148 V q 15, a 1 ad 1.

149 Ebd.

150 Ebd. ad 7.

151 III sent, d 35, q 2, a 2, sol 1.

152 Sth I, q 58, a 3.

153 Sth I, q 2, a 1.

154 Sth I, q 2, a 2.

155 Ebd.

156 Sth I, q 2, a 2 ad 1.

157 Sth I, q 2, a 1.

158 Scg III, cap 50.

159 Scg III, cap 50 f.

160 Scg III, cap 51.

161 N 104.

162 N 105 und 104.

163 N 106.

164 Sfr 236.

165 Sth I, q 2, a 3.

166 ID 70.

167 Vgl. *J. Lotz*, De secunda via S. Thomae Aquinatis, in: Acta VI. Congressus Thomistici Internat., vol. II. Romae 1966, 19–32.

168 ID 69.

169 Sfr 238.

170 ID 65 f.

171 H 172.

172 N 105.

173 N 102.

174 *M. Heidegger*, Unterwegs zur Sprache. Pfullingen 1959, 261.

Anmerkungen
zu den Seiten 168–206

1 Vgl. S. 93–104.

2 Vgl. S. 105–167.

3 Erschienen in: Zur Sache des Denkens. Tübingen 1969, 1 bis 25 (ZS).

4 Erschienen in: Die Technik und die Kehre. Pfullingen 1962, 37–47 (Kehre).

5 Kehre 44.

6 Ebd.

7 Kehre 43.

8 Die Schrift »Über den Humanismus« stammt aus dem Jahre 1947; H 165.

9 Ebd.

10 ZS 3.

11 ZS 5.

12 Ebd.

13 H 159.

14 Kehre 40.

15 ZS 2, vgl. 6.

16 Ebd.

17 ZS 7.

18 ZS 4.

19 ZS 5.

20 ZS 6.

21 ZS 8.

22 Ebd.

23 ZS 9.

24 ZS 13.

25 ZS 14.
26 Ebd.
27 Ebd.
28 ZS 15.
29 Ebd.
30 ZS 16.
31 Ebd.
32 ZS 17.
33 Ebd.
34 ZS 18.
35 ZS 20.
36 Ebd.
37 ZS 22.
38 ZS 23.
39 ZS 22.
40 ZS 23.
41 ZS 24.
42 ZS 25.
43 ZS 24.
44 Ebd.
45 Ebd.
46 ZS 25.
47 Ebd.
48 Ebd.
49 ZS 19.
50 ID 33.
51 Sfr 235.
52 Sfr 236.
53 Sfr 235.
54 Ebd.
55 Sfr 236 f.
56 Vgl. Sfr 239.
57 ZS 19.
58 Ebd.
59 ZS 21.
60 Ebd.
61 Ebd.
62 Ebd.
63 ZS 23.
64 Ebd.
65 Ebd.
66 Ebd.
67 ZS 23.
68 ZS 17.
69 ZS 18.
70 Ebd.
71 ZS 14.
72 ZS 15.

73 ZS 16.
74 Protokoll zu einem Seminar über den Vortrag »Zeit und Sein«, in: Zur Sache des Denkens, 27—60, 36 f. (Prot).
75 Prot 45.
76 Prot 30.
77 Prot 37.
78 Prot 58.
79 Prot 31.
80 Prot 32.
81 Prot 44.
82 Ebd.
83 Prot 56.
84 Prot 54.
85 Prot 55.
86 Prot 56.
87 Prot 44.
88 Ebd.
89 Ebd.
90 Prot 44.
91 Prot 53.
92 Ebd.
93 Prot 58.
94 Ebd.
95 Prot 55.
96 Prot 55 f.
97 Prot 56.
98 Ebd.
99 Ebd.
100 Ebd.
101 ZS 17.
102 Ebd.
103 Ebd.
104 Prot 56.
105 Ebd.
106 Kehre 43.
107 Kehre 46.
108 Kehre 47.
109 Prot 49.
110 Ebd.
111 Ebd.
112 Prot 49 f.
113 Prot 50.
114 Ebd.
115 Prot 51.
116 Prot 50.
117 Sth I, q 85, a 4 ad 1. Die ent-

sprechende Stelle bei Augustinus findet sich: De Genesi ad litt VIII, 22; CSEL vol 28, pars I, pag 261.
118 Ebd. 20; CSEL ebd. pag 259.
119 Sth I, q 45, a 2 ad 2.
120 Sth I, q 45, a 1 ad 2 und q 45, a 3.
121 Sth I, q 45, a 2 ad 1.
122 Ebd.
123 Sth I, q 45, a 2 ad 2.
124 Sth I, q 45, a 2 ad 1; q 45, a 1; q 44, a 2.
125 Sth I, q 45, a 1 ad 2; q 45, a 3.
126 Sth I, q 45, a 1.
127 Ebd.
128 Sth I, q 45, a 1; q 45, a 4 ad 3.
129 Sth I, q 45, a 1 ad 2; auch q 45, a 2 ad 2.
130 Sth I, q 45, a 2 ad 2.
131 Sth I, q 44, a 2.
132 Sth I, q 45, a 4; q 45, a 7 ad 2.
133 Sth I, q 45, a 4 ad 2.
134 Sth I, q 45, a 4 ad 1.
135 Ebd.
136 Sth I, q 44, a 2.
137 Sth I, q 45, a 5.
138 Ebd.
139 Sth I, q 45, a 7.
140 N 102.
141 Sth I, q 45, a 2 ad 2.
142 Ebd.
143 Ebd.
144 Ebd.
145 Ebd.
146 Sth I, q 45, a 3.
147 Sth I, q 45, a 3 ad 1.
148 Sth I, q 45, a 3.
149 Sth I, q 45, a 3 ad 1.
150 Sth I, q 13, a 7.
151 Ebd.
152 Ebd.
153 Ebd.
154 Sth I, q 45, a 3 ad 1.
155 Sth I, q 13, a 7.
156 Sth I, q 45, a 3 ad 2.
157 Sth I, q 45, a 3 ad 3; vgl. Scg II, cap 18.

158 Sth I, q 45, a 3 ad 3.
159 Scg II, cap 18.
160 Sth I, q 45, a 3 ad 2. — Vgl. J. Lotz, Ontologia. Barcelona 1963, nn. 588—618.
161 Prot 56.
162 Kehre 43.
163 Sth I, q 45, a 2 ad 2; q 45, a 6.
164 Vgl. J. Lotz, De secunda via S. Thomae Aquinatis, in: Acta VI. Congressus Thomistici Internat., vol. II. Romae 1966, 19—32.
165 Sth I, q 45, a 1 ad 3.
166 Ebd.
167 Sth I, q 45, a 5 ad 3.
168 Sth I, q 45, a 5.
169 Sth I, q 45, a 6 ad 3.
170 Sth I, q 45, a 6 ad 2.
171 Sth I, q 45, a 6.
172 Sth I, q 14, a 8.
173 Sth I, q 19, a 4.
174 Sth I, q 19, a 4 ad 3.
175 Sth I, q 19, a 4 ad 4.
176 Ebd.
177 Sth I, q 25, a 1 ad 4.
178 Sth I, q 104, a 1.
179 Ebd.
180 Sth I, q 45, a 3 ad 3.
181 Sth I, q 104, a 1 ad 4.
182 Sth I, q 104, a 1.
183 Ebd.
184 Ebd. und ad 4.
185 Ebd.
186 Ebd.
187 Ebd. ad 4; auch q 45, a 2 ad 3.
188 Kehre 43.
189 Kehre 46.
190 Kehre 47.
191 Fragm. 53.
192 Sth I, q 45, a 2; q 44, a 1.
193 Sth I, q 104, a 3.
194 Sth I, q 104, a 4 ad 1.
195 Sth I, q 44, a 1 ad 1.
196 Sth I, q 45, a 5.
197 Sth I, q 45 ,a 5 ad 1.
198 Sth I, q 44, a 1.
199 Sth I, q 45, a 5.

200 Sth I, q 44, a 1.
201 Sth I, q 7, a 2.
202 Sth I, q 44, a 1 ad 1; q 104, a 1.
203 Sth I, q 44, a 1.
204 Ebd.
205 Sth I, q 19, a 4.
206 Sth I, q 44, a 1.
207 Ebd.
208 Sth I, q 3, a 4; q 45, a 5 ad 1. — Die ganz andersartige Weise des ›ist‹, die in dem ›est esse‹ gefaßt wird, scheint Heidegger zu entgehen, wenn er meint, mit dem ›ist‹ sei Seiendes gegeben, weshalb von dem, was kein Seiendes ist, das ›ist‹ nicht ausgesagt werden könne.
209 Sth I, q 45, a 6.
210 Sth I, q 45, a 5.
211 Sth I, q 45, a 5 ad 1.
212 Sth I, q 45, a 5.
213 Sth I, q 44, a 1.
214 Ebd.
215 Ver q 1, a 1; De nat. gen. cap 2.
216 De nat. gen. cap 1.
217 Ebd.
218 Ebd.
219 Ebd.
220 Sth I, q 45, a 3 ad 3.
221 Sth I, q 45, a 3 ad 1.
222 Sth I, q 45, a 3 ad 1.
223 Sfr 223.
224 M. Heidegger, Vom Wesen und Begriff der Φύσις. Aristoteles' Physik B, 1, in: Wegmarken 309—371.
225 Fragm 123.
226 Sth I, 29, a 1 ad 4.
227 Fragm 52.
228 H 160 f. und 155 f.
229 Sth I, q 29, a 1, obi 1.
230 H 156.
231 H 155.
232 Sth I, q 78, a 1.

233 Ver q 1, a 1; Sth I, q 29, a 1 ad 4.
234 Sth I, q 29, a 1.
235 Ver q 1, a 9. — Vgl. J. Lotz, Erkenntnistheorie, Erkenntnismetaphysik, Metaphysik, in: Neue Erkenntnisprobleme in Philosophie und Theologie (Hrsg. J. Lotz). 1968, 64—96.
236 Wie sich die absolute oder göttliche Personalität genauerhin darstellt, untersucht die Theologie in ihrem Traktat über die göttliche Drei-Einigkeit.
237 Sth I, q 14, a 8; q 16, a 5.
238 Ebd.
239 Ebd.
240 Sth I, q 44, a 3.
241 Ebd.
242 Ebd.
243 Ebd. ad 3.
244 Ebd. ad 1.
245 Sth I, q 44, a 3.
246 Sth I, q 16, a 5 ad 2.
247 Sth I, q 16, a 6.
248 Sth I, q 19, a 4.
249 Ebd.
250 Ebd.
251 Ebd.
252 Ebd. ad 2.
253 Ebd. ad 3.
254 Sth I, q 6, a 3, ad 2.
255 Sth I, q 19, a 3; zur Notwendigkeit vgl. J. Lotz, Metaphysica operationis humanae. 3. Aufl. Rom 1972, 208—213.
256 Sth I, q 5, a 4 ad 2.
257 Sth I, q 19, a 2.
258 Ebd.
259 Sth I, q 19 a 3 und ad 4; q 104, a 3 ad 2.
260 Sth I, q 20, a 1 ad 3.
261 Sth I, q 20, a 1.
262 Ebd. a 2.
263 Ebd.

1 Vgl. S. 175.
2 Sth I, q 45, a 2 ad 3 und q 104, a 1 ad 4.
3 Sth I, q 45, a 2 ad 3.
4 Sth I, q 45, a 2.
5 Ebd. ad 3.
6 Sth I, q 66, a 4 ad 5.
7 Ebd.
8 Vgl. S. 189—192. über den Unterschied von »creatio« und »conservatio«.
9 Sth I, q 66, a 2 ad 4.
10 Scg I, cap 66, 6m.
11 Sth I, q 19, a 4.
12 Sth I, q 44, a 1 und q 7, a 2 ad 1.
13 Sth I, q 7, a 2 ad 1.
14 Ebd.
15 Ebd.
16 H 17.
17 H 18.
18 Ebd.
19 Sth I, q 3, a 4 und q 4, a 1 ad 3.
20 Vgl. S. 176.
21 Vgl. S. 175.
22 Vgl. S. 176.
23 SZ 192.
24 Sth I, q 3, a 4 und a 7 ad 1 und q 6, a 3 ad 2.
25 Sth I, q 11, a 3 und 4.
26 Scg III, cap 97 und Sth I, q 3, a 3 ad 2.
27 Ebd.
28 Sth I, q 21, a 1 ad 3.
29 Sth I, q 10, a 1 auch a 4.
30 Sth I, q 10, a 2 ad 4.
31 Sth I, q 10, a 3.
32 Sth I, q 10, a 2 und ad 3.
33 Sth I, q 10, a 1.
34 Sth I, q 10, a 6.
35 Sth I, q 10, a 1 ad 1.
36 Sth I, q 10, a 1.
37 Sth I, q 10, a 2.
38 Sth I, q 66, a 4 ad 4.
39 Sth I, q 10, a 4.

40 Ebd.
41 Ebd.
42 Ebd.
43 Ebd.
44 Sth I, q 10, a 4 ad 3.
45 Sth I, q 10, a 6.
46 Sth I, q 10, a 5. Für »aevum« gibt es keine allgemein angenommene deutsche Übersetzung; J. Bernhart übersetzt mit »Immerheit«; im Anschluß an Aristoteles sagt man »aeon«. – Die Himmelskörper werden nicht näher besprochen, da es die von Thomas vertretene »quinta essentia«, die sie dem »aevum« zuweist, nicht gibt.
47 Sth I, q 10, a 5.
48 Sth I, q 10, a 5 und ad 1.
49 Sth I, q 10, a 5 ad 2 und ad 4.
50 Sth I, q 10, a 5 ad 2.
51 Sth I, q 10, a 5 ad 3.
52 Sth I, q 10, a 5.
53 Sth q 10, a 5 ad 1.
54 Sth I, q 66, a 4 ad 3.
55 Sth I, q 85, a 4 ad 1.
56 Ebd.
57 In sent I, d 8, q 3, a 3 ad 4.
58 Sth I, q 85, a 4 ad 1.
59 Sth I, q 55, a 2.
60 Sth I, q 58, a 1.
61 Sth I, q 55, a 2.
62 Sth I, q 55, a 1.
63 Ebd.
64 Sth, I, q 55, a 3.
65 Sth I, q 53, a 1.
66 Sth I, q 10, a 2 ad 1.
67 Sth I, q 10, a 3.
68 Sth I, q 10, a 2 ad 1 und ad 2.
69 Vgl. S. 132 f.
70 Sth I, q 86, a 3.
71 Sth I, q 62, a 5 ad 2.
72 Sth I, q 104, a 4.
73 Sth I, q 10, a 3.
74 Sth I, q 104, a 3 ad 1.
75 Sth I, q 104, a 4.
76 Sth I, q 62, a 5 ad 3.
77 Sth I, q 10, a 5.

78 Sth I, q 63, a 1 ad 3.
79 Sth I, q 63, a 1.
80 Sth I, q 63, a 1 ad 4.
81 Sth I, q 62, a 5 ad 3.
82 Ebd. ad 2.
83 Sth I, q 64, a 2.
84 Sth I, q 104, a 4 ad 2.
85 Sth I, q 62, a 5 ad 1.
86 Sfr 236 f.
87 Sfr 225.
88 Sfr 239 f. und 250.
89 Scg II, cap 17.
90 In sent I, d 37, q 4, a 1 ad 3.
91 In VI. Phys, lect 5 fin.
92 Sth I, q 85, a 4 ad 1.
93 Dazu vgl. SZ § 70.
94 In VIII. Phys, lect 5.
95 Ver q 22, a 2 und Sth I, q 44, a 4 ad 3.
96 Sth I, q 6, a 1 ad 2.
97 Sth 2, II, q 34, a 1 ad 3.
98 Ver q 22, a 2.
99 Ebd.
100 Scg IV, cap 11.
101 Ver q 1, a 9 und Scg IV, cap 11.
102 Sth I, q 78, a 4.
103 Scg III, cap 22.
104 Wir sehen hier von den nicht-leibgebundenen Geistern ab, in denen, wie dargelegt wurde, das im Verdecken vorgezeichnete Entdecken von Anfang an ohne Werden vollendet ist.
105 Dieser Vorgang schließt die untermenschlichen Stufen ein, wie wir vorhin bereits angedeutet haben. Die hierin enthaltene anthropozentrische Schau der sichtbaren Welt ist kein falscher Anthropozentrismus, verneint auch nicht die Möglichkeit anderer vernunftbegabter Wesen außerhalb der Erde, was hier nicht im einzelnen darzutun ist.
106 Zugleich ist das ein folgerichtiges Durchdenken der ›creatio‹.
107 Vgl. Sth I, q 79, a 8.

108 Sth I, q 62, a 2.
109 Ebd.
110 Sth I, q 16, a 6 ad 1.
111 Sth I, q 79, a 8.
112 Sth I, q 85, a 4 ad 1.
113 Sth I, q 12, a 11 ad 3.
114 Näheres S. 128.
115 Sth I, q 85, a 4 ad 1.
116 Vgl. S. 218 f.
117 Vgl. S. 170.
118 Vgl. S. 176.
119 Sth I, q 19, a 4.
120 Thomas nennt die Seele des Menschen ›rationalis substantia‹ im Gegensatz zum reinen Geist, der ›intellectualis substantia‹ heißt (Ver q 15, a 1).
121 Vgl. S. 233.
122 Sth I, q 85, a 5 ad 2.
123 Sth 1, II, q 53, a 3 ad 3.
124 Sth I, q 77, a 7.
125 Ebd.
126 Ebd. ad 3. Von hier aus ist die Sinnlichkeit des Tieres in ihrer Menschen-Bezogenheit zu verstehen.
127 Sth I, q 77, a 6 ad 3; a 7 ad 1.
128 Vgl. S. 135—141.
129 Sfr 236 f.
130 Sth I, q 78, a 4 ad 5.
131 Ebd. a 4 und ad 5.
132 Ebd. a 4.
133 Sth I, q 78, a 4 ad 3 und ad 1.
134 Vgl. S. 171.
135 Sth I, q 76, a 3.
136 Sth I, q 76, a 5.
137 Ebd.
138 Ebd.
139 Sth I, q 76, a 4.
140 Sth I, q 76, a 5 ad 2.
141 Die Grenze der physischen Teilbarkeit ist nicht die Grenze der Teilbarkeit, grundsätzlich von der Erstreckung als solcher her genommen.
142 Hier zeigt sich, wie tief Leibniz geschaut hat. Vgl. auch die Dialektik des Jetzt und Hier in

Hegels »Phänomenologie des Geistes«.

143 So weit führt Heidegger die Zeitigung nicht durch.
144 Damit stimmt Heidegger nicht überein: vgl. H 154 f.
145 Sth I, q 78, a 4 ad 5.
146 Sth I, q 78, a 4.
147 Ebd.
148 Ebd.
149 Ver q 1, a 9.
150 Ebd.
151 Ebd.
152 Scg IV, cap 11.
153 Ebd.
154 Sth I, q 4, a 2 ad 3.
155 Sth I, q 76, a 5 ad 2.
156 Scg IV, cap 11.
157 Ebd.

158 Ebd.
159 Ebd.
160 Heidegger: »Welt bedeutet ... die Offenheit des Seins«; »Welt ist die Lichtung des Seins« (H 180).
161 Sth I, q 4, a 2 ad 3.
162 Sth I, q 76, a 5.
163 Ebd.
164 Finden von dem, der die Dinge von außen nach innen erfaßt im Gegensatz zu Gott, der sie von ihrem Innersten her schaut.
165 Sth I, q 12, a 12, was aber nicht Einschränkung auf den sinnlich zugänglichen Bereich besagt.
166 Vgl. S. 117—121.
167 Vgl. S. 119—121.
168 Ver q 22, a 2.

Sein und Wert. 1938; 2. Aufl. Das Urteil und das Sein. 1957.

Die Welt des Menschen (zus. mit J. de Vries). 1940; 3. Aufl. Philosophie im Grundriß. 1969.

Das christliche Menschenbild im Ringen der Zeit. 1947.

Zwischen Seligkeit und Verdammnis (Nietzsche). 1953.

Meditation. Der Weg nach innen. 1954; 3. Aufl. Meditation und Alltag. 1963.

Von der Einsamkeit des Menschen. 1955; 4. Aufl. 1960; Taschenbuchausgabe: Erfahrungen mit der Einsamkeit. 1971; 2. Aufl. 1972.

Metaphysica operationis humanae. Rom 1958; 3. Aufl. 1972.

Ontologia. Barcelona 1963.

Sein und Existenz. 1965.

Einübung ins Meditieren am Neuen Testament. 1965; 3. Aufl. 1973.

Der Mensch im Sein. 1967.

Ich—Du—Wir. 1968.

Kreuz und Auferstehung. 1969.

Die Stufen der Liebe. 1971.

Die Identität von Geist und Sein. 1972.

Kurze Anleitung zum Meditieren. 1973.

Festschrift zum 70. Geburtstag: J. de Vries / W. Brugger, Der Mensch vor dem Anspruch der Wahrheit und der Freiheit. 1973.

Herausgeber

Kant und die Scholastik heute. 1955.

Neue Erkenntnisprobleme in Philosophie und Theologie. 1968.

Atheismus — kritisch betrachtet (zus. mit E. Coreth). 1971.

Zeitschriften

Scholastik (jetzt: Theologie und Philosophie); Zeitschrift für philos. Forschung; Zeitschrift für kathol. Theologie (Innsbruck); Wissenschaft und Weltbild (Wien); Gregorianum (Rom); Archives de Philosophie (Paris); Archivio di Filosofia (Rom); Stimmen der Zeit; Zeitschrift für Aszese und Mystik (jetzt: Geist und Leben); Orientierung (Zürich); Der große Entschluß (Wien; jetzt: Der Entschluß); außerdem: Sammelwerke, Kongreßakten und Festschriften.